住房和城乡建设领域专业人员岗位培训考核系列用书

资料员考试大纲·习题集

江苏省建设教育协会　组织编写

中国建筑工业出版社

图书在版编目（CIP）数据

资料员考试大纲·习题集/江苏省建设教育协会组织编写．—北京：中国建筑工业出版社，2014.4
住房和城乡建设领域专业人员岗位培训考核系列用书
ISBN 978-7-112-16608-4

Ⅰ.①资… Ⅱ.①江… Ⅲ.①建筑工程-技术档案-档案管理-资格考试-自学参考资料 Ⅳ.①G275.3

中国版本图书馆CIP数据核字（2014）第055055号

本书是《住房和城乡建设领域专业人员岗位培训考核系列用书》中的一本，依据《建筑与市政工程施工现场专业人员职业标准》编写。全书共分三部分，包括：第一部分　专业基础知识；第二部分　专业管理实务；第三部分　模拟试卷。本书可作为资料员岗位考试的指导用书，又可作为施工现场相关专业人员的实用手册，也可供职业院校师生和相关专业技术人员参考使用。

责任编辑：刘　江　岳建光　张伯熙
责任设计：董建平
责任校对：李美娜　陈晶晶

住房和城乡建设领域专业人员岗位培训考核系列用书
资料员考试大纲·习题集
江苏省建设教育协会　组织编写
*
中国建筑工业出版社出版、发行（北京西郊百万庄）
各地新华书店、建筑书店经销
霸州市顺浩图文科技发展有限公司制版
北京建筑工业印刷厂印刷
*
开本：787×1092毫米　1/16　印张：13¾　字数：332千字
2014年9月第一版　2016年10月第七次印刷
定价：**37.00元**
ISBN 978-7-112-16608-4
（25348）

版权所有　翻印必究
如有印装质量问题，可寄本社退换
（邮政编码　100037）

住房和城乡建设领域专业人员岗位培训考核系列用书

编审委员会

主　任：杜学伦
副主任：章小刚　陈　曦　曹达双　漆贯学
　　　　金少军　高　枫　陈文志
委　员：王宇旻　成　宁　金孝权　郭清平
　　　　马　记　金广谦　陈从建　杨　志
　　　　魏偲燕　惠文荣　刘建忠　冯汉国
　　　　金　强　王　飞

出 版 说 明

为加强住房城乡建设领域人才队伍建设，住房和城乡建设部组织编制了住房城乡建设领域专业人员职业标准。实施新颁职业标准，有利于进一步完善建设领域生产一线岗位培训考核工作，不断提高建设从业人员队伍素质，更好地保障施工质量和安全生产。第一部职业标准——《建筑与市政工程施工现场专业人员职业标准》（以下简称《职业标准》），已于2012年1月1日实施，其余职业标准也在制定中，并将陆续发布实施。

为贯彻落实《职业标准》，受江苏省住房和城乡建设厅委托，江苏省建设教育协会组织了具有较高理论水平和丰富实践经验的专家和学者，以职业标准为指导，结合一线专业人员的岗位工作实际，按照综合性、实用性、科学性和前瞻性的要求，编写了这套《住房和城乡建设领域专业人员岗位培训考核系列用书》（以下简称《考核系列用书》）。

本套《考核系列用书》覆盖施工员、质量员、资料员、机械员、材料员、劳务员等《职业标准》涉及的岗位（其中，施工员、质量员分为土建施工、装饰装修、设备安装和市政工程四个子专业），并根据实际需求增加了试验员、城建档案管理员岗位；每个岗位结合其职业特点以及培训考核的要求，包括《专业基础知识》、《专业管理实务》和《考试大纲·习题集》三个分册。随着住房城乡建设领域专业人员职业标准的陆续发布实施和岗位的需求，本套《考核系列用书》还将不断补充和完善。

本套《考核系列用书》系统性、针对性较强，通俗易懂，图文并茂，深入浅出，配以考试大纲和习题集，力求做到易学、易懂、易记、易操作。既是相关岗位培训考核的指导用书，又是一线专业人员的实用手册；既可供建设单位、施工单位及相关高、中等职业院校教学培训使用，又可供相关专业技术人员自学参考使用。

本套《考核系列用书》在编写过程中，虽经多次推敲修改，但由于时间仓促，加之编者水平有限，如有疏漏之处，恳请广大读者批评指正（相关意见和建议请发送至JYXH05@163.com），以便我们认真加以修改，不断完善。

本书编写委员会

第一部分 专业基础知识

主　　编：卞正军
副 主 编：魏傅燕
编写人员：李永红　金　强　单春明　徐　芸　李燕秋
　　　　　夏建国　陈　扬　杜成仁　张晓岩　黄　艳
　　　　　黄一珍

第二部分 专业管理实务

主　　编：魏傅燕
副 主 编：许　迎　董　祥
编写人员：朱　翔　王　飞　李亚楠

前 言

为贯彻落实住房城乡建设领域专业人员新颁职业标准，受江苏省住房和城乡建设厅委托，江苏省建设教育协会组织编写了《住房和城乡建设领域专业人员岗位培训考核系列用书》，本书为其中的一本。

资料员培训考核用书包括《资料员专业基础知识》、《资料员专业管理实务》、《资料员考试大纲·习题集》三本，根据国家现行规范、规程、标准，并以资料收集整理、资料归档管理和资料管理应用为主线，不仅涵盖了现场资料管理人员应掌握的通用知识、基础知识和岗位知识，还涉及新工艺、新材料等方面的知识。

本书为《资料员考试大纲·习题集》分册。全书包括资料员专业基础知识和专业管理实务的考试大纲，以及相应的练习题并提供参考答案和模拟试卷。

本书既可作为资料员岗位培训考核的指导用书，也可供职业院校师生和相关专业技术人员参考使用。

目 录

第一部分 专业基础知识 ... 1

一、考试大纲 ... 2
第1章 建筑识图 ... 2
第2章 建筑工程材料 ... 3
第3章 工程构造 ... 4
第4章 施工技术 ... 6
第5章 建筑工程定额与预算 ... 9
第6章 施工项目管理 ... 10
第7章 公文写作与处理 ... 11
第8章 职业道德 ... 13

二、习题 ... 14
第1章 建筑识图 ... 14
第2章 建筑工程材料 ... 26
第3章 工程构造 ... 33
第4章 施工技术 ... 41
第5章 建筑工程定额与预算 ... 52
第6章 施工项目管理 ... 57
第7章 公文写作与处理 ... 68
第8章 职业道德 ... 76

三、参考答案 ... 78

第二部分 专业管理实务 ... 83

一、考试大纲 ... 84
第1章 施工文件档案资料相关概念 ... 84
第2章 建设单位工程文件档案资料 ... 84
第3章 监理工程文件档案资料 ... 85
第4章 房屋建筑工程施工文件档案资料 ... 85
第5章 市政基础设施工文件档案资料 ... 88
第6章 施工文件档案资料管理 ... 89
第7章 计算机与资料管理软件 ... 90
第8章 法律与法规 ... 91
第9章 标准与规范 ... 91

二、习题 ··· 93
　　第1章　施工文件档案资料相关概念 ··· 93
　　第2章　建设单位工程文件档案资料 ··· 101
　　第3章　监理工程文件档案资料 ··· 104
　　第4章　房屋建筑工程施工文件档案资料 ··· 111
　　第5章　市政基础设施施工文件档案资料 ··· 135
　　第6章　施工文件档案资料管理 ··· 143
　　第7章　计算机与资料管理软件 ··· 152
　　第8章　法律与法规 ··· 157
　　第9章　标准与规范 ··· 172
三、参考答案 ··· 181

第三部分　模拟试卷 ··· 193
　　江苏省建设专业管理人员统一考试资料员模拟试卷 ··· 194

第一部分

专业基础知识

一、考试大纲

第1章 建筑识图

1.1 建筑工程图的形成

(1) 了解投影的概念和投影的分类
(2) 熟悉建筑工程常用的图示方法
(3) 了解三面正投影图的形成
(4) 熟悉三面正投影图的投影对应规律和方位对应规律
(5) 熟悉点、直线、平面的三面投影规律
(6) 熟悉平面立体和曲面立体的种类及三面投影、熟悉叠加式组合体、切割式组合体和综合式组合体的三面投影
(7) 熟悉组合体的尺寸组成及标注
(8) 了解轴测投影图的概念、术语、分类、性质及绘制
(9) 了解基本视图的种类
(10) 熟悉剖面图与断面图的概念、种类和绘制方法

1.2 建筑制图国家标准

(1) 了解图纸图幅尺寸、标题栏和会签栏的位置、内容
(2) 熟悉图线的线型和用途
(3) 熟悉字体的种类、字号、字宽与字高的要求及字母的书写要求
(4) 熟悉比例的概念、常用比例及应用
(5) 熟悉标高的概念、种类和表示方法
(6) 熟悉定位轴线的概念、种类和表示方法
(7) 熟悉尺寸的组成、标准要求
(8) 熟悉索引符号的作用、标准要求
(9) 熟悉其他符号的作用和标准要求
(10) 熟悉常用建筑材料、常见构造、建筑配件图例的标注方法

1.3 建筑工程图的识读

(1) 了解建筑工程图的设计程序
(2) 了解房屋建筑工程图的组成
(3) 熟悉什么是建筑总平面图、建筑总平面图的常用图例的标注方法

(4) 掌握建筑平面图、立面图、剖面图的形成、内容
(5) 掌握详图和构件图的形成、内容
(6) 掌握结构施工图的作用、组成及常用结构构件的代号
(7) 掌握基础平面图、基础详图的形成、内容及识读
(8) 掌握楼层结构平面布置图的内容及识读
(9) 掌握楼梯、钢筋混凝土构件详图的内容、标注要求及识读
(10) 了解给排水施工图包含的内容
(11) 了解给排水施工图的图例
(12) 熟悉给排水施工图的识读方法
(13) 了解识读电气施工图纸的步骤
(14) 了解电气施工图的标注、常用图例、符号
(15) 熟悉建筑电气施工系统图、平面图的识读
(16) 熟悉采暖施工图的识读
(17) 熟悉通风施工图的识读方法

第2章 建筑工程材料

2.1 土建工程材料

(1) 了解材料在建筑工程中的地位和建筑材料的分类
(2) 熟悉建筑材料的基本性质
(3) 熟悉胶凝材料的种类和适用范围
(4) 熟悉石灰的原料、煅烧、建筑石灰的种类、生石灰的熟化、石灰浆的硬化和石灰的应用
(5) 熟悉建筑石膏的水化、凝结硬化、性质和应用
(6) 熟悉水玻璃的概念、硬化及性质
(7) 熟悉水泥的分类、技术性质、特点和应用
(8) 熟悉混凝土对材料的要求、普通混凝土的技术性质
(9) 熟悉钢材的主要力学性能及指标
(10) 了解钢材的标准及选用
(11) 熟悉钢材的腐蚀种类及防止腐蚀的措施
(12) 了解墙体材料的种类、主要技术要求
(13) 了解保温隔热材料的种类、主要技术要求
(14) 了解防水材料的种类、技术性质和使用范围
(15) 了解装饰材料的种类、技术性质、特点及运用

2.2 水暖卫生工程材料

(1) 熟悉常用的给水管道材料
(2) 熟悉常用的排水管道材料

(3) 熟悉常用的卫生器具种类

2.3 电气工程材料

(1) 熟悉常用的低压电器的种类
(2) 熟悉电缆和导线的种类
(3) 熟悉常用的光源种类
(4) 了解常用的低压电器及灯具的性能
(5) 了解电缆和导线的选用
(6) 了解常用的低压电器及灯具的选用

2.4 常用建筑材料检测组批及取样

(1) 掌握见证取样类检测及取样
(2) 掌握专项检测项目检测及取样
(3) 掌握备案类检测项目检测及取样

第3章 工程构造

3.1 房屋建筑工程构造

(1) 熟悉建筑的分类与等级
(2) 熟悉民用建筑构造的组成
(3) 了解工业建筑构造的组成
(4) 了解地基和基础的概念及相互关系
(5) 了解地基的分类、基础的埋置深度的概念
(6) 了解影响基础埋置深度的因素
(7) 熟悉基础的类型和构造
(8) 了解地下室分类、构造组成及要求
(9) 了解地下室的防潮与防水
(10) 了解墙体的作用和设计要求
(11) 熟悉墙体的类型
(12) 了解承重砖墙使用的粘土砖的类型和承重砖墙的组砌方法
(13) 了解砌块墙的构造
(14) 了解隔墙的类型及构造要求
(15) 了解勒脚的概念、作用及常用做法
(16) 了解墙身防潮层的作用、种类、设置位置及常用做法
(17) 了解踢脚的概念、作用和常用做法
(18) 了解散水、明沟的概念、作用、构造要求和常用做法
(19) 了解窗台的类型、作用、构造要求和常用做法
(20) 了解过梁的种类、作用及适用情况

(21) 熟悉圈梁的概念、作用、设置位置、设置数量和构造要求
(22) 熟悉构造柱的作用、设置位置和构造要求
(23) 了解变形缝的种类、作用和构造要求
(24) 了解墙体保温材料的种类、保温设置方式和特点
(25) 了解门窗的作用、分类、尺寸、构造组成及要求
(26) 了解楼地层的构造组成及设计要求
(27) 了解楼板的类型、现浇整体式钢筋混凝土楼板的类型、适用范围和构造要求
(28) 了解地层防潮、防水隔声的构造做法
(29) 了解阳台的种类、阳台承重结构类型、排水做法、栏板和栏杆的构造要求
(30) 了解雨篷的种类及构造重点解决的问题
(31) 了解楼梯的类型、组成、尺度、现浇钢筋混凝土楼梯的种类、传力路径、特点及楼梯细部构造的要求
(32) 了解电梯的种类、组成、自动扶梯布置方式及特点
(33) 了解台阶的种类、尺寸要求、构造做法及坡道的种类、构造要求
(34) 了解屋顶的作用、设计要求
(35) 了解平屋顶的构造组成、排水坡度的形成、排水方式、特点、平屋顶防水的种类、构造做法及平屋顶细部构造做法
(36) 了解坡屋顶的组成、承重结构的类型及屋面构造
(37) 了解屋顶保温材料的种类、保温层的位置和屋顶隔热的种类及做法

3.2 市政工程构造

(1) 了解城市道路的分类
(2) 了解道路纵、横断面及道路交叉的形式
(3) 熟悉路基、路面的组成及基本功能
(4) 熟悉桥梁的结构组成与分类
(5) 了解涵洞的分类及构造
(6) 了解隧道的分类及构造

3.3 建筑设备工程构造

(1) 了解常用的给水系统升压和贮水设备种类
(2) 了解常用的排水系统附属构筑物
(3) 了解供电系统的组成与分类
(4) 熟悉电气照明系统的组成与分类
(5) 熟悉防雷接地系统的组成与分类
(6) 了解信息系统的组成与分类
(7) 熟悉采暖系统组成、原理与分类
(8) 熟悉通风工程组成与分类
(9) 熟悉空调工程组成与分类

3.4 建筑装饰工程构造

（1）熟悉常用楼地面装饰构造要求、类型及基本做法
（2）了解不同楼地面装饰构造的区别
（3）熟悉常用墙面装饰构造要求、类型及基本做法
（4）了解不同墙面装饰构造的区别
（5）熟悉常用隔墙装饰构造要求、类型及基本做法
（6）了解不同隔墙装饰构造的区别
（7）熟悉常用顶棚装饰构造要求、类型及基本做法
（8）了解不同顶棚装饰构造的区别

第4章 施 工 技 术

4.1 建筑施工测量

（1）了解施工测量的概念、任务和内容
（2）熟悉水准仪、经纬仪、全站仪的组成、表示及功能
（3）熟悉建筑物定位的方法
（4）了解一般建筑物的施工测量

4.2 土方工程

（1）了解土的工程分类
（2）熟悉土的工程性质
（3）了解土方工程的准备工作
（4）熟悉土方边坡的表示、影响土方边坡的因素、土方直立开挖的容许深度
（5）了解土壁支撑（护）的适用范围和种类
（6）熟悉集水井降水法和人工降低地下水位法
（7）了解正铲、反铲、抓铲、拉铲挖土机的工作特点、适用范围和开挖方式
（8）了解推土机、铲运机的工作特点、适用范围和作业方式，了解装载机的种类、特点
（9）熟悉土方开挖的原则、验槽的程序和内容
（10）了解基槽（坑）土方开挖
（11）熟悉土方回填土料的要求、铺土的厚度和压实方法
（12）掌握土方工程的质量标准与安全技术

4.3 地基处理与桩基础工程

（1）了解地基处理的目的、人工地基处理的方法，了解挤密砂石桩法、水泥深层搅拌法和水泥粉煤灰碎石桩法施工
（2）熟悉桩基础的作用、分类及钢筋混凝土预制桩的施工

(3) 熟悉混凝土灌注桩的施工
(4) 掌握桩基础工程质量检查和安全技术

4.4 主体结构工程

(1) 了解脚手架的作用、搭设的基本要求和脚手架的分类
(2) 熟悉钢管扣件式脚手架搭设的基本要求
(3) 了解碗扣式钢管脚手架、门式钢管脚手架的组成、特点
(4) 熟悉里脚手架的形式
(5) 掌握脚手架的安全技术
(6) 熟悉砖砌体施工前的准备工作
(7) 了解砖砌体的施工工艺，熟悉砖砌体的技术要求
(8) 了解砌块砌体安装前的准备工作、砌块砌体的施工工艺
(9) 掌握砌筑工程的安全技术
(10) 了解模板的要求、分类
(11) 熟悉模板的安装要求和模板的拆除时间和拆除顺序
(12) 熟悉钢筋的进场验收
(13) 了解钢筋的存放、钢筋的配料
(14) 熟悉钢筋连接的种类及要求
(15) 了解钢筋的加工、绑扎与安装
(16) 熟悉钢筋隐蔽工程验收
(17) 了解混凝土的制备、运输
(18) 熟悉混凝土的浇筑与振捣和混凝土的养护
(19) 熟悉混凝土的质量检查
(20) 了解预应力混凝土的基本原理、特点、种类、先张法和后张法施工
(21) 掌握钢筋混凝土工程安全技术
(22) 熟悉钢材的验收
(23) 了解钢材的存放、钢结构构件的加工制作
(24) 熟悉钢构件的验收
(25) 了解钢结构的连接方法、特点
(26) 了解焊接连接的方法、焊缝的形式、焊接残余应力和残余变形
(27) 熟悉焊缝的构造
(28) 熟悉焊缝质量的检查
(29) 了解螺栓的规格及表示、普通螺栓连接的要求
(30) 熟悉高强度螺栓施工的一般规定
(31) 了解钢结构涂装的分类及作用
(32) 熟悉钢结构涂装的一般规定及防腐和防火涂装的要求
(33) 掌握钢结构的安全技术

4.5 防水工程

（1）了解地下防水工程的防水等级、防水方案
（2）熟悉防水混凝土的材料要求、防水混凝土的浇筑、振捣、养护要求
（3）了解防水混凝土结构细部防水
（4）了解卷材防水层的材料要求、卷材防水层的施工要求
（5）了解屋面防水工程的防水等级、防水种类及构造
（6）了解卷材防水屋面找平层施工要求
（7）熟悉卷材防水层的施工要求
（8）了解刚性防水屋面材料要求
（9）熟悉刚性防水屋面隔离层和刚性防水层的施工
（10）熟悉外墙面、卫生间防水施工要求
（11）掌握防水工程施工安全技术

4.6 建筑装饰工程

（1）了解抹灰工程的分类与组成、常用机具
（2）熟悉一般抹灰工程的施工工艺及质量验收标准
（3）了解吊顶工程的组成与类型、常用机具
（4）熟悉木龙骨吊顶工程和轻钢龙骨吊顶工程的施工工艺及质量验收标准
（5）熟悉铝合金龙骨、金属装饰板、开敞式吊顶工程的施工工艺
（6）了解楼地面工程的类型、常用机具、作业条件、基本要求
（7）熟悉块材类、木竹类、地毯类楼地面工程的施工工艺及质量验收标准
（8）熟悉整体式楼地面、塑料地板楼地面的施工工艺
（9）了解隔墙与隔断的类型及常用机具
（10）熟悉骨架类隔墙工程的施工工艺及质量验收标准
（11）熟悉其他类型隔墙工程的施工工艺
（12）了解饰面板工程的类型及常用机具
（13）熟悉各类型饰面板工程的施工工艺及质量验收标准
（14）熟悉涂饰工程、门窗工程的施工工艺及质量验收标准

4.7 建筑安装工程

（1）了解室内给水管道的安装程序及方法
（2）了解室内排水管道的安装程序及方法
（3）熟悉给排水管道的试压与清洗
（4）熟悉给排水阀门、水表、卫生器具的安装
（5）熟悉给排水管道的防腐和保温
（6）了解电线、电缆、桥架、配管安装施工工艺流程
（7）熟悉配管、线槽、桥架、电线、电缆安装施工规范要求
（8）了解电气设备的安装施工工艺流程和施工技术

（9）熟悉电气设备的安装施工规范要求
（10）了解防雷系统、接地系统施工工艺流程和施工技术
（11）熟悉防雷系统、接地系统施工规范要求
（12）了解有线电视系统安装施工技术
（13）了解电话通信系统安装施工技术
（14）了解建筑供暖工程的施工技术
（15）了解建筑通风工程的施工技术

4.8　市政公用工程

（1）了解城市道路路基施工的基本方法及其施工的一般程序
（2）了解城市道路中常见的路面类型的施工程序和方法
（3）了解桥梁施工前的准备工作
（4）了解桥梁基础、桥墩（台）的施工技术
（5）了解简支梁、预应力混凝土梁桥、预应力连续梁悬臂、拱桥施工技术
（6）了解隧道工程常用施工方法

第5章　建筑工程定额与预算

5.1　建筑工程定额概述

（1）了解建筑工程定额的概念、性质、作用
（2）熟悉建筑工程定额的分类
（3）熟悉施工定额的作用、劳动定额、材料消耗定额、机械台班消耗定额
（4）了解预算定额的概念、预算定额的应用
（5）熟悉预算定额的作用、组成
（6）了解预算定额的编制原则、依据、步骤，以及人工、材料、机械台班消耗量指标
（7）了解概算定额、概算指标、估算指标的概念、作用

5.2　建筑安装工程费用项目组成

（1）熟悉建筑安装工程费用四大组成部分
（2）熟悉直接工程费、措施费、规费、企业管理费、利润和税金的构成

5.3　建筑安装工程费用计算

（1）了解工料单价法的计价程序
（2）了解综合单价法的计价程序

5.4　工程量清单计价

（1）了解工程量清单的定义
（2）了解工程量清单编制的一般规定及编制工程量清单的依据

（3）熟悉分部分项工程量清单包括的因素、通用措施项目清单和其他项目清单的内容

（4）熟悉工程量清单计价的一般规定

（5）了解招标控制价和投标价

（6）熟悉工程合同价款的约定、工程计量与价款支付、索赔与现场签证、工程价款调整、竣工结算、工程计价争议的处理

第6章 施工项目管理

6.1 施工项目管理概论

（1）了解项目、建设项目、施工项目的概念

（2）熟悉施工项目管理的特征、施工项目管理的程序

（3）熟悉施工项目管理的目标、施工项目管理的内容

（4）了解组织的概念和组织的职能

（5）熟悉施工项目经理部的定义、作用、设立的基本原则、组织层次、运行机制、工作内容、动态管理及解体

（6）熟悉施工组织设计的基本内容、施工组织设计的分类及内容、施工组织设计的编制原则

（7）熟悉施工组织设计的编制依据、编制程序

（8）了解监理的概念

（9）熟悉我国推行建设工程监理制度的目的、必须实施工程项目监理的范围、监理与相关单位的关系、监理的工作原则

（10）熟悉监理的工作任务、工作方法、旁站监理的概念、工作范围、主要职责、记录内容、工作要求

6.2 施工项目质量管理

（1）了解质量的定义、质量管理的概念

（2）熟悉施工项目质量的影响因素、基本原理

（3）了解质量管理的八项原则

（4）熟悉质量管理体系文件的构成

（5）熟悉质量管理体系的建立和运行

（6）了解质量管理体系的认证与监督

（7）了解施工项目质量控制的特点、原则

（8）熟悉施工项目质量控制的过程及各过程的质量控制

（9）熟悉常见质量问题的成因及分析、质量问题的处理程序及处理方案、质量事故处理的依据及处理程序

（10）了解施工项目质量政府监督的职能、内容及验收

（11）掌握工程质量验收的备案

（12）了解工程质量的保修

6.3 施工项目进度管理

（1）了解施工项目进度管理的概念、影响进度的不利因素
（2）熟悉施工进度控制的原理、目标体系、施工项目的工期
（3）熟悉施工进度计划分类、表示方法和编制程序
（4）熟悉施工进度控制的程序和措施
（5）熟悉施工进度计划的检查与调整

6.4 施工项目成本管理

（1）了解施工项目成本的概念、成本管理的任务
（2）了解施工项目成本预测的作用、过程和方法，了解施工项目成本计划的作用、项目经理部的责任目标成本和计划目标成本
（3）熟悉施工项目成本计划的编制依据、编制方法、资金使用计划的形式
（4）了解施工项目成本控制的原则、依据、步骤、运行
（5）熟悉施工项目成本控制的措施
（6）了解施工项目成本核算的任务、原则、要求
（7）了解施工项目成本分析的依据、方法
（8）了解施工项目成本考核的目的、内容、要求及实施

6.5 施工项目安全管理

（1）了解安全、安全生产、安全生产管理的概念
（2）熟悉安全生产的方针、安全生产管理的基本原则
（3）熟悉施工安全保证体系的构成
（4）熟悉安全生产管理制度
（5）了解安全技术措施的概念
（6）熟悉安全技术措施的编制要求、主要内容
（7）熟悉施工安全检查的类型、注意事项、主要内容

第7章 公文写作与处理

7.1 公文概论

（1）了解公文的概念、公文的特点及公文的功能
（2）熟悉公文的分类和公文的文体
（3）掌握公文的格式
（4）了解公文的稿本
（5）掌握公文的行文规则
（6）掌握公文的写作要求

7.2 指挥类公文写作

(1) 了解命令的概念、命令的种类和命令的写作技巧
(2) 熟悉命令的适用范围
(3) 了解决定的概念、决定的种类
(4) 熟悉决定的适用范围
(5) 掌握决定的写作技巧
(6) 了解批复的概念、适用范围、特点、种类及写作技巧
(7) 了解决议的概念、适用范围、种类及写作技巧
(8) 了解意见的概念、特点和种类
(9) 熟悉意见的适用范围和写作技巧

7.3 知照类公文写作

(1) 了解公告的概念和公告的种类
(2) 熟悉公告的适用范围
(3) 掌握公告的写作技巧
(4) 了解通告的概念、特点和通告的种类
(5) 熟悉通告的适用范围
(6) 掌握通告的写作技巧
(7) 了解通知的概念、特点和通知的种类
(8) 熟悉通知的适用范围
(9) 掌握通知的写作技巧
(10) 了解通报的概念、特点和通报的种类
(11) 熟悉通报的适用范围
(12) 掌握通报的写作技巧
(13) 了解函的概念和函的种类
(14) 熟悉函的适用范围
(15) 掌握函的写作技巧
(16) 了解纪要的概念和特点
(17) 熟悉纪要的适用范围
(18) 掌握纪要的写作技巧

7.4 报请类公文写作

(1) 了解报告的概念和报告的种类
(2) 熟悉报告的特点和报告的适用范围
(3) 掌握报告的写作技巧
(4) 了解请示的概念和请示的种类
(5) 熟悉请示的特点和请示的适用范围
(6) 掌握请示的写作技巧

7.5 公文处理

(1) 了解公文处理的概念
(2) 熟悉公文处理的任务和基本原则
(3) 掌握收文处理包括的内容
(4) 熟悉发文处理的一般程序
(5) 掌握办毕公文的处置包括的内容

第8章 职业道德

8.1 概述

(1) 了解道德的基本概念、公民道德的主要内容、职业道德的概念
(2) 熟悉职业道德的基本特征
(3) 了解职业道德建设的必要性和意义

8.2 建设行业从业人员的职业道德

(1) 了解一般职业道德要求
(2) 熟悉个性化职业道德要求

8.3 建设行业职业道德的核心内容

熟悉建设行业职业道德的核心内容

8.4 建设行业职业道德建设的现状、特点与措施

(1) 了解建设行业职业道德建设的现状
(2) 了解建设行业职业道德建设的特点
(3) 熟悉加强建设行业职业道德建设的措施

8.5 加强职业道德修养

(1) 了解加强职业道德修养的途径
(2) 了解加强职业道德修养的方法

二、习 题

第1章 建 筑 识 图

一、单项选择题

1. 下列等式正确的是（　　）。
   A. 1张A2幅面图纸＝2张A1幅面图纸
   B. 1张A4幅面图纸＝2张A3幅面图纸
   C. 2张A2幅面图纸＝1张A1幅面图纸
   D. 2张A1幅面图纸＝1张A2幅面图纸

2. 关于图纸的标题栏在图框中的位置，下列叙述正确的是（　　）。
   A. 配置在任意位置　　　　　　　　B. 配置在右下角
   C. 配置在左下角　　　　　　　　　D. 配置在图中央

3. 图纸中斜体字字头向右倾斜，与（　　）成75°。
   A. 竖直方向　　　　　　　　　　　B. 水平基准线
   C. 图纸左端　　　　　　　　　　　D. 图框右侧

4. 同一建筑图样中，若用b表示粗线的线宽，则粗、中、细线的线宽应分别表示为（　　）。
   A. B、$0.7B$、$0.25b$　　　　　　B. B、$0.7B$、$0.35b$
   C. B、$0.5B$、$0.35b$　　　　　　D. B、$0.5B$、$0.25b$

5. 图样上（　　），一般应由尺寸界线、尺寸线、尺寸起止符号和尺寸数字组成。
   A. 标注的尺寸　　B. 机件的大小　　C. 所画的图形　　D. 注写的字体

6. 下列叙述错误的是（　　）。
   A. 图形的轮廓线可作尺寸界线　　　B. 图形的轴线可作尺寸界线
   C. 图形的剖面线可作尺寸界线　　　D. 图形的对称中心线可作尺寸界线

7. 图样中尺寸数字不可被任何图线所通过，当不可避免时，必须把（　　）断开。
   A. 尺寸线　　　　B. 尺寸界线　　　C. 图线　　　　　D. 数字

8. 平行投影法分为（　　）两种。
   A. 中心投影法和平行投影法　　　　B. 正投影法和斜投影法
   C. 主要投影法和辅助投影法　　　　D. 一次投影法和二次投影法

9. 中心投影法的投射中心位于（　　）处。
   A. 投影面　　　　B. 投影物体　　　C. 无限远　　　　D. 有限远

10. 房屋施工图按其用途的不同划分为（　　）。

A. 基础施工图、建筑施工图、给水排水施工图、电气施工图
B. 建筑施工图、建筑详图、给水排水施工图、装饰施工图
C. 房屋总平面图、基础平面图、建筑立面图、建筑详图
D. 建筑施工图、结构施工图、设备施工图、装饰施工图

11. 表达房屋（　　）的图样不属于该房屋的结构施工图所包括的图样。
A. 基础的平面布置　　　　　　　B. 基础的详细构造
C. 楼层结构的平面布置　　　　　D. 门窗的详细构造

12. 点的正面投影与（　　）投影的连线垂直于 X 轴。
A. 右面　　　B. 侧面　　　C. 左面　　　D. 水平

13. A、B、C……点的水平投影用（　　）表示。
A. a''、b''、c''…　　B. a、b、c…　　C. a'、b'、c'…　　D. A、B、C…

14. 点的正面投影，反映（　　），z 坐标。
A. o　　　B. y　　　C. x　　　D. z

15. 投影面平行线平行于（　　）投影面。
A. 二个　　　B. 一个　　　C. 三个　　　D. 四个

16. 正垂线平行于（　　）投影面。
A. V、H　　　B. H、W　　　C. V、W　　　D. V

17. 同时倾斜于三个投影面的直线称为（　　）。
A. 平行线　　　B. 垂直线　　　C. 一般位置直线　　　D. 斜线

18. 平行于一个投影面的平面称为投影面（　　）。
A. 垂直面　　　B. 正平面　　　C. 平行面　　　D. 侧平面

19. 投影面垂直面垂直于（　　）投影面。
A. 四个　　　B. 三个　　　C. 二个　　　D. 一个

20. 一般位置平面同时倾斜于（　　）投影面。
A. 二个　　　B. 一个　　　C. 三个　　　D. 四个

21. 物体由左向右投影，在侧立投影面得到的视图，称为（　　）。
A. 俯视图　　　B. 主视图　　　C. 左视图　　　D. 向视图

22. 平面基本体的特征是每个表面都是（　　）。
A. 平面　　　B. 三角形　　　C. 四边形　　　D. 正多边形

23. 六个基本视图的投影关系是（　　）视图长对正。
A. 主、俯、后、右　　　　　　　B. 主、俯、后、仰
C. 主、俯、右、仰　　　　　　　D. 主、俯、后、左

24. 六个基本视图的配置中（　　）视图在左视图的右方且高平齐。
A. 仰视图　　　B. 右视图　　　C. 左视图　　　D. 后视图

25. 在剖视图的标注中，用剖切符号表示剖切位置，用箭头或粗短线表示（　　）。
A. 旋转方向　　　B. 视图方向　　　C. 投影方向　　　D. 移去方向

26. 重合断面图的（　　）和剖面符号均用细实线绘制。
A. 剖切位置　　　B. 投影线　　　C. 轮廓线　　　D. 中心线

27. 房屋的（　　）表示新建房屋的位置，与原有建筑及周围环境之间的关系等

内容。

A. 建筑剖面图　　B. 总平面图　　C. 建筑平面图　　D. 建筑立面图

28. 绘制房屋总平面图时，用（　　）作为投影面。

A. 正平面　　B. 侧平面　　C. 垂直面　　D. 水平面

29. 房屋总平面图中不必注出房屋的（　　）。

A. 高度尺寸　　B. 地面标高　　C. 长宽尺寸　　D. 定位尺寸

30. （　　）是绘制建筑总平面图的可用比例。

A. 1∶100　　B. 1∶200　　C. 1∶500　　D. 1∶5000

31. 在房屋的总平面图中，用细实线绘制（　　）。

A. 新建房屋　　B. 新建道路　　C. 场地分界线　　D. 原有建筑

32. 房屋施工图中，指北针的箭尾宽度为（　　）mm。

A. 2　　B. 2.5　　C. 3　　D. 3.5

33. 房屋的（　　）中必须注出房屋的定位尺寸。

A. 结构平面图　　B. 建筑平面图　　C. 总平面图　　D. 基础平面图

34. 房屋的相对标高是以房屋（　　）的室内主要地面高度定为零点高度。

A. 顶层　　B. 首层　　C. 中间层　　D. 标准层

35. 房屋的建筑平面图不包括房屋的（　　）。

A. 屋顶平面图　　B. 水平投影图　　C. 首层平面图　　D. 基础平面图

36. 能够反映出屋面排水情况的平面图是（　　）。

A. 管道平面图　　B. 排水平面图　　C. 顶层平面图　　D. 屋顶平面图

37. 房屋的（　　）平面图用于表达房屋中间的平面布局、构造情况完全一致的若干层的情况。

A. 基准层　　B. 相同层　　C. 构造层　　D. 标准层

38. 楼房底层进口处的雨篷应在（　　）中表示。

A. 底层平面图　　B. 二层平面图　　C. 顶层平面图　　D. 屋顶平面图

39. 在1号轴线之前附加轴线时，其编号分母用（　　）表示。

A. A　　B. 0A　　C. 1　　D. 01

40. 详图符号中的详图编号与被索引图纸的编号均用（　　）注出。

A. 小写拉丁字母　　B. 大写拉丁字母

C. 阿拉伯数字　　D. 罗马数字

41. 详图与被索引的图样不在同一张图纸内时，则应在详图符号的（　　）。

A. 上半圆内注详图所在图纸的编号，下半圆注详图编号

B. 上半圆注详图编号，下半圆内注详图所在图纸的编号

C. 上半圆内注被索引的图纸编号，下半圆注详图编号

D. 上半圆内注详图编号，下半圆内注被索引的图纸编号

42. 在（　　）中标注建筑剖面图的剖切位置，是正确的。

A. 屋顶平面图　　B. 底层平面图　　C. 建筑立面图　　D. 标准层平面图

43. 画房屋的建筑施工图时，所画剖面图的数量（　　）。

A. 不能多于一个　　B. 不能多于两个

C. 根据需要而定 D. 至少一个但不多于两个

44. 过梁在房屋施工图中的代号为（　　）。
A. L B. QL C. GL D. TL

45. 楼层结构平面图中，楼板下的梁及墙身轮廓线用（　　）表示。
A. 细实线 B. 中实线 C. 中虚线 D. 细虚线

46. 在斜二等轴测图中，其中1个轴的轴向伸缩系数与另2个轴的轴向伸缩系数不同，取（　　）。
A. 1 B. 0.5 C. 0.82 D. 1.22

47. 正等轴测图的轴间角为（　　）。
A. 45° B. 60° C. 90° D. 120°

48. 绘制房屋的（　　）时，沿楼板面将房屋水平剖开。
A. 底层平面图 B. 楼层结构平面图
C. 基础平面图 D. 顶层平面图

49. 画建筑剖面图时，剖切平面不应选择在（　　）的部位。
A. 内部结构和构造比较复杂 B. 有代表性
C. 通过门、窗洞 D. 内部结构和构造比较简单

50. 楼梯平面图中，被剖断的梯段应画上（　　）。
A. 折断线 B. 波浪线 C. 点划线 D. 双点画线

51. ——J—— 该图例在给水排水施工图表示（　　）管道
A. 供排水管道 B. 雨水管道 C. 给水管道 D. 冷凝水管道

52. 给水排水施工图中轴测图即（　　）。
A. 平面图 B. 系统图 C. 详图 D. 标准图

53. ——⌀—— 该图例在给水排水施工图中表示（　　）。
A. 截止阀 B. 闸阀 C. 止回阀 D. 水表

54. ⊢ 该图例在给水排水施工图中表示（　　）。
A. 雨水口 B. 消火栓 C. 存水弯 D. 检查口

55. ①引入管、②支管、③立管、④干管，给水系统图识图的顺序为（　　）。
A. ①②③④ B. ②④③① C. ①④③② D. ③④②①

56. ——⊙（⊤）图例在给水排水施工图中表示（　　）。
A. 雨水口 B. 清扫口 C. 存水弯 D. 检查口

57. （　　）是表示建筑物内各层电气设备的平面位置和线路走向。
A. 二次接线图 B. 大样图 C. 平面图 D. 系统图

58. 电气工程施工图中符号"σ"表示（　　）。
A. 一般开关 B. 双联开关
C. 带指示灯的开关 D. 两控单极开关

59. 电气工程施工图中符号"SC"表示（　　）。
A. 穿电线管敷设 B. 穿硬塑料管敷设
C. 穿焊接钢管敷设 D. 用金属线槽敷设

60. 电气工程施工图中符号"WC"表示（　　）。

A. 沿墙面敷设　　　　　　　　　　B. 沿天棚或顶板面敷设
C. 吊顶内敷设　　　　　　　　　　D. 暗敷设在墙内

61. 识读系统图可以了解系统的基本组成，主要（　　）、元件等连接关系及它们的规格、型号、参数等，从而掌握电气系统的基本情况。

A. 配电设备　　B. 电气设备　　C. 转换设备　　D. 低压设备

62. 供电方式和相数有哪些（　　）。

A. 高压供电，单相　　　　　　　　B. 低压供电，三相
C. 低压供电，单相　　　　　　　　D. 高压和低压供电，单相和三相

63. （　　）是指光能的产生、传播、分配（反射、折射和透射）和消耗吸收的系统，由电源、控制器、室内空间、建筑内表面、建筑形状、工作面等组成。

A. 电气系统　　B. 照明系统　　C. 配电系统　　D. 输电系统

64. 该图例在采暖施工图表示----------（　　）管道。

A. 供暖热水干管　B. 流动方向　C. 供暖回水干管　D. 供暖凝水干管

65. 地下室设排烟系统，由于受风机房面积限制，所以转弯处的半径较小，需要在弯头处设（　　）导流叶片

A. 蝶阀　　　B. 防火阀　　　C. 导流叶片　　　D. 排烟阀

66. 该图例在采暖施工图表示――――（　　）管道。

A. 供暖热水干管　B. 流动方向　C. 供暖回水干管　D. 供暖凝水干管

67. 该图例在通风施工图表示〰〰（　　）。

A. 分体空调器　B. 减振器　　C. 分机盘管　　D. 挡水板

68. 该图例在通风施工图表示▭（　　）。

A. 分体空调器　B. 减振器　　C. 分机盘管　　D. 挡水板

69. 该图例在通风施工图表示⊙ △（　　）。

A. 分体空调器　B. 减振器　　C. 分机盘管　　D. 挡水板

70. 该图例在采暖施工图表示――≥―（　　）。

A. 闸阀　　　B. 止回阀　　C. 角阀　　　D. 蝶阀

71. 该图例在采暖施工图表示⌐⌐（　　）。

A. 方形补偿器　B. 止回阀　　C. 角阀　　　D. 蝶阀

72. 图例在采暖施工图表示┤▭―（　　）。

A. 方形补偿器　B. 集汽罐　　C. 角阀　　　D. 蝶阀

二、多项选择题

1. 正投影的三等关系是指（　　）。

A. 尺寸相等　　B. 长对正　　C. 宽相等
D. 高平齐　　　E. 方位一致

2. 正面图反映形体的（　　）方位。

A. 上下　　　B. 前后　　　C. 左右

D. 左上　　　　　　　　E. 左下

3. 正垂线平行于（　　）。
A. V 面　　　　　　　　B. H 面　　　　　　　　C. W 面
D. X 轴　　　　　　　　E. Y 轴

4. 侧平面垂直于（　　）。
A. V 面　　　　　　　　B. H 面　　　　　　　　C. W 面
D. X 轴　　　　　　　　E. Y 轴

5. 组合体的尺寸按它们所起的作用，可分为（　　）。
A. 细部尺寸　　　　　　B. 总体尺寸　　　　　　C. 定形尺寸
D. 定位尺寸　　　　　　E. 轴线尺寸

6. OX、OY 方向轴向伸缩系数相等的可能是（　　）轴测图。
A. 正等测　　　　　　　B. 斜等测　　　　　　　C. 正二等测
D. 正三测　　　　　　　E. 斜三测

7. 常用的剖面图的种类有（　　）。
A. 半剖面图　　　　　　B. 局部剖面图　　　　　C. 移出剖面图
D. 阶梯剖面图　　　　　E. 展开剖面图

8. 详图常用的比例有（　　）。
A. 1∶5　　　　　　　　B. 1∶10　　　　　　　　C. 1∶25
D. 1∶100　　　　　　　E. 1∶200

9. 建筑立面图可以根据（　　）命名。
A. 朝向　　　　　　　　B. 用途　　　　　　　　C. 主次
D. 立面颜色　　　　　　E. 首尾轴线

10. 建筑平面图是（　　）的依据。
A. 建筑定位　　　　　　B. 施工放线　　　　　　C. 安装门窗
D. 安装设备　　　　　　E. 砌墙

11. 下列属于建筑施工图的有（　　）。
A. 建筑平面图　　　　　B. 基础详图　　　　　　C. 总平面图
D. 基础平面图　　　　　E. 建筑立面图

12. 阅读施工图时，应（　　）。
A. 先粗看后细看　　　　B. 先局部后整体
C. 先文字说明后图样　　D. 建筑施工图与结构施工图对照看
E. 先尺寸后图形

13. 能反映线段的实长的是（　　）。
A. 一般位置线在 H 面上的投影　　　　B. 正平线在 V 面上的投影
C. 正垂线在 W 面上的投影　　　　　　D. 水平线在 H 面上的投影
E. 侧垂线在 W 面上的投影

14. 建筑制图中，细点划线用来画（　　）。
A. 定位轴线　　　　　　B. 地坪线　　　　　　　C. 中心线
D. 可见轮廓线　　　　　E. 对称线

15. 给水排水施工图包含下列（   ）部分。
    A. 图纸目录、设计说明   B. 平面图
    C. 系统图   D. 大样详图
    E. 材料表

16. 通风施工图的常用图例有（   ）部分组成。
    A. 风道代号   B. 风道   C. 阀门
    D. 附件   E. 暖通空调设备

17. 材料表中主要包含了种设备和主要材料（   ）等。
    A. 名称   B. 型号   C. 质量
    D. 数量   E. 厂家

18. 设计说明主要内容有（   ）。
    A. 管材、防腐、防冻、防露的做法
    B. 管道连接、固定、竣工验收要求、施工中特殊情况技术处理措施
    C. 图纸目录
    D. 各个房间用水量
    E. 施工方法要求必须严格遵守的技术规程、规定

19. 在低压配电设备中常用的低压电器（   ）。
    A. 三级开关   B. 熔断器   C. 低压断路器
    D. 单极开关   E. 低压刀开关

20. 线路敷设方法的有（   ）。
    A. WC   B. F   C. FC
    D. SC   E. CT

21. 识读电气照明施工图纸的内容有识读设计说明、（   ）。
    A. 识读电路图和接线图   B. 了解图例符号
    C. 识读系统图   D. 识读平面布置图
    E. 识读材料表

22. 照明平画图能清楚地表现（   ）和线路的具体位置及安装方法。
    A. 开关   B. 控制器   C. 灯具
    D. 家具   E. 插座

23. 采暖系统施工图一般由（   ）部分组成。
    A. 设计说明   B. 平面图   C. 采暖系统图
    D. 详图   E. 主要设备材料表等

24. 通风施工图的常用图例有（   ）部分组成。
    A. 风道代号   B. 风道   C. 阀门
    D. 附件   E. 暖通空调设备

25. 设备材料表的主要内容有编号（   ）等。
    A. 名称   B. 型号   C. 质量
    D. 数量   E. 暖通空调设备

26. 采暖施工图设计说明主要内容有（   ）。

A. 建筑物的采暖面积
B. 采暖系统的热源种类、热媒参数、系统总热负荷
C. 系统形式，进出口压力差（即采暖所需资用压力）
D. 各个房间设计温度
E. 散热器型号及安装方式

27. 采暖系统图主要内容有（　　　）。
A. 采暖管道的走向、空间位置、坡度，管径及变径的位置，管道与管道之间连接方式
B. 散热器与管道的连接方式
C. 管路系统中阀门的位置、规格，集气罐的规格、安装形式（立式或卧式）
D. 疏水器、减压阀的位置，其规格及类型
E. 立管编号

三、判断题（正确的写 A，错误的写 B）

1. 图纸中字体的宽度一般为字体高度的 1/2 倍。（　　）
2. 标注圆的直径尺寸时，应在尺寸数字前加注符号"φ"。（　　）
3. 空间直线与投影面的相对位置关系有 3 种。（　　）
4. 绝对标高就是以地面为零点测出的高度。（　　）
5. 房屋总平面图中注出的标高为相对标高。（　　）
6. 索引的详图采用标准图集时应在索引符号的下半圆中注出标准图集的编号。（　　）
7. 楼梯剖面中高度尺寸"150×12＝1800"中的 1800 为梯段高度。（　　）
8. 在斜二等轴测图中，凡与坐标面倾斜的平面上的圆，轴测投影仍为圆。（　　）
9. 正二等轴测图属于正投影的一种。（　　）
10. 画物体的正二等轴测图中，一般采用简化变形系数。（　　）
11. 正等轴测图的三个轴的轴向变形系数均不等。（　　）
12. 尺寸界线应由图形的轮廓线、轴线或对称中心线处引出，不能利用轮廓线、轴线或对称中心线作尺寸界线。（　　）
13. 角度尺寸的标注方法与线性尺寸标注方法相同。（　　）
14. 图样上的尺寸单位，除标高以米为单位外，均为毫米为单位。（　　）
15. 平行投影法分为正投影法和斜投影法两种。（　　）
16. 斜投影是平行投影。（　　）
17. 房屋建筑制图时，纵向定位轴线编号用阿拉伯数字从左向右依次编写。（　　）
18. 索引符号是由直径为 10mm 的细实线绘制的圆及水平直径组成。（　　）
19. 透视投影属于平行投影。（　　）
20. 两框一斜线，定是垂直面；斜线在哪个面，垂直哪个面。（　　）
21. 尺寸标注时起止符号用细短实线绘制。（　　）
22. 在建筑立面图中，建筑的外轮廓线用粗实线绘制。（　　）
23. 建筑中间各层，如卫生设备或用水设备的种类、数量和位置都相同，绘一张标准

层平面布置图即可。 (　　)

24. ──●表示清扫口。 (　　)

25. 标准图是作为单独进行施工的图纸。 (　　)

26. 建筑内部给排水，以选用的给水方式来确定平面布置图的张数。底层若和标准层一样，可不必单独绘制平面图。 (　　)

27. 将电力系统中从降压配电变电站（高压配电变电站）出口到用户端的这一段系统称为输电系统。 (　　)

28. 低压熔断器种类很多，根据其构造和用途可分为开启式、半封闭式和封闭式。 (　　)

29. 平面图以文字的方式来表达图纸中无法用图纸符号的内容。 (　　)

30. "BV-(5×16) SC40-FC"，BV：表示该线路是采用铜芯塑料绝缘线；5×16：五根 $16mm^2$；SC40：穿焊接钢管敷设，管径 40mm；FC：地面下暗设。 (　　)

31. 平面布置图是建筑电气施工图的重要图纸之一。识读平面布置图时，了解设备安装位置、安装方式、安装容量，了解线路敷设部位、敷设方式及所用导线型号、规格、数量、管径等。 (　　)

32. 系统图又称流程图，也叫系统轴测图，与平面图配合，表明了整个采暖系统的全貌。系统图包括水平方向和垂直方向的布置情况。 (　　)

33. 暖气管道穿墙、穿楼板应设置钢套管或铁皮套管，下料后套管内刷防锈漆一遍，用于穿楼板套管应在适当部位焊接架铁。 (　　)

34. 采暖平面图是采暖施工图的次要组成部分。 (　　)

35. 详图是当平面图和系统图表示不够清楚而又无标准图时所绘制的补充说明图。 (　　)

36. 系统图只包括垂直方向的布置情况。 (　　)

四、计算题或案例分析题

1. 如图 1-1 所示为某基础详图，从图 1-1 中可知：

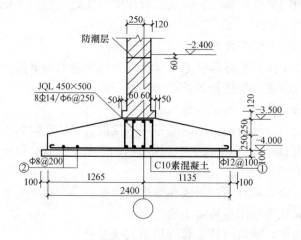

图 1-1　JC1 详图

(1) 基础的宽度为（　　）mm。（单选题）

A. 1265　　　　B. 1135　　　　C. 2400　　　　D. 2600

(2) 基础底面标高为－4.100。（　　）（判断题）

(3) 基础底板受力钢筋直径为（　　）mm。（单选题）

A. 6　　　　　B. 8　　　　　C. 12　　　　　D. 14

(4) 基础底板分布钢筋的间距为（　　）mm。（单选题）

A. 200　　　　B. 100　　　　C. 250　　　　D. 120

(5) 基础圈梁中的箍筋为（　　）肢箍。（单选题）

A. 单　　　　　B. 双　　　　　C. 三　　　　　D. 四

2. 如图 1-2 所示为某楼梯 TB1 结构，从图中可知：

(1) TB1 楼梯段共有（　　）级踏步。（单选题）

A. 9　　　　　B. 10　　　　　C. 11　　　　　D. 12

(2) 该楼梯为梁式楼梯。（　　）（判断题）

(3) TB1 在跨中分布钢筋（　　）。（单选题）

A. 在受力钢筋的下部

B. 在受力钢筋的上部

C. 一部分在受力钢筋的上部，一部分在受力钢筋的下部

D. 沿跨度方向布置

(4) TB1 的板厚为（　　）mm。（单选题）

A. 110　　　　B. 150　　　　C. 180　　　　D. 300

(5) TB1 在支座处（　　）。（多选题）

A. 钢筋为双层双向布置，钢筋间距为 180mm

B. 上层受力钢筋布置在上层分布钢筋的上面

C. 上层受力钢筋布置在上层分布钢筋的下面

D. 下层受力钢筋布置在下层分布钢筋的上面

E. 下层受力钢筋布置在下层分布钢筋的下面

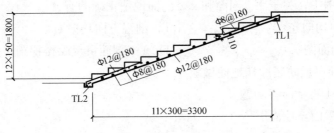

图 1-2　TB1 详图

3. 如图 1-3 所示为某住宅建筑底层平面，从图中可知：

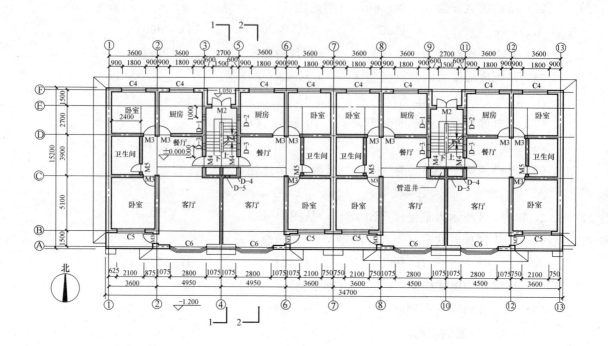

图 1-3 底层平面图 1∶100

(1) 如果南立面图用房屋两端的轴线编号来命名,则为( )。(单选题)

A. ⑬～①立面图 B. ①～⑬立面图
C. Ⓐ～Ⓕ立面图 D. Ⓕ～Ⓐ立面图

(2) 该平面图中窗有( )种类型。(单选题)

A. 3 B. 4 C. 5 D. 6

(3) 该平面图中,进户门为( )。(单选题)

A. M2 B. M3 C. M4 D. C5

(4) 该平面图中,楼梯位于( )轴线之间。(多选题)

A. ③～⑤ B. ⑨～⑪ C. ③～④
D. Ⓒ～Ⓔ E. ⑨～⑩

(5) 该平面图中,关于 1-1 剖面和 2-2 剖面说法正确的有( )。(多选题)

A. 剖视方向均向左 B. 剖视方向均向右
C. 均为全剖面图 D. 1-1 剖面可反映楼梯踏步的高度和宽度
E. 1—1 剖面可反映餐厅楼地面做法

4. 根据图 1-4 所示回答问题

(1) PL1 由屋面至地面以下( )处。

A. −0.30m B. −0.50m C. −0.80m D. −1.20m

(2) PL1 的管径为( )。

A. DN50 B. DN75 C. DN100 D. DN150

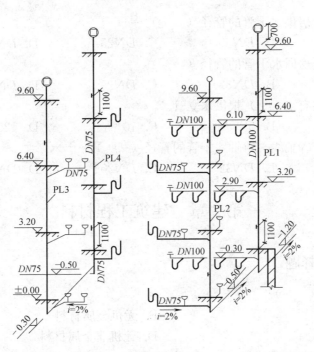

图 1-4

(3) 检查口距离地面（ ）。
A. 300mm　　　B. 500mm　　　C. 800mm　　　D. 1100mm
(4) 通气帽高出屋面（ ）。
A. 300mm　　　B. 500mm　　　C. 700mm　　　D. 1000mm
(5) 排水横支管坡度为（ ）。
A. 1‰　　　　B. 2‰　　　　C. 3‰　　　　D. 5‰

5. 根据图 1-5 所示回答问题

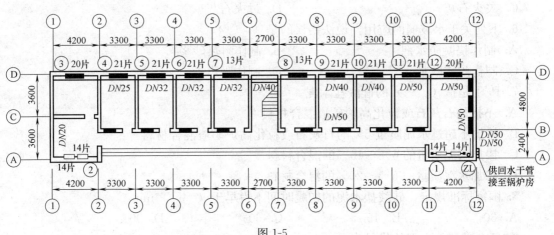

图 1-5

(1) 5号轴线和6号轴线散热器的片数（ ）。
A. 20 片　　　B. 14 片　　　C. 13 片　　　D. 21 片

(2) 接至锅炉房供水干管的管径（　　）。
A. DN32　　　B. DN50　　　C. DN25　　　D. DN40
(3) 接至锅炉房回水干管的管径（　　）。
A. DN50　　　B. DN32　　　C. DN25　　　D. DN40
(4) 该图总共有（　　）根供水立管。
A. 3　　　　　B. 5　　　　　C. 10　　　　　D. 12
(5) ①轴线上Ⓐ轴线～Ⓓ轴线干管的管径（　　）。
A. DN50　　　B. DN32　　　C. DN20　　　D. DN40

第 2 章　建筑工程材料

一、单项选择题

1. 水泥属于（　　）。
   A. 有机材料　　　　　　　　B. 无机金属材料
   C. 复合材料　　　　　　　　D. 无机非金属材料
2. 材料的吸湿性的大小用（　　）表示。
   A. 含水率　　　B. 吸水率　　　C. 空隙率　　　D. 孔隙率
3. 材料的耐水性用（　　）表示。
   A. 渗透系数　　B. 软化系数　　C. 含水率　　　D. 吸水率
4. F_n 表示材料的抗冻等级，n 为（　　）。
   A. 最小冻融次数　　　　　　B. 抗压强度
   C. 最大冻融次数　　　　　　D. 质量损失值
5. 当部分块状石灰的表层被煅烧成十分致密的釉状物，这类石灰称为（　　）。
   A. 熟石灰粉　　　　　　　　B. 生石灰粉
   C. 欠火石灰　　　　　　　　D. 过火石灰
6. 下列关于水玻璃的应用，说法错误的是（　　）。
   A. 制作快凝防水剂　　　　　B. 制作耐热砂浆
   C. 制作耐酸砂浆　　　　　　D. 制作吸声板
7. P.Ⅰ是指（　　）的硅酸盐水泥。
   A. 不掺加石灰石或粒化高炉矿渣混合材料
   B. 掺加不超过水泥质量5%的石灰石或粒化高炉矿渣混合材料
   C. 掺加水泥质量的6%～10%的混合材料
   D. 掺加水泥质量的6%～20%的混合材料
8. 国家标准规定，硅酸盐水泥的初凝时间不得早于（　　）min。
   A. 30　　　　B. 45　　　　C. 60　　　　D. 90
9. 复合硅酸盐水泥的代号为（　　）。
   A. P·S　　　B. P·O　　　C. P·C　　　D. P·P
10. 混凝土的强度等级是按混凝土的（　　）确定的。

A. 立方体抗压强度　　　　　　　　B. 轴心抗压强度
C. 轴心抗拉强度　　　　　　　　　D. 抗弯强度
11. HPB300级钢筋中，H表示（　　）。
　　A. 钢筋　　　　B. 光圆　　　　C. 热轧　　　　D. 带肋
12. 烧结空心砖是以黏土、页岩或煤矸石为主要原料烧制而成，孔洞率（　　），孔尺寸大而数量多，且为水平孔，常用于非承重砌体。
　　A. 小于15%　　B. 15%～25%　　C. 25%～35%　　D. 大于35%
13. 小型砌块的高度是（　　）mm。
　　A. ≤115　　　B. 115～380　　C. 380～980　　D. ≥980
14. 水泥强度等级的选择，应与混凝土的设计强度相适应，一般以水泥强度等级（单位：Mpa）为混凝土强度的（　　）为宜。
　　A. 0.9～1.5倍　B. 1.5～2.0倍　C. 2.0～2.5倍　D. 2.5～3.0倍
15. 混凝土用砂应优先选用级配良好的（　　）砂，这种砂的空隙率与总表面积均较小，不仅水泥用量较少，还保证了混凝土有较高的密实度和强度。
　　A. 粗　　　　　B. 中　　　　　C. 细　　　　　D. 特细
16. 砂浆的保水性用（　　）表示。
　　A. 稠度　　　　B. 分层度　　　C. 沉入度　　　D. 延度
17. 常用的普通抹面砂浆有（　　）。
　　A. 防水砂浆　　B. 装饰砂浆　　C. 水泥砂浆　　D. 绝热砂浆
18. 下列（　　）不宜用于室外装饰。
　　A. 花岗石　　　B. 大理石　　　C. 陶瓷锦砖　　D. 玻璃马赛克
19. （　　）具有花纹自然真实、富有立体感的特点，主要用于高级建筑的室内墙、门及橱柜等的饰面。
　　A. 护壁板　　　B. 木花格　　　C. 木丝板　　　D. 旋切微薄木
20. 下列（　　）属于热塑性塑料。
　　A. PE　　　　　B. PF　　　　　C. UP　　　　　D. EP
21. 下列（　　）不是普通玻璃的性质。
　　A. 热稳定性好　　　　　　　　　B. 化学稳定性好
　　C. 表观密度大　　　　　　　　　D. 导热系数大
22. 聚乙烯给水管也称（　　）给水管。
　　A. PP-R　　　B. PE　　　　C. UPVC　　　D. ABS
23. 塑料管排水只适用于输送温度不超过（　　）的排水系统中。
　　A. 45℃　　　B. 50℃　　　C. 60℃　　　D. 70℃
24. 小便槽冲洗用的多孔管，与墙成（　　）安装。
　　A. 30°　　　B. 45°　　　C. 60°　　　D. 90°
25. 硬聚氯乙烯给水管也称（　　）给水管。
　　A. PP-R　　　B. PE　　　　C. UPVC　　　D. ABS
26. 钢管主要有焊接钢管和（　　）两种。
　　A. 无缝钢管　　B. 镀锌钢管　　C. 不镀锌钢管　　D. 铸铁管

27. 下列哪一种卫生器具不属于洗涤器具（　　）。
   A. 洗涤盆　　　B. 污水盆　　　C. 洗脸盆　　　D. 化验盆
28. （　　）也称为低压自动开关，主要作为不频繁地接通或分断电路之用。
   A. 熔断器　　　B. 低压断路器　　　C. 低压刀开关　　　D. 接触器
29. 电气工程施工图中"$a-b\dfrac{c\times d}{e}f$"符号"f"表示（　　）。
   A. 灯具数　　　B. 灯具型号　　　C. 安装高度　　　D. 安装方式
30. 电气工程施工图中符号"◐"表示（　　）。
   A. 开关　　　　　　　　　　　　B. 天棚灯
   C. 自带电源的事故照明灯　　　　D. 花灯
31. （　　）表示该线路是采用铜芯塑料绝缘线；3×50：三根 50mm²；2×50 二根 25 mm²；SC50：穿焊接钢管敷设，管径 50mm；FC：地面下暗设。
   A. BV-(3×50+2×50) SC80-FC　　　B. YJV-(3×50+2×50) SC80-FC
   C. BV-(3×50+2×50) SC50-FC　　　D. YJV-(3×50+2×50) SC50-FC
32. 室内电气施工图一般由首页、设计说明、（　　）、平面图、大样图、二次接线图、设备材料表等组成。
   A. 图纸目录　　　B. 图纸编号　　　C. 工程总说明　　　D. 系统图

二、多项选择题

1. 下列（　　）属于有机胶凝材料。
   A. 水泥　　　B. 建筑石膏　　　C. 沥青
   D. 水玻璃　　E. 树脂
2. 下列（　　）是建筑石膏的性质。
   A. 凝结硬化慢　　　B. 硬化后体积微膨胀
   C. 硬化后孔隙率大　D. 防火性好
   E. 耐火性好
3. 下列（　　）是水玻璃的性质。
   A. 粘结强度高　　　B. 耐热性好　　　C. 耐酸性强
   D. 耐碱性强　　　　E. 耐水性好
4. 下列（　　）是普通硅酸盐水泥的强度等级。
   A. 32.5　　　B. 42.5　　　C. 52.5R
   D. 32.5R　　 E. 62.5
5. 矿渣硅酸盐水泥、火山灰质硅酸盐水泥、粉煤灰硅酸盐水泥的共同特点是（　　）。
   A. 早期强度高　　　　　　　B. 适用于蒸汽养护
   C. 适用于大体积混凝土　　　D. 抗冻性差
   E. 耐磨性好
6. 下列（　　）是影响混凝土强度最主要的因素。
   A. 水泥强度等级　　　B. 环境的温度
   C. 环境的湿度　　　　D. 水灰比

E. 龄期

7. 钢材的塑性通常用（　　）表示。
A. 伸长率　　　　　　B. 硬度　　　　　　　C. 耐疲劳性
D. 断面收缩率　　　　E. 抗拉强度

8. 混凝土拌合物的和易性包括（　　）三方面的含义。
A. 流动性　　　　　　B. 离析性　　　　　　C. 分层性
D. 黏聚性　　　　　　E. 保水性

9. 下列属于纤维状保温隔热材料的有（　　）。
A. 矿渣棉　　　　　　B. 膨胀珍珠岩　　　　C. 聚苯乙烯泡沫塑料
D. 玻璃棉　　　　　　E. 岩棉

10. 下列属于树脂基防水卷材的有（　　）。
A. SBS改性沥青防水卷材　　　B. 三元乙丙橡胶防水卷材
C. 聚氯乙烯防水卷材　　　　　D. 聚乙烯防水卷材
E. 氯化聚乙烯防水卷材

11. 下列属于安全玻璃的有（　　）。
A. 钢化玻璃　　　　　B. 泡沫玻璃　　　　　C. 夹层玻璃
D. 中空玻璃　　　　　E. 夹丝玻璃

12. 便溺器具包括（　　）。
A. 污水池　　　　　　B. 小便器　　　　　　C. 蹲式大便器
D. 洗涤盆　　　　　　E. 坐式大便器

13. 钢管分为（　　）。
A. 焊接钢管　　　　　B. 不锈钢管　　　　　C. 无缝钢管
D. 镀锌钢管　　　　　E. 不镀锌钢管

14. 盥洗器具包括（　　）。
A. 污水池　　　　　　B. 洗脸盆　　　　　　C. 盥洗台
D. 洗涤盆　　　　　　E. 化验盆

15. 铸铁给水管按其材质分为（　　）。
A. 球墨铸铁管　　　　B. 普通灰口铸铁管
C. 砂型离心铸铁管　　D. 连续铸铁直管
E. 砂型铁管

16. 电缆桥架根据制造材料可分为（　　）。
A. 钢制电缆桥架　　　B. 铝合金电缆桥架
C. 玻璃钢电缆桥架　　D. 防火电缆桥架
E. 梯架

17. 防雷引下线一般可分为（　　）两种。
A. 明敷　　　　　　　B. 暗敷　　　　　　　C. 柱引下
D. 墙引下　　　　　　E. 管内引下

18. 电气配管所用管材包括：（　　）等。
A. 焊接钢管　　　　　B. 镀锌钢管　　　　　C. 薄壁电线管

D. 塑料管　　　　　　　　E. 不锈钢管

19. 薄壁金属电线管包括（　　）。

A. 紧定式金属电线管　　B. 扣压是金属电线管

C. 不锈钢管　　　　　　D. 水煤气管

E. 铸铁管

20. 成套配电箱（柜）外观检查（　　）。

A. 包装及密封应良好

B. 开箱检查清点，型号、规格应符合设计要求，柜（盘）本体外观检查应无损伤及变形，油漆完整无损，有铭牌，柜内元器件无损坏丢失、无裂纹等缺陷

C. 接线无脱落脱焊，充油、充气设备无泄漏，涂层完整，无明显碰撞凹陷，附件、备件齐全

D. 装有电器的活动盘、柜门，应以裸铜软线与接地的金属构架可靠接地

E. 绝缘良好

三、判断题（正确的写 A，错误的写 B)

1. 在外力作用下，材料产生变形，外力取消后，有一部分变形不能恢复，这种性质称为材料的塑性。这种不能恢复的变形称为塑性变形，属于可逆变形。（　　）

2. 材料在恒定荷载作用下，其变形会随时间的延长而缓慢增加，此过程称为应力松弛。（　　）

3. 石灰是气硬性胶凝材料。（　　）

4. 建筑石膏加水拌合后，与水发生水化反应生成半水硫酸钙的过程称为水化。（　　）

5. 初凝时间不符合规定的水泥为不合格品。（　　）

6. 由于硅酸盐水泥的水化热高，因此不适用于大体积混凝土工程。（　　）

7. 当构件截面尺寸较小或钢筋较密时，混凝土的坍落度可选择大些。（　　）

8. 化学腐蚀是指钢材与电解质溶液产生电流，形成微电池而引起的腐蚀，这种腐蚀是建筑钢材在存放和使用中发生腐蚀的主要形式。（　　）

9. 砂率是指混凝土中砂的质量占混凝土总质量的百分率。（　　）

10. 直接承受动荷载作用的焊接结构限制使用沸腾钢。（　　）

11. 冷底子油是将建筑石油沥青（60%～70%）与汽油或其他有机溶剂（30%～40%）相融合而成，冷底子油是建筑石油沥青的稀释溶剂，一般做防水层与基层的结合层。（　　）

12. 玻璃纤维增强塑料又称为玻璃钢，与钢材相比较，它的密度大，比强度高，是一种优良的纤维增强复合材料。（　　）

13. 建筑涂料按主要成膜物质的性质分为溶剂型和水溶性两类。（　　）

14. 胶合板是用原木旋切成薄片，再用胶粘剂按奇数层数，以各层纤维互相垂直的方向粘合热压而成的人造板材。（　　）

15. 有机硅防水涂料是以有机硅橡胶为基料配制而成的水乳型乳液，适用于混凝土、砂浆、钢材等表面防水或防腐，也可用于修补工程。（　　）

16. 石灰的干燥收缩大，因此除用作粉刷涂料外，不宜单独使用。（　　）
17. 钢管镀锌的目的是防锈、防腐，不使水质变坏，延长使用年限。（　　）
18. 塑料管的共同特点是质轻、耐腐蚀、管内壁光滑、流体摩擦阻力大、使用寿命长。（　　）
19. 坐式大便器不带存水弯。（　　）
20. 复合管包括钢塑复合管和铝塑复合管等多种类型。（　　）

四、计算题或案例分析题

1. 背景材料：某综合楼工程，地下1层，地上19层，为现浇钢筋混凝土剪力墙结构，混凝土设计强度等级为C30。工程于2005年2月1日开工，同年11月20日在建设单位召开的协调会上，施工单位提出，为加快施工进度，建议改用硅酸盐水泥，得到建设单位、监理单位的认可。施工单位在11月25日未经监理工程师许可，即进场第一批水泥100t，并使用在工程上，后经法定检测单位检验发现该批水泥安定性不合格，被质量监督站责令拆除重建，造成直接经济损失80万元。

(1) 硅酸盐水泥的代号是（　　）。（单选题）
A. P·Ⅰ或P·Ⅱ　　　　　　B. P·C
C. P·O　　　　　　　　　D. P·S

(2) 影响水泥性质的主要指标有（　　）。（多选题）
A. 细度　　　B. 强度　　　C. 凝结时间
D. 体积安定性　　E. 耐久性

(3) 硅酸盐水泥的强度等级有（　　）。（多选题）
A. 32.5　　　B. 42.5　　　C. 52.5
D. 62.5　　　E. 62.5R

(4) 水泥的安定性是反映水泥在凝结硬化过程中（　　）的变化均匀性的物理指标。（单选题）
A. 强度　　　B. 体积　　　C. 矿物组成　　　D. 温度

(5) 水泥体积安定性不合格，应（　　）。（单选题）。
A. 按废品处理　　　　　　B. 用于配制水泥砂浆
C. 降级使用　　　　　　　D. 用于基础垫层

(6) 该批水泥应抽取（　　）样品进行检测。（单选题）
A. 一组　　　B. 二组　　　C. 三组　　　D. 四组

2. 背景材料：某集团公司总部大楼，地下1层，地上16层，为现浇钢筋混凝土剪力墙结构，混凝土设计强度为C30。施工单位根据施工组织设计，于2012年5月28日开始浇筑二层楼面，连续浇筑混凝土1200m³。

(1) 混凝土拌合物的流动性现场检查以维勃稠度作为指标。（　　）（判断题）
(2) 混凝土强度检测取样不少于（　　）次。（单选题）
A. 3　　　B. 4　　　C. 5　　　D. 6
(3) 混凝土每次取样后应至少保留（　　）组标准养护试样。（单选题）
A. 1　　　B. 2　　　C. 3　　　D. 4

(4) 根据国家标准试验方法规定，检测混凝土的强度，应将混凝土拌合物制作成边长为（　　）mm 的立方体标准试件。（单选题）

A. 100　　　　　B. 150　　　　　C. 200　　　　　D. 250

(5) 根据国家标准试验方法规定，检测混凝土的强度，应将混凝土拌合物制作成标准试件，在标准条件下养护（　　）龄期，用标准试验方法测定其抗压强度值。（单选题）

A. 3d　　　　　B. 7d　　　　　C. 14d　　　　　D. 28d

(6) 在水泥品种、强度等级相同时，混凝土的强度随着水灰比的增大而增大。（　　）（判断题）

3. 背景材料：某承包商于 2010 年 10 月承接某工程，由 A、B 两单体建筑组成，在两单体的三层用钢结构边廊相连，连廊钢梁采用 Q235 钢材，A、B 单体梁柱采用 HRB335 级钢筋，楼板采用 HPB235 级钢筋，梁柱钢筋的连接采用锥螺纹接头，楼板钢筋采用闪光对焊接头。

(1) Q235 表示（　　）。（单选题）

A. 屈服强度为 235MPa 的碳素结构钢
B. 抗拉强度为 235MPa 的碳素结构钢
C. 屈服强度为 235MPa 的低合金钢
D. 抗拉强度为 235MPa 的低合金钢

(2) HRB335 级钢筋属于（　　）。（单选题）

A. 热轧光圆钢筋　　　　　B. 冷轧光圆钢筋
C. 热轧带肋钢筋　　　　　D. 冷轧扭钢筋

(3) 楼板钢筋闪光对焊接头至少需做（　　）试验。（单选题）

A. 3 个拉伸　　　　　B. 3 个冲击韧性
C. 3 个弯曲　　　　　D. 拉伸、弯曲各 3 个

(4) 钢筋锥螺纹拉伸试验工艺检验需至少做（　　）试验。（单选题）

A. 母材 2 根　　　　　B. 连接件 2 根
C. 母材和连接件各 3 根　　　　　D. 母材和连接件各 2 根

(5) 设计时取钢筋的屈服强度作为钢筋强度取值的依据。（　　）（判断题）

(6) 钢筋的屈强比是屈服强度与抗拉强度的比值，屈强比越大，结构越安全。（　　）（判断题）

4. 背景材料：某材料的全干质量为 150g，吸水饱和后的质量为 200g，自然状态下的体积为 50cm³，绝对密实状态下的体积为 40cm³。

(1) 该材料的吸水率为（　　）。（单选题）

A. 33.3%　　　　　B. 25%　　　　　C. 66.7%　　　　　D. 75%

(2) 该材料的密度是（　　）g/cm³。（单选题）

A. 3.00　　　　　B. 3.75　　　　　C. 3.33　　　　　D. 4.25

(3) 该材料的表观密度是（　　）g/cm³。（单选题）

A. 3.00　　　　　B. 3.75　　　　　C. 3.33　　　　　D. 4.25

(4) 该材料的密实度为（　　）。（单选题）

A. 20%　　　　　B. 80%　　　　　C. 75%　　　　　D. 25%

（5）该材料的孔隙率为（　　）。（单选题）
　　A. 20%　　　　B. 80%　　　　C. 75%　　　　D. 25%
（6）材料的孔隙率的大小反映了散粒材料颗粒互相填充的致密程度，在混凝土中孔隙率可作为控制砂石级配及计算砂率的依据。（　　）（判断题）

第3章　工程构造

一、单项选择题

1. 民用建筑包括居住建筑和公共建筑，其中（　　）属于公共建筑。
　　A. 公寓　　　　B. 住宅　　　　C. 集体宿舍　　　　D. 商场
2. 住宅建筑（　　）为高层建筑。
　　A. 7~9 层　　　　　　　　　　B. 10 层及 10 层以上
　　C. 高度大于 24m　　　　　　　D. 高度大于 100m
3. 二级建筑的耐久年限为（　　），适用于重要的公共建筑。
　　A. 100 年以上　　B. 50 年以上　　C. 40~50 年　　D. 15~40 年
4. （　　）是建筑中最下部的承重部分，承受建筑物全部荷载。
　　A. 墙体　　　　B. 地基　　　　C. 基础　　　　D. 柱
5. 单层工业厂房抗风柱与屋架之间常采用（　　）连接，以保证抗风柱的柱顶在水平方向与屋架上弦有可靠的连接，同时在垂直方向又允许屋架与抗风柱有相对的竖向位移。
　　A. 螺栓　　　　B. 弹簧钢板　　　C. 铆钉　　　　D. 焊接
6. 基础埋置深度是指（　　）至基础底面的垂直距离。
　　A. 设计室外地坪　　　　　　　B. 天然室外地坪
　　C. 首层室内地坪　　　　　　　D. 地下室顶板
7. 下列（　　）不是刚性基础。
　　A. 素混凝土基础　　　　　　　B. 毛石混凝土基础
　　C. 钢筋混凝土基础　　　　　　D. 砖基础
8. 从施工便利、经济、基础耐久性等角度考虑，应将基础埋置在最高地下水位以上不小于（　　）mm 处。
　　A. 50　　　　　B. 100　　　　　C. 200　　　　　D. 400
9. 地下室采光井侧墙应高出室外地面（　　）mm，以防地面水流入。
　　A. 50　　　　　B. 100　　　　　C. 200　　　　　D. 250
10. 砖墙组砌时，砂浆水平灰缝的饱满度不得低于（　　）。
　　A. 80%　　　　B. 70%　　　　C. 90%　　　　D. 95%
11. 为了保证砌块墙的整体性，要求砌块组砌时要错缝搭砌，小型空心砌块上下皮搭接长度不小于（　　）mm。
　　A. 60　　　　　B. 90　　　　　C. 150　　　　　D. 180
12. 下列（　　）属于贴面类勒脚。

A. 水刷石　　　　B. 斩假石　　　　C. 水磨石　　　　D. 花岗石

13. 当室内地面为不透水性垫层时，防潮层一般设在（　　）处，而且至少要高于室外地坪150mm。
　　A. 室内地面向上60mm　　　　B. 与室内地面相平
　　C. 室内地面向下60mm　　　　D. 室内地面向上120mm

14. 散水的宽度一般为600~1000mm，并且比屋檐出挑宽度大（　　）mm。
　　A. 50　　　　B. 100　　　　C. 150　　　　D. 200

15. 抗震设防区建筑不宜采用（　　）过梁。
　　A. 钢筋砖　　　B. 砖拱　　　C. 钢筋混凝土　　　D. 钢

16. 当圈梁被门窗洞口截断，致使圈梁不能封闭时，应在洞口上部增设附加圈梁，附加圈梁与圈梁的搭接长度不应小于其垂直间距的（　　）。
　　A. 4倍　　　　B. 3倍　　　　C. 2倍　　　　D. 1倍

17. 构造柱的最小截面尺寸为（　　）。
　　A. 180mm×180mm　　　　B. 180mm×240mm
　　C. 240mm×240mm　　　　D. 300mm×240mm

18. （　　）必须从基础底面开始，直至屋面全部断开。
　　A. 伸缩缝　　　B. 沉降缝　　　C. 抗震缝　　　D. 施工缝

19. 铝合金窗是以窗框料的系列来区分的，窗框料的系列是以（　　）来表示的。
　　A. 窗框的厚度　　　　B. 窗框料的壁厚
　　C. 窗框的宽度　　　　D. 窗框的高度

20. 用水房间的楼地面应比周围其他房间或走道低（　　）mm。
　　A. 10~20　　　B. 20~30　　　C. 30~40　　　D. 40~50

21. 每个楼梯段踏步的数量最多不超过（　　）级。
　　A. 15　　　　B. 16　　　　C. 18　　　　D. 20

22. 规范规定楼梯段的净空高度不小于（　　）mm。
　　A. 2000　　　B. 2200　　　C. 2400　　　D. 2500

23. 一般建筑扶手的高度不小于（　　）mm。
　　A. 700　　　　B. 800　　　　C. 900　　　　D. 1000

24. 为了保证小孩通行的安全，楼梯栏杆在设置时要求水平方向净距不大于（　　）mm。
　　A. 100　　　　B. 110　　　　C. 120　　　　D. 140

25. 为了保证人流出入的安全和方便，台阶顶部平台深度不小于（　　）mm。
　　A. 500　　　　B. 700　　　　C. 900　　　　D. 1000

26. 室内坡道的坡度应不大于（　　）。
　　A. 1∶8　　　　B. 1∶10　　　　C. 1∶12　　　　D. 1∶14

27. 平屋顶是指屋面坡度小于（　　）的屋顶。
　　A. 2%　　　　B. 3%　　　　C. 5%　　　　D. 10%

28. 屋面泛水的高度不小于（　　）mm。
　　A. 50　　　　B. 100　　　　C. 200　　　　D. 250

29. 平屋顶的保温按保温层的设置位置分为内置式保温和倒置式保温两种，（　　）是倒置式保温。
   A. 保温层设在结构层之上   B. 保温层设在结构层之下
   C. 保温层设在防水层以上   D. 保温层设在保护层以上

30. 室内台阶踏步数量不应小于（　　）级，否则，应按坡道设置。
   A. 2   B. 3   C. 4   D. 5

31. 楼梯的坡度一般为（　　）之间。
   A. 23°～30°   B. 23°～45°   C. 23°～60°   D. 23°～25°

32. 楼梯的踏步尺寸可按（　　）来确定。
   A. $h+b=600～620$ B. $h+2b=600～620$
   C. $b+2h=450$ D. $2h+b=600～620$

33. 阳台栏杆、栏板的高度应高于人体的重心，多层建筑应不小于（　　）m。
   A. 1.05   B. 1.10   C. 1.15   D. 1.20

34. 为使楼地面排水顺畅，楼地面应设（　　）的排水坡度，引导水流进入地漏。
   A. 1‰～1.5‰   B. 2‰～2.5‰   C. 2‰～3‰   D. 2.5‰～3‰

35. （　　）的楼层净空高度较大，顶棚平整，采光通风好，适用于楼面荷载较大的商店、仓库、展览馆等建筑中。
   A. 板式楼板   B. 梁板式楼板   C. 井式楼板   D. 无梁楼板

36. 为了使构造柱与墙体融为一体，构造柱沿墙高每隔500mm设2φ6的拉结钢筋，每边伸入墙内的长度不少于（　　）mm。
   A. 500   B. 800   C. 1000   D. 1200

37. 城市道路按其在道路系统中的地位、交通功能及服务功能规定我国城市道路划分为（　　）、主干路、次干路、支路四大类。
   A. 快速路   B. 高速公路   C. 乡村道路   D. 厂矿道路

38. 除快速路外，其余各类道路按城市规模、设计交通量、地形情况分为（　　）级。
   A. 1   B. 2   C. 3   D. 4

39. 为抵消车辆在平曲线路段上行驶时所产生的离（向）心力，在该平曲线路段横断面上设置（　　），即设置外侧高于内侧的单向横坡，其原理是用车重产生的向内水平分力抵消部分离（向）心力。
   A. 竖曲线   B. 曲线超高   C. 缓和曲线   D. 曲线加宽

40. 平面交叉的形式取决于道路规划、相交道路的等级、交通量的大小和交通组织特点、交叉口地形与用地等。其中常见的平面交叉口的形式不包括（　　）。
   A. 十字形   B. 错位交叉   C. Y字形   D. 匝道

41. 基层位于（　　）之下，是沥青路面结构层中的主要承重层，基层主要承担着面层传下来的全部车辆垂直荷载，并把面层传下来的力扩散到垫层或路基。应具有较高的强度、稳定性和耐久性，且要求抗裂性和抗冲刷性好。
   A. 面层   B. 底基层   C. 垫层   D. 结构层

42. 桥梁上部结构：承担线路荷载，跨越障碍。不包括（　　）等。

A. 主要承重结构 B. 支座
C. 桥墩 D. 桥面系

43. 主拱圈是拱桥的重要承重结构，沿拱轴线可以做成等截面或变截面的形式。根据主拱圈截面形式不同可分为板拱、肋拱、（　　）和箱形拱等。

A. 钢管拱 B. 实腹式拱 C. 空腹式拱 D. 双曲拱

44. 悬索桥上部结构的主要构件为桥塔、（　　）和加劲梁，还有吊索、鞍座、索夹等。

A. 主梁 B. 主缆 C. 索塔 D. 锚碇

45. 立交桥的交通组织方式不同，其交叉形式和组成部分也不尽相同，但一般常用的立体交叉由跨路桥、匝道、（　　）、引道等部分组成。

A. 互通 B. 入口与出口 C. 入口 D. 出口

46. 洞身较长的涵洞沿纵向应分成数段，分段长度一般为（　　），每段之间用沉降缝分开，基础也同时分开。

A. 1～2m B. 2～3m C. 4～8m D. 3～6m

47. 隧道横截面在开挖后所建的人工结构包括支护结构及（　　）。

A. 洞门 B. 避车洞 C. 承重结构 D. 防、排水设施

48. 隧道横截面的构成，可分为未开挖和开挖后两种形式。未开挖的截面称为"开挖孔洞"；开挖孔洞约中部（　　）的部分，称为"洞身"。

A. 1/3 B. 1/2 C. 2/3 D. 1/4

49. 吸水井的容积应大于最大一台水泵（　　）的出水量。

A. 1min B. 3min C. 5min D. 10min

50. 当资料不足时，贮水池的调节水量可按最高日用水量的（　　）估算。

A. 1%～5% B. 5%～10% C. 10%～20% D. 20%～30%

51. 水箱泄水管的管径应大于（　　）。

A. 25mm B. 50mm C. 75mm D. 100mm

52. 对于矩形化粪池，当日处理污水量小于等于 $10m^3$ 时，采用双格化粪池，其中第一格占总容积的（　　）。

A. 30% B. 50% C. 60% D. 75%

53. 圆形化粪池直径不得小于（　　）。

A. 1.0m B. 2.0m C. 3.0m D. 4.0m

54. 温度高于（　　）的废水，在排入城镇排水管道之前应采取降温处理。

A. 30℃ B. 40℃ C. 50℃ D. 60℃

55. 以下哪种陶瓷砖的吸水率要求不大于1%（　　）。

A. 釉面砖 B. 抛光砖 C. 仿古砖 D. 瓷质砖

56. 悬吊式顶棚的三大组成部分是（　　）。

A. 吊杆、吊筋和龙骨 B. 吊筋、悬吊系统和龙骨
C. 吊杆、悬吊系统和饰面层 D. 悬吊系统、龙骨和饰面层

57. 下面不属于天然花岗岩石材板楼地面的构造做法是：（　　）。

A. 刷掺有108胶的素水泥浆结合层

B. 抹 30 厚干硬性水泥砂浆找平层

C. 聚氨酯胶粘剂结合层

D. 素水泥浆填缝（缝隙也可镶嵌铜条）

58. 有消声要求的建筑物中应选用铝合金装饰板的种类为（   ）。

    A. 铝合金花纹板　　　　　　B. 铝质浅花纹板

    C. 铝合金压型板　　　　　　D. 铝合金穿孔板

59. 由天然木材经机械旋切加工而成，厚为 0.2~0.5 mm，厚薄均匀、木纹清晰，并且保持了天然木材的真实质感的木质装饰材料是（   ）。

    A. 微薄木　　　B. 细木工板　　　C. 胶合板　　　D. 纤维板

60. 下面有关隔墙与隔断的描述不正确的是（   ）。

    A. 隔断包括活动隔断和固定隔断

    B. 隔墙可理解为是固定隔断的一种类型

    C. 轻质隔墙是指建筑物中的承重墙部分

    D. 隔断与隔墙自身厚度薄，尽量减少占用使用面积

二、多项选择题

1. 民用建筑一般都是由基础、墙或柱、楼梯、（   ）六大基本部分组成。

    A. 楼地层　　　　　　B. 散水　　　　　　C. 屋顶

    D. 雨篷　　　　　　　E. 门窗

2. 耐火极限是指从受到火的作用起，到（   ）所延续的时间，用小时表示。

    A. 倒塌　　　　　　　B. 倾斜

    C. 失去支持能力　　　D. 发生穿透裂缝

    E. 背火面温度升高到 220℃

3. 基础按构造形式分为（   ）。

    A. 独立基础　　　　　B. 扩展基础　　　　　C. 条形基础

    D. 井格基础　　　　　E. 桩基础

4. 按墙体在建筑平面上所处的位置，可将墙体分为（   ）。

    A. 纵墙　　　　　　　B. 内墙　　　　　　　C. 外墙

    D. 横墙　　　　　　　E. 隔墙

5. 砖墙在组砌时应满足（   ）等基本要求，以保证墙体的强度和稳定性。

    A. 横平竖直　　　　　B. 砂浆饱满　　　　　C. 内外搭接

    D. 上下错缝　　　　　E. 颜色一致

6. 当外墙装饰为（   ）材料时，可设置不出挑窗台。

    A. 面砖　　　　　　　B. 水泥砂浆　　　　　C. 玻璃

    D. 玻璃马赛克　　　　E. 水刷石

7. 伸缩缝的间距与（   ）有关。

    A. 结构类型　　　　　B. 屋盖类型

    C. 屋顶有无隔汽层　　D. 屋顶有无保温层

    E. 屋顶有无隔热层

8. 窗扇是由（　　）组成。
   A. 边梃　　　　　　B. 贴脸板　　　　　C. 上冒头
   D. 中冒头　　　　　E. 下冒头

9. 阳台的承重结构主要有（　　）。
   A. 挑梁式　　　　　B. 搁置板式　　　　C. 立柱式
   D. 悬吊式　　　　　E. 挑板式

10. 下列（　　）属于按照楼梯的平面形式分类。
    A. 开敞楼梯　　　　B. 双跑楼梯　　　　C. 防烟楼梯
    D. 螺旋楼梯　　　　E. 扇形楼梯

11. 电梯是由（　　）几个部分组成。
    A. 底板　　　　　　B. 井道　　　　　　C. 机房
    D. 顶板　　　　　　E. 轿厢

12. 刚性防水屋面隔离层的做法有（　　）。
    A. 麻刀灰　　　　　B. 纸筋灰
    C. 水泥砂浆　　　　D. 干铺一层油毡
    E. 混合砂浆

13. 道路中心线在水平面的投影是平面线形，它一般由（　　）要素组成。
    A. 直线　　　　　　B. 圆曲线　　　　　C. 缓和曲线
    D. 平曲线　　　　　E. 竖曲线

14. 城市道路横断面包括（　　）等。
    A. 机动车道　　　　B. 非机动车道　　　C. 人行道
    D. 绿化带　　　　　E. 分隔带

15. 桥梁按结构体系可分为：（　　）。
    A. 梁式桥　　　　　B. 拱式桥　　　　　C. 刚架桥
    D. 悬索桥　　　　　E. 混凝土桥

16. 斜拉桥旧称斜张桥，属于组合体系桥梁，它的上部结构由（　　）构件组成。它是一种桥面体系以主梁受轴力或受弯为主、支承体系以拉索受拉和索塔受压为主的桥梁。
    A. 主梁　　　　　　B. 次梁　　　　　　C. 拉索
    D. 索塔　　　　　　E. 锚碇

17. 涵洞是（　　）组成的排水构筑物。
    A. 引道　　　　　　B. 洞口　　　　　　C. 洞身
    D. 基础　　　　　　E. 匝道

18. 隧道的附属建筑物包括（　　）。
    A. 人行道　　　　　B. 防、排水设施
    C. 量测、监控　　　D. 通风
    E. 照明

19. 每台水泵的出水管上应设（　　），并应采取防水锤措施。
    A. 减压阀　　　　　B. 蝶阀　　　　　　C. 阀门

D. 止回阀 E. 压力表

20. 水箱制作材料有（   ）。
A. 钢板 B. 钢筋混凝土 C. 玻璃钢
D. 塑料 E. 铝合金

21. 按不同用途，水箱可分为（   ）等多种类型
A. 高位水箱 B. 减压水箱 C. 冲洗水箱
D. 生活水箱 E. 断流水箱

22. 贮水池采用（   ）等材料制作。
A. 钢板 B. 钢筋混凝土 C. 玻璃钢
D. 砖石 E. 铝合金

23. 水泵机房应具有（   ）的条件。
A. 通风 B. 采光 C. 防冻
D. 排水 E. 抗倾覆

24. 气压给水设备一般由（   ）等组成。
A. 气压水罐 B. 水泵机组 C. 管路系统
D. 电控系统 E. 自动控制箱（柜）

25. 某小区别墅，设计用地热采暖地面，下列材料中（   ）材料可以考虑选用。
A. 实木地板 B. 漆板（实木地板）
C. 实木复合地板 D. 玻化砖
E. 强化木地板

26. 以下属于立筋隔墙形式的有（   ）。
A. 加气混凝土砖隔墙 B. 木龙骨胶合板隔墙
C. 轻钢龙骨纸面石膏板隔墙 D. 泰柏板隔墙
E. GRC 板隔墙

27. 大理石和花岗石饰面板材的墙面构造方法一般有（   ）。
A. 钢筋网固定挂贴法 B. 金属件锚固挂贴法
C. 干挂法 D. 聚酯砂浆固定法
E. 焊接法

28. 下列属于直接顶棚的有（   ）。
A. 结构顶棚 B. 喷刷类顶棚
C. 裱糊类顶棚 D. 金属格栅顶棚
E. 纸面石膏板顶棚

29. 楼地面饰面的分类按构造和施工方式分（   ）。
A. 整体式地面 B. 块材式地面
C. 木质地面 D. 人造软质地面
E. 涂布式地面

30. 墙面固定玻璃的方法主要有（   ）。
A. 螺钉固定法 B. 嵌条固定法 C. 嵌钉固定法
D. 焊接固定法 E. 粘贴固定法

三、判断题（正确的写 A，错误的写 B）

1. 地下室防水中降排水法有卷材防水和构件自防水两种。（　）
2. 一皮砖顺砌，一皮砖丁砌，上下皮之间的竖向灰缝互相错开 1/4 砖长，这种砌法叫梅花丁砌法。（　）
3. 圈梁的作用是增强建筑物的整体性和稳定性，提高建筑物的抗震能力，减少因地基不均匀沉降引起的墙身开裂。（　）
4. 构造柱下端应锚固在钢筋混凝土基础内，如锚入基础圈梁中，基础圈梁顶面必须低于室外地坪 300mm。（　）
5. 一般情况下，伸缩缝、沉降缝和抗震缝可以统一考虑，即三缝合一；以满足建筑美观和节能的要求，设置时必须符合对应的构造方法。（　）
6. 内保温是指保温层设置在外墙室内一侧，保温效果可靠，但室内使用面积减小，容易在结构墙体内表面和保温材料外表面之间形成冷凝水。（　）
7. 夹板门是由骨架和面板组成，一般用于进户门。（　）
8. 四边支撑的楼板，当板的长边尺寸与短边尺寸之比大于 2 时，板主要沿长方向受力，这种楼板叫单向板。（　）
9. 地层防潮设防潮层的做法有两种，一种是在混凝土垫层上设防潮层，再在防潮层上做地面面层；另一种做法是在地面的基层上铺一层粒径均匀的卵石或碎石、粗砂等，然后再在其上做混凝土垫层和地面面层。（　）
10. 楼梯段的宽度是指楼梯临空一侧扶手内缘至另一侧墙面（如设置靠墙扶手，则为靠墙扶手内缘）之间的水平距离。（　）
11. 相同跨度的板式楼梯比梁式楼梯的自重小而美观。（　）
12. 结构找坡又叫垫置坡度或填坡，是将屋面板水平搁置，然后在上面铺设炉渣、膨胀珍珠岩等轻质材料形成排水坡度。（　）
13. 影响路基稳定性的自然因素主要有：荷载作用、地形、气候、水文与水文地质、土的类别、地质条件、植物覆盖等。（　）
14. 道路的路面直接承受汽车荷载，抵抗车轮的磨耗。根据路面及路面面层结构的力学特性，路面分为柔性路面、刚性路面、半刚性路面三种类型。（　）
15. 桥墩不仅自身应有足够的强度、刚度和稳定性，而且对地基的承载能力、沉降量、地基与基础之间的摩阻力等也都提出一定的要求，避免在上述荷载作用下产生危害桥梁整体结构的水平、竖向位移和转角位移。（　）
16. 由于悬索是柔性结构，刚度较小，当活载作用时，悬索会改变几何形状，引起桥跨结构产生较大的挠曲变形；在风荷载、车辆冲击荷载等动荷载作用下容易产生振动。（　）
17. 涵洞洞口是涵洞的主要部分，它的主要作用是承受活载压力和土压力等并将其传递给地基，并保证设计流量通过的必要孔径。（　）
18. 隧道的主体建筑物由洞身衬砌和洞门建筑两部分所组成，在洞门容易坍塌地段，应接长洞身（即早进洞或晚出洞），或加筑明洞洞口。（　）
19. 在建筑给水系统中，一般采用轴流式水泵。（　）

20. 吸水井的容积应大于最大一台水泵 3min 的出水量。（　　）
21. 贮水池一般应分为两格，并能独立工作、分别泄空、以便清洗和维修。（　　）
22. 出水管可由水箱侧壁或底部接出，其出口应离水箱底 30mm 以上。（　　）
23. 气压给水设备按输水压力的稳定状况可分为变压式和定压式两类。（　　）
24. 降温池降温的方法主要有二次蒸发和加冷水降温两种。（　　）
25. 花岗石属酸性岩石，化学稳定性好，不易风化。（　　）
26. 在建筑中以分隔室内空间非承重墙的内墙统称为隔墙。（　　）
27. 贴面类墙体是将大小不同的块材通过构造连接或镶贴于墙体表面形成的墙体饰面。（　　）
28. 以纸基、布基和其他纤维为底层，以聚氯乙烯或聚乙烯为面层的墙纸称为织物墙纸。（　　）
29. 底层灰的作用是与基层粘结和初步找平。（　　）
30. 轻质隔墙按其构造方式可分为砌块式隔墙、立筋式隔墙和板材式隔墙三种。（　　）

第 4 章　施　工　技　术

一、单项选择题

1. S_1 为精密水准仪，用于国家（　　）水准测量。
   A. 一、二等　　B. 三等　　C. 四等　　D. 一般工程

2. 下列（　　）是测量点的坐标、距离、高差和高程的综合性仪器。
   A. 水准仪　　B. 经纬仪　　C. 测距仪　　D. 全站仪

3. 龙门板的上口标高（　　）。
   A. 根据工程的实际需要确定，一般低于±0.000
   B. 必须是确定的±0.000
   C. 根据工程的实际需要确定，一般高于±0.000
   D. 只要方便施工，没有特殊要求

4. 施工测量是根据施工的要求，把设计好的建筑物和构筑物的（　　），按设计要求以一定的精度测设在地面上，并在施工过程中进行一系列测量工作，以衔接和指导各工序间的施工。
   A. 平面位置　　B. 高程　　C. 标高　　D. 平面位置和高程

5. 土的（　　）对土方施工机械的选择、土方回填压实的质量、土方边坡坡度的确定或边坡支护及施工降排水措施等有直接影响。
   A. 可松性　　B. 含水量　　C. 渗透性　　D. 密实度

6. 土方边坡系数用（　　）表示。
   A. 土方挖土深度和边坡底宽度之比表示
   B. 土方边坡底宽度与挖土深度之比表示
   C. 基槽（坑）上口宽度与下底宽度之比表示

D. 基槽（坑）下底宽度与上口宽度之比表示

7. 基槽（坑）开挖，硬塑、可塑的粉质黏土及粉土，土质均匀且地下水位低于基槽（坑）底面标高，同时挖土深度不超过（　　）m时，可直立开挖，既不放坡，亦不需要加设支撑（护）。

A. 1.00　　　　B. 2.00　　　　C. 1.25　　　　D. 1.50

8. （　　）不适用于开挖停机面以下的土方。

A. 正铲挖土机　　B. 反铲挖土机　　C. 拉铲挖土机　　D. 抓铲挖土机

9. 大面积填土工程多采用（　　）。

A. 夯压法　　　　B. 振动压实法　　C. 换土压实法　　D. 碾压法

10. 基坑外缘堆土、堆料，一般应距基坑上边缘不少于（　　）m。

A. 1　　　　　　B. 2　　　　　　C. 3　　　　　　D. 4

11. 预制桩采用锤击沉桩施工时，打桩宜（　　）。

A. 重锤低击，低提重打　　　　B. 重锤低击，高提重打
C. 轻锤高击，低提重打　　　　D. 轻锤高击，高提轻打

12. 人工挖孔灌注桩施工照明应采用安全矿灯或（　　）V以下的安全灯。

A. 12　　　　　B. 24　　　　　C. 36　　　　　D. 48

13. 钢管扣件式脚手架在搭设时，连墙件的水平距离不超过（　　）跨。

A. 2　　　　　　B. 3　　　　　　C. 4　　　　　　D. 5

14. 在脚手架使用期间，严禁拆除下列哪种杆件：（　　）。

A. 横向水平杆　　B. 纵向水平杆　　C. 斜撑　　　　　D. 连墙件

15. 砌筑砂浆应随拌随用，常温下水泥砂浆和混合砂浆必须在拌后（　　）h内用完。

A. 2　　　　　　B. 3　　　　　　C. 4　　　　　　D. 2.5

16. 下列（　　）不是砖砌体的砌筑方法。

A. "三一"砌砖法　　　　　　　B. 挤浆法
C. "二三八一"砌砖法　　　　　D. 满口灰法

17. 砖墙每天的砌筑高度以不超过（　　）m为宜。

A. 1.4　　　　　B. 1.8　　　　　C. 2.0　　　　　D. 3.0

18. 砖墙墙身砌筑高度超过（　　）m时，应搭设脚手架，架上堆放材料不得超过规定荷载标准值。

A. 1.8　　　　　B. 2.0　　　　　C. 1.2　　　　　D. 1.6

19. 钢筋混凝土悬臂梁的底模板拆除时，混凝土强度应达到设计强度的（　　）。

A. 75%　　　　　B. 50%　　　　　C. 100%　　　　　D. 80%

20. 钢筋在绑扎时，在板、次梁、主梁交叉处，一般（　　）。

A. 板的钢筋在上，次梁的居中，主梁的钢筋在下
B. 次梁的钢筋在上，板的居中，主梁的钢筋在下
C. 主梁的钢筋在上，板的居中，次梁的钢筋在下
D. 主梁的钢筋在上，次梁的居中，板的钢筋在下

21. 施工缝宜留在结构受力（剪力）较小且便于施工的部位，柱子施工缝宜留在

（ ）。

  A. 无梁楼板柱帽的上面 B. 基础顶面
  C. 梁的上面 D. 吊车梁的下面

22. 浇筑混凝土竖向结构（墙、柱），混凝土自由倾落高度一般不宜超过（   ）m，否则，应采用串筒、溜槽或振动节管下料。
  A. 2 B. 4 C. 6 D. 3

23. 混凝土洒水养护时间与水泥品种有关，硅酸盐水泥和矿渣硅酸盐水泥拌制的混凝土，养护时间不少于（   ）d。
  A. 5 B. 7 C. 10 D. 14

24. 下列关于混凝土施工过程质量检查的内容，（   ）是错误的。
  A. 原材料质量检查 B. 配合比检查
  C. 坍落度检查 D. 强度检查

25. 浇筑与墙、柱连成整体的梁、板时，应（   ）。
  A. 在墙、柱浇筑前，先浇筑梁、板
  B. 与墙柱同时浇筑梁板
  C. 在墙柱混凝土浇筑完毕后，浇筑梁板，停息时间大于2h
  D. 在墙柱混凝土浇筑完毕后，浇筑梁板，停息时间为1～1.5h

26. 对重要结构和进口钢材，必须按照设计要求和国家有关规范规定（   ）。
  A. 全数复检 B. 外观检查
  C. 抽样复验 D. 检查质量合格证明文件

27. 设计要求全焊透的一级、二级焊缝，应采用无损探伤进行内部缺陷的检查，其中一级焊缝的检验数量为整个焊缝数量的（   ）。
  A. 100% B. 80% C. 50% D. 20%

28. 高强度螺栓施工时，对每一个连接接头，应先用临时螺栓和冲钉定位，临时螺栓和冲钉的数量应由计算确定，但不少于安装孔的（   ）。
  A. 2/3 B. 1/2 C. 1/3 D. 3/4

29. 钢结构涂装时的环境温度和相对湿度应符合涂料产品说明书的要求，涂装时构件表面不应有结露，涂装后（   ）h内应保护免受雨淋。
  A. 24 B. 12 C. 6 D. 4

30. 防水混凝土浇筑后，应在12h后及时浇水养护，养护时间不少于（   ）d。
  A. 5 B. 10 C. 7 D. 14

31. 防水混凝土使用的砂宜为中砂，含泥量不得大于（   ）。
  A. 3% B. 2% C. 1% D. 0.5%

32. 防水混凝土墙体尽量留置水平施工缝，施工缝应留在高出底板表面不小于（   ）mm的墙身上。
  A. 200 B. 400 C. 250 D. 300

33. Ⅰ级屋面用于特别重要或对防水有特殊要求的建筑，设防要求做（   ）防水设防。
  A. 一道 B. 二道以上 C. 三道以上 D. 三道或三道以上

34. 卷材防水施工，当屋面坡度小于3％时，（　　）。

   A. 卷材宜平行于屋脊方向铺设

   B. 卷材可根据情况选择平行或垂直于屋脊方向铺设

   C. 卷材应垂直于屋脊方向铺设

   D. 下层卷材平行于屋脊方向铺设，上层卷材垂直于屋脊方向铺设，相邻两层卷材铺设方向垂直

35. 刚性防水屋面设置隔离层的主要作用是（　　）。

   A. 减小结构受力　　　　　　　　B. 提高屋面保温能力

   C. 减小结构层的变形对防水层的影响　　D. 提高屋面的刚度

36. 刚性防水屋面的刚性防水层应设置分格缝，分格缝应设置在（　　）。

   A. 受剪力较小的位置　　　　　　B. 受轴力较小的位置

   C. 变形较小的位置　　　　　　　D. 变形较大的位置

37. 砌体外墙面防水施工应满足：砌体在砌筑完成（　　）d后，在梁与墙交接处用砖斜砌顶紧，或用微膨胀细石混凝土嵌缝。

   A. 7　　　　　B. 14　　　　　C. 21　　　　　D. 28

38. 卫生间的楼板四周除门洞外，应做混凝土翻边，高度不应小于（　　）mm，宽同墙厚，混凝土强度等级不小于C20。

   A. 100　　　　B. 200　　　　C. 250　　　　D. 300

39. 屋面防水工程在（　　）级以上的大风、大雨和大雪天严禁施工。

   A. 四　　　　　B. 五　　　　　C. 六　　　　　D. 七

40. 卫生间防水层施工完成后，应在规定的时间内做24h蓄水试验，蓄水深度最浅处不小于（　　）mm，经试验无渗漏为合格。

   A. 5　　　　　B. 10　　　　　C. 15　　　　　D. 20

41. 饰面砖粘贴工程中不属于主控项目的选项是（　　）。

   A. 找平　　　　　　　　　　　　B. 防水

   C. 接缝宽度和深度　　　　　　　D. 勾缝材料

42. 下列关于吊顶龙骨架的叙述，说法正确的是（　　）。

   A. 次龙骨是起主干作用的龙骨，是吊顶龙骨体系中主要的受力构件。

   B. 主龙骨的主要作用是固定饰面板，为龙骨体系中的构造龙骨。

   C. 吊顶轻金属龙骨通常分为轻钢龙骨和铝合金龙骨两类。

   D. 吊顶龙骨架由覆面次龙骨、横撑龙骨及相关组合件、固结材料等连接而成。

43. 固定式地毯铺设的施工工艺流程为（　　）。

   A. 清理基层→裁割地毯→接缝缝合→铺设→修整清洁

   B. 清理基层→钉倒刺条板→接缝缝合→铺设→修整清洁

   C. 清理基层→钉倒刺条板→接缝缝合→裁割地毯→铺设→修整清洁

   D. 清理基层→裁割地毯→钉倒刺条板→接缝缝合→铺设→修整清洁

44. 暗龙骨吊顶工程施工质量控制主控项目不包括（　　）。

   A. 吊顶标高、尺寸、起拱和造型　　B. 饰面材料质量要求

   C. 吊顶、龙骨的安装间距及连接方式　D. 金属龙骨的接缝

45. 隔墙轻钢龙骨的安装工艺流程是（　　）。
   A. 弹线、分档→做地枕带→固定边框龙骨→固定沿顶、沿地龙骨→安装竖向龙骨→安装门、窗框→安装加强龙骨→安装支撑龙骨→检查龙骨安装质量
   B. 弹线、分档→做地枕带→固定沿顶、沿地龙骨→固定边框龙骨→安装竖向龙骨→安装门、窗框→安装加强龙骨→安装支撑龙骨→检查龙骨安装质量
   C. 弹线、分档→做地枕带→安装竖向龙骨→固定边框龙骨→固定沿顶、沿地龙骨→安装门、窗框→安装加强龙骨→安装支撑龙骨→检查龙骨安装质量
   D. 弹线、分档→做地枕带→固定沿顶、沿地龙骨→固定边框龙骨→安装门、窗框→安装加强龙骨→安装支撑龙骨→安装竖向龙骨→检查龙骨安装质量

46. 装饰装修工程施工中，不得拆除的墙体有（　　）。
   A. 围护墙　　　B. 承重墙　　　C. 隔墙　　　D. 非承重墙

47. 北方地区给水管道埋深一般在冰冻线以下（　　）。
   A. 0.2m　　　B. 0.5m　　　C. 0.8m　　　D. 0.9m

48. 室外埋地引入管要防止地面活荷载和冰冻的破坏，其管顶覆土厚度不宜小于（　　）。
   A. 0.3m　　　B. 0.5m　　　C. 0.7m　　　D. 0.9m

49. 钢管穿楼板应做钢套管，套管直径比管径大2号，套管顶部高出地面（　　）。
   A. 10mm　　　B. 20mm　　　C. 30mm　　　D. 50mm

50. 给水管道立管卡子的安装，当层高大于5m时，每层不得少于（　　）。
   A. 1个　　　B. 2个　　　C. 3个　　　D. 4个

51. 给水支管应以不小于（　　）的坡度坡向立管，以便修理时防水。
   A. 0.001　　　B. 0.003　　　C. 0.002　　　D. 0.005

52. 排水干管与排出管在穿越建筑物承重墙或基础时，要预留洞，其管顶上部的净空高度不得小于沉降量，且不小于（　　）。
   A. 0.10m　　　B. 0.15m　　　C. 0.20m　　　D. 0.30m

53. 交联聚氯乙烯绝缘电力电缆最小允许弯曲半径是（　　）D（D为电缆外径）。
   A. 10　　　B. 12　　　C. 20　　　D. 15

54. 照明开关安装位置要便于操作，开关边缘距门框边缘的距离为（　　）m。
   A. 0.15～0.2　　　B. 0.2～0.25　　　C. 0.3　　　D. 0.4

55. 电缆桥架水平敷设时，支撑跨距一般为1.5～3m，电缆桥架垂直敷设时，固定点间距不大于（　　）m。
   A. 1　　　B. 2　　　C. 2.5　　　D. 3

56. 金属电缆桥架及其支架全长应不少于（　　）处与接地（PE）或接零（PEN）干线相连接。
   A. 1　　　B. 2　　　C. 3　　　D. 4

57. 现浇混凝土楼板中并行敷设的管子间距不应小于（　　）mm，以使管子周围能够充满混凝土。
   A. 10　　　B. 15　　　C. 20　　　D. 25

58. 横担和吊杆均刷防腐漆（　　）。
   A. 三道　　　B. 两道　　　C. 一道　　　D. 四道

59. 风管支吊架的安装中，风管大边长≤400mm的，间距应为（　　）。
   A. 3.0m　　　　B. 1.0m　　　　C. 4.0m　　　　D. 3.5m

60. 立管保温时，其层高小于或等于（　　），每层应设一个支撑托盘。
   A. 3.0m　　　　B. 1.8m　　　　C. 50m　　　　D. 3.5m

61. 填方路堤，如基底为坡面，在处理时，当坡度在（　　）之间时，应将坡面做成台阶形。
   A. 1∶10～1∶5　　B. 1∶5～1∶2.5　　C. 1∶2.5～1∶1　　D. 1∶1～1∶0.5

62. 沥青透层施工时，当气温低于（　　）℃或大风、即将降雨时不得喷洒透层油。
   A. 0　　　　　B. 5　　　　　C. 10　　　　　D. 15

63. 桥台台后路基填土起点，一般要求在台后（　　）m开始，按填土自然休止角填筑，与桥台间留下的三角形缺口应换填透水性土。
   A. 1　　　　　B. 2　　　　　C. 3　　　　　D. 4

64. 新奥法施工的基本原则可以归纳为"少扰动、早喷锚、（　　）、紧封闭"的十二字诀。
   A. 弱爆破　　　B. 早支撑　　　C. 勤量测　　　D. 慎撤换

二、多项选择题

1. 水准仪主要由（　　）几个部分组成，是为水准测量提供水平视线和对水准标尺进行读数的仪器。
   A. 望远镜　　　B. 水平度盘　　　C. 水准器
   D. 基座　　　　E. 垂直度盘

2. 建筑物的定位是根据所给定的条件，经过测量技术的实施，把房屋的空间位置确定下来的过程，常用的房屋定位方法有（　　）。
   A. "红线"定位法　　B. 方格网定位法
   C. 平行线定位法　　D. 轴线定位法
   E. 铅垂定位法

3. 施工测量的主要任务有（　　）。
   A. 建筑物、构筑物的定位和基础放线
   B. 土方的开挖及施工降排水
   C. 竣工图的绘制
   D. 沉降观测和变形观测
   E. 施工前建立施工控制网

4. 人工降低地下水位的方法有（　　）。
   A. 轻型井点降水　　B. 集水井降水
   C. 电渗井点降水　　D. 管井井点降水
   E. 深井井点降水

5. 下列（　　）不能作为填方土料。
   A. 膨胀土　　　　B. 有机质含量大于8%的土
   C. 砂土　　　　　D. 淤泥
   E. 碎石土

6. 泥浆护壁成孔灌注桩制备泥浆的作用主要有（　　）。
   A. 携砂　　　　　　B. 排土
   C. 填塞孔壁空隙　　D. 保持孔内水压，稳固土壁
   E. 便于导管法水下浇筑混凝土
7. 常用的里脚手架的形式主要有（　　）。
   A. 角钢（钢筋、钢管）折叠式里脚手架
   B. 支柱式里脚手架
   C. 多立杆式脚手架
   D. 马凳式里脚手架
   E. 碗扣式钢管脚手架
8. 高聚物改性沥青防水卷材施工可采用（　　）施工方法。
   A. 冷粘法　　　　B. 热熔法　　　　C. 冷热结合法
   D. 自粘法　　　　E. 热沥青涂布法
9. 钢结构构件下料主要用（　　）等方法，将材料加工成对应的形状和尺寸，以便于焊接拼装成设计要求的构件。
   A. 电弧切割　　　B. 气割　　　　　C. 机切
   D. 冲模落料　　　E. 锯切
10. 影响土方边坡的因素主要有（　　）。
    A. 开挖深度　　　B. 地下水位　　　C. 技术条件
    D. 施工方法　　　E. 土质条件
11. 流砂防治的具体措施有（　　）。
    A. 枯水期施工法　　　　　　B. 水下挖土法
    C. 人工降低地下水位法　　　D. 集水井降水法
    E. 板桩法
12. 正铲挖土机的工作特点有（　　）。
    A. 后退向下　　　B. 强制切土　　　C. 挖掘力大
    D. 生产效率高　　E. 挖土深度大
13. 电渣压力焊多用于现浇混凝土结构内（　　）钢筋的接长。
    A. 竖向　　　　　B. 倾斜方向　　　C. 水平方向
    D. 交叉　　　　　E. 各种位置
14. 钢筋机械连接有（　　），是近年来大直径钢筋现场连接的主要方法。
    A. 螺栓连接　　　　B. 套筒挤压连接
    C. 螺纹套筒连接　　D. 铆钉连接
    E. 卡口连接
15. 抹灰工程按使用材料和装饰效果分为（　　）。
    A. 一般抹灰　　　B. 装饰抹灰　　　C. 中级抹灰
    D. 高级抹灰　　　E. 特种砂浆抹灰
16. 以下木门窗安装的质量要求正确的有（　　）。
    A. 必须安装牢固，开关灵活，关闭严密，无倒翘

B. 表面整洁，不得有刨痕、锤印

C. 木窗上的槽、孔边缘整齐、无毛刺

D. 门窗扇的橡胶密封条或毛毡密封条应安装完好，不得脱槽

E. 门窗的割角、拼缝应严密平整

17. 以下属于《民用建筑室内环境污染控制规范》（GB 50325—2001）规定的室内环境污染物有（　　）。

A. 总挥发性有机化合物（TVOC）　　B. 甲醛

C. 苯　　D. 二氧化碳

E. 氡

18. 吊顶工程应对下列隐蔽工程项目进行验收：（　　）。

A. 吊顶内管道、设备的安装及水管试压

B. 木龙骨防火、防腐处理

C. 预埋件或拉结筋

D. 吊杆安装、龙骨安装

E. 填充材料的设置

19. 给水管道不宜穿过（　　），若必须穿过时应使管道不受拉伸与挤压。

A. 伸缩缝　　B. 施工缝　　C. 沉降缝

D. 地下连续墙　　E. 抗震缝

20. 穿过伸缩缝、沉降缝和抗震缝的管道可用（　　）等来补偿管道变形。

A. 伸缩接头　　B. 可曲挠橡胶接头

C. 金属波纹管　　D. 刚性套管

E. 柔性套管

21. 保温结构一般由（　　）及识别标志等构成。

A. 防锈层　　B. 保温层　　C. 防潮层

D. 保护层　　E. 防腐层

22. 立管保温时，其层高（　　），每层应设一个支撑托盘，层高（　　），每层不少于（　　），支撑托盘应焊在管壁上，其位置应在立管卡子上部20mm处，托盘直径不大于保温层厚度。

A. 小于或等于 5m　　B. 大于 5m

C. 3　　D. 4

E. 2个

23. 泵送混凝土的质量控制，应符合下列要求：（　　）。

A. 混凝土的可泵性应符合要求，满足泵送要求

B. 混凝土强度的检验评定，应符合国家现行标准《混凝土强度检验评定标准》（GB 50107—2010）的规定

C. 混凝土入泵时的坍落度应符合规定的误差要求，当所需坍落度≤100mm时，允许误差为±20mm；当所需坍落度>100mm时，允许误差为±30mm

D. 其他质量要求，应符合国家现行标准《预拌混凝土》（GB/T 14902—2012）及相应标准的有关规定

E. 泵机运转时，严禁把手伸入料斗或用手抓握分配阀

24. 悬臂浇筑施工程序：（　　）。
A. 利用移动式悬拼吊机将预制梁段起吊至桥位
B. 在墩顶托架上浇筑0号块并实施墩梁临时固结系统。
C. 在0号块上安装悬臂挂篮，向两侧依次对称地分段浇筑主梁至合龙段。
D. 在临时支架或梁端与边墩间临时托架上支模板浇筑现浇梁段。
E. 主梁合龙段可在改装的简支挂篮托架上浇筑。

25. 道路中心线在水平面的投影是平面线形，它一般由（　　）要素组成。
A. 直线　　　　B. 圆曲线　　　　C. 缓和曲线
D. 平曲线　　　E. 竖曲线

26. 沥青混凝土路面施工的主要流程为：（　　）
A. 沥青混合料的拌制与运输　　　B. 基层准备和放样
C. 洒布透层沥青与粘层沥青　　　D. 摊铺与碾压
E. 接缝施工

三、判断题（正确的写A，错误的写B）

1. J1经纬仪的精度比J6经纬仪高。　　　　　　　　　　　　　　　　　（　　）
2. 土方开挖应遵循"开槽支撑，先撑后挖，分层开挖，自上而下"的原则。（　　）
3. 当挖方或填方超过一定高度时，土壁应做成具有一定坡度的边坡，或者加设临时支撑以保持土壁的稳定。　　　　　　　　　　　　　　　　　　　　　（　　）
4. 摩擦桩是桩尖穿过软弱土层达到承载力较大的土层的桩，建筑物荷载由桩侧摩擦力和桩尖阻力共同承受。　　　　　　　　　　　　　　　　　　　（　　）
5. 静力压桩的施工程序包括：测量定位→压桩机就位→吊桩插桩→桩身对中调直→静压沉桩→接桩→再静压沉桩→截桩。　　　　　　　　　　　　　　　（　　）
6. 钢丝、钢绞线、热处理钢筋及冷拉Ⅳ级钢筋等预应力钢筋，应采用电弧切割。
　　　　　　　　　　　　　　　　　　　　　　　　　　　　　　　　（　　）
7. 钢结构安装施工自二层起，凡人员进出的通道口以及上方施工可能坠落物体或处于起重机回转半径范围内的通道、办公及生活设施，必须搭设顶部能防止穿透的双层防护棚。　　　　　　　　　　　　　　　　　　　　　　　　　　　　　（　　）
8. 防水混凝土的配料必须按重量比准确称量，水泥用量不得少于$280kg/m^3$。（　　）
9. 防水混凝土当需设置后浇带时，后浇缝内的结构钢筋必须断开。　　　（　　）
10. 地下室防水，铺贴高聚物改性沥青防水卷材应优先采用冷粘法施工。（　　）
11. 安装高强度螺栓时，高强度螺栓应自由穿入，不得强行敲打，并不得气割扩孔，穿入方向宜使相邻螺栓相反。　　　　　　　　　　　　　　　　　　　（　　）
12. 预应力混凝土按施工方法不同，分为先张法和后张法。先张法是先制作构件，并在构件中按预应力筋的位置预留孔道，待构件混凝土强度达到设计规定值后，穿入预应力筋，用张拉机具进行张拉，并利用锚具将预应力筋锚固在构件端部，最后进行孔道灌浆。
　　　　　　　　　　　　　　　　　　　　　　　　　　　　　　　　（　　）
13. 模板拆除时应有专人负责安全监督，或设立警戒标志，非拆模人员不准在拆模范围内通行。　　　　　　　　　　　　　　　　　　　　　　　　　　　（　　）

14. 普通螺栓按加工精度分为C级螺栓和A、B级螺栓；A、B级螺栓为粗制螺栓，C级螺栓为精制螺栓，其加工精度高于A、B级螺栓。（　　）
15. 焊接残余变形和残余应力是焊接结构的主要缺点。（　　）
16. 对接焊缝在钢板的宽度或厚度（厚度相差大于4mm）有变化的连接中，为了减小应力集中，应从板的一侧或两侧做成坡度不小于1：2.5的斜坡，形成平缓过渡。（　　）
17. 饰面板上的灯具、烟感器、喷淋头及风口等设备的安装位路应避开吊顶主龙，减少因切割主龙带来的吊顶基层失稳。（　　）
18. 抹灰工程中，冬期施工时的砂浆拌合温度最低不低于5℃。尽量避免低温拌和，无法避免要采取保温措施（　　）
19. 釉面砖和外墙面砖镶贴前，应将面砖清扫干净，放入净水中浸泡2h以上。（　　）
20. 轻钢龙骨纸面石膏板隔墙纸面石膏板必须横向安装。（　　）
21. 给水管与供热管同沟敷设时，给水管在上，供热管在下。（　　）
22. 给水管道在试压压力下停压时间一般为10min，压力降不超过0.05MPa为合格。（　　）
23. 电缆桥架可作为人行通道、梯子或站人平台。（　　）
24. 风管的管壁厚度小于或等于1.2mm时，风管与法兰的连接采用焊接。（　　）
25. 衬砌是在围岩与初期支护变形基本稳定的条件下修筑的，围岩与支护结构形成一个整体，因而提高了支护体系的安全度。（　　）
26. 路基碾压时，相邻碾压轮应相互重叠20～30cm。（　　）

四、计算题或案例分析题

1. 背景材料：某宾馆大堂改造工程，业主与承包单位签订了工程施工合同。施工内容包括：结构拆除改造、墙面干挂西班牙米黄石材、局部木饰面板、天花为轻钢龙骨石膏板造型天花、地面湿贴西班牙米黄石材及配套的灯具、烟感、设备检查口、风口安装等，二层跑马廊距地面6m高，护栏采用玻璃。施工合同规定：石材由业主采购。

（1）装饰装修工程中，以下哪个部位严禁擅自改动（　　）。（单选题）

A. 建筑主体、承重结构或主要使用功能

B. 非承重结构或构件

C. 空间布局

D. 吊顶高度

（2）在施工过程中，承包单位与业主指定的石材供应商签订了供货合同，并封了样品。石材到场后检查发现部分石材颜色与样品不符、厚度不符合设计要求。承包单位要求供货商将不符合要求的石材进行退换，石材退货的经济损失应由谁来承担（　　）。（单选题）

A. 石材供应商　　B. 承包单位　　C. 业主　　D. 监理

（3）石材出现泛碱、水渍是常见的质量通病，以下哪种方法不是有效的防治方法（　　）。（单选题）

A. 采用干挂工艺　　B. 在石材背面、侧面刷防碱防护剂
C. 采用低碱性水泥　D. 用胶粘剂粘贴

（4）本工程使用的西班牙米黄石材、纸面石膏板、人造木板分别属于哪一燃烧性能等级（　　）。（单选题）

A. 西班牙米黄石材属于B1级（难燃性）、纸面石膏板属于A级（不燃性）、人造木板属于B2级（可燃性）。

B. 西班牙米黄石材属于A级（不燃性）、纸面石膏板属于B1级（难燃性）、人造木板属于B2级（可燃性）。

C. 西班牙米黄石材属于A级（不燃性）、纸面石膏板属于B2级（可燃性）、人造木板属于B1级（难燃性）。

D. 西班牙米黄石材属于B2级（可燃性）、纸面石膏板属于B1级（难燃性）、人造木板属于A级（不燃性）。

（5）按照《民用建筑工程室内环境污染控制规范》（GB 50325—2010）的要求，工程验收时应对室内环境污染物浓度进行检测，不属于检测内容的是（　　）。（单选题）

A. 总挥发性有机化合物（TVOC）　　B. 苯乙烯
C. 苯　　　　　　　　　　　　　　D. 甲醛

（6）跑马廊护栏应采用何种玻璃（　　）。（单选题）

A. 夹层玻璃　　　B. 镀膜玻璃
C. 钢化夹层玻璃　D. 中空玻璃

2. 背景材料：某工程基槽土方的体积为1500m^3，槽内基础及垫层体积为600m^3。根据施工组织的要求，槽内开挖的土方除留下基础及垫层施工完成后所需的回填土方外，余土全部在开挖后的3d内运走，已知运输使用的翻斗车的斗容量为2.5m^3，每辆翻斗车每天运土6次，$Ks=1.25$，$Ks'=1.05$。

（1）基槽开挖完成后，验槽由（　　）组织，并按设计要求和有关规定进行。（多选题）

A. 施工项目经理　　　　　B. 总监理工程师
C. 勘察单位项目负责人　　D. 设计单位项目负责人
E. 建设单位项目负责人

（2）为了防止基土受水浸泡或扰动，降低土体的承载力，基槽挖好后，应及时做垫层或浇筑基础；否则，应保留（　　）mm厚的土层，等基础施工前再行挖去。（单选题）

A. 50～100　　B. 150～300　　C. 300～450　　D. 450～600

（3）土方回填时，应尽量采用同类土填筑。如采用不同土，必须按类分层填压，并将透水性大的土置于透水性小的土层之上，以防止填土内形成水囊。（　　）（判断题）

（4）土方开挖后的预留量为（　　）m^3。（单选题）

A. 900　　　B. 1071　　　C. 857　　　D. 1125

（5）土方回填后的弃土量是（　　）m^3。（单选题）

A. 804　　　B. 600　　　C. 750　　　D. 714

（6）余土外运，需要（　　）台翻斗车。（单选题）

A. 17　　　B. 14　　　C. 16　　　D. 18

第 5 章　建筑工程定额与预算

一、单项选择题

1. 按生产要素内容，建筑工程定额分为（　　）。
   A. 人工定额、材料消耗定额、施工机械台班使用定额
   B. 施工定额、预算定额、概算定额、概算定额、概算指标、估算指标
   C. 国家定额、行业定额、地区定额、企业定额
   D. 建筑工程定额、设备安装工程定额、建筑安装工程费用定额、工程建设其他费用定额及工具、器具定额

2. 按照编制程序和用途，建筑工程定额分为（　　）。
   A. 人工定额、材料消耗定额、施工机械台班使用定额
   B. 施工定额、预算定额、概算定额、概算定额、概算指标、估算指标
   C. 国家定额、行业定额、地区定额、企业定额
   D. 建筑工程定额、设备安装工程定额、建筑安装工程费用定额、工程建设其他费用定额及工具、器具定额

3. 预算定额是以特定范围的工程为对象编制的定额。这一特定范围的工程是指（　　）。
   A. 独立的单项工程　　　　　　　B. 各个分部分项工程
   C. 扩大的分部分项工程　　　　　D. 整个建筑物

4. 编制人工定额时要考虑（　　）。
   A. 正常的施工条件
   B. 拟定定额时间
   C. 正常的施工条件及拟定定额时间
   D. 正常的施工条件、拟定定额时间和工人的劳动效率

5. 生产某产品的工人小组由 8 人组成，产量定额为 $1.5m^2/$工日，则时间定额应为（　　）。
   A. 0.5 工日$/m^2$　　B. 0.67 工日$/m^2$　　C. 1 工日$/m^2$　　D. 1.5 工日$/m^2$

6. 生产某产品的工人小组由 6 人组成，每个小组的成员工日数为 1 工日，机械台班产量为 $5.85m^2/$工日，则时间定额应为（　　）。
   A. 0.5 工日$/m^2$　　B. 0.98 工日$/m^2$　　C. 1.03 工日$/m^2$　　D. 1.5 工日$/m^2$

7. 某建筑工程使用混凝土，净用量为 $5000m^3$，混凝土的损耗率为 2.5%，则该混凝土的总消耗量为（　　）。
   A. $5000m^3$　　　　B. $5125m^3$　　　　C. $5300m^3$　　　　D. $5500m^3$

8. 直接工程费包括（　　）。
   A. 人工费、材料费
   B. 人工费、材料费、施工机械使用费
   C. 人工费、材料费、施工机械使用费、规费
   D. 人工费、材料费、施工机械使用费、规费及税金

9. 二次搬运费属于（　　）。

A. 直接工程费　　　B. 措施费　　　C. 间接费　　　D. 企业管理费

10. 职工的养老保险费属于（　　）。
A. 规费　　　B. 措施费　　　C. 间接费　　　D. 企业管理费

11. 职工的劳动保险费属于（　　）。
A. 规费　　　B. 措施费　　　C. 间接费　　　D. 企业管理费

12. 工料单价法的计价程序分为三种，下列（　　）不是工料单价法的计价程序。
A. 以直接费为计算基础　　　B. 以人工费和机械费为计算基础
C. 以机械费为计算基础　　　D. 以人工费为计算基础

13. 综合单价分为全费用综合单价和部分费用综合单价，部分费用综合单价一般不包含（　　）。
A. 直接工程费　　　B. 措施费　　　C. 利润　　　D. 税金

14. 工程量清单反映全部工程内容以及为实现这些内容而进行的其他工作，为投标者提供公平、公正、公开的竞争环境，是招标文件的组成部分，其编制者是（　　）。
A. 工程标底审查机构　　　B. 有编制能力的招标人
C. 工程咨询公司　　　D. 招投标管理部门

15. 根据《建设工程工程量清单计价规范》(GB 50500—2013)，工程量清单的组成不包括（　　）。
A. 分部分项工程量清单　　　B. 其他项目清单
C. 措施项目清单　　　D. 计价、评标详细内容清单

16. 工程量清单的编制依据不包括（　　）。
A. 建设工程文件　　　B. 地质勘察报告
C. 计价规范　　　D. 标准、规范、技术资料

17. 其他项目清单是指分部分项工程量清单、措施项目清单所包含的内容以外，因招标人的特殊要求而发生的与拟建工程有关的其他费用项目和相应数量的清单，一般不包括（　　）。
A. 总承包服务费　　　B. 规费
C. 计日工　　　D. 暂列金额和暂估价

18. 措施项目清单中的（　　）应按国家或省级行业建设主管部门的规定计价，不得作为竞争性费用。
A. 安全文明施工费　　　B. 夜间施工费
C. 施工降排水费　　　D. 冬雨期施工费

19. 下列关于预算定额的应用，（　　）是错误的。
A. 直接套用　　　B. 间接套用　　　C. 换算套用　　　D. 定额的补充套用

20. （　　）是以整个建筑物或构筑物为对象，以单位建筑面积、单位建筑体积及单位构筑物为计算单位，规定所需要的人工、材料、机械台班消耗量和资金数量的指标。
A. 概算定额　　　B. 预算定额　　　C. 概算指标　　　D. 施工定额

21. 下列关于估算指标，说法错误的是（　　）。
A. 估算指标是项目可行性研究、多方案比选的重要依据
B. 估算指标是项目实施阶段限额设计的约束标准

C. 估算指标是项目决策阶段评价建设项目可行性的主要经济指标

D. 估算指标是企业计划管理的依据

22. 关于招标控制价，以下说法错误的是（　　）。

A. 招标控制价应该在开标时公布

B. 招标控制价不应上调或下浮

C. 招标人应将招标控制价及有关资料报送工程所在地工程造价管理机构备查

D. 投标人经复核认为招标人公布的招标控制价未按规范进行编制的，应向招投标监督机构或工程造价管理机构投诉

23. 出现下列（　　）情况时，在工程计量时不能按承包人实际完成的工程量计算。

A. 工程量清单漏项　　　　　　　　B. 天气原因造成工程量的增加

C. 工程量清单中工程量计算错误　　D. 工程变更引起工程量增减

24. 除合同另有约定外，下列关于进度款支付申请包括内容不正确的是（　　）。

A. 累计已完成的工程价款　　　　　B. 累计未支付的工程价款

C. 应增加和扣减的变更金额　　　　D. 应增加和扣减的索赔金额

25. 因分部分项工程量清单漏项或非承包人的原因的工程变更，造成增加新的工程量清单项目，下列对应的综合单价确定方法错误的是（　　）。

A. 合同中已有适用的综合单价，按合同中已有的综合单价确定

B. 合同中有类似的综合单价，参照类似的综合单价确定

C. 合同中没有适用或类似的综合单价，由监理工程师提出综合单价，经发包人确认后执行

D. 合同中没有适用或类似的综合单价，由承包人提出综合单价，经发包人确认后执行

26. 因不可抗力导致的费用，下列说法错误的是（　　）。

A. 工程本身的损害，由发包人承担

B. 工程本身的损害导致第三方人员伤亡，由发包人承担

C. 承包人的人员伤亡，由发包人承担

D. 工程所需清理、修复费用，由发包人承担

27. 发包人未在合同约定的时间内向承包人支付工程结算价款，下列说法错误的是（　　）。

A. 承包人与发包人未达成延期支付协议，可申请仲裁机构将该工程拍卖，并优先受偿

B. 承包人可催告发包人支付结算价款

C. 发包人可与承包人达成延期支付协议

D. 承包人与发包人未达成延期支付协议，可协商将该工程折价，并优先受偿

28. 实行工程量清单计价的工程，宜采用（　　）合同。

A. 总价　　　　　B. 单价合同　　　　　C. 可调价　　　　　D. 成本加酬金

29. 税金是由工程承包人缴纳的（　　）的总称。

A. 营业税、增值税、城市维护建设税及教育费附加

B. 营业税、个人所得税、增值税

C. 营业税、城市维护建设税及教育费附加
D. 营业税、城市维护建设税及个人所得税

30. 下列（　　）不是利润的计算基数。
    A. 直接费＋间接费　　　　　　　B. 直接费
    C. 人工费＋机械费　　　　　　　D. 人工费
31. 工具用具使用费属于（　　）。
    A. 企业管理费　　B. 规费　　　C. 措施费　　　D. 直接费
32. 索赔和现场签证计价汇总表是（　　）的组成部分。
    A. 分部分项工程量清单表　　　　B. 措施项目清单表
    C. 其他项目清单表　　　　　　　D. 规费、税金项目清单表

二、多项选择题

1. 施工定额的作用主要表现在（　　）。
   A. 施工定额是编制施工图预算的主要依据
   B. 施工定额是企业计划管理的依据
   C. 施工定额是衡量工人劳动生产率的主要依据
   D. 施工定额是签发限额领料单的依据
   E. 施工定额是施工企业加强成本管理的依据
2. 建筑安装工程费的组成项目包括（　　）。
   A. 直接费　　　　B. 间接费　　　　C. 措施费
   D. 利润　　　　　E. 税金
3. 下列项目属于措施费的有（　　）。
   A. 为临时工程搭设脚手架发生的费用
   B. 为工程建设交纳的工程排污费
   C. 为加快施工进度发生的夜间施工费
   D. 对已完工程进行设备保护而发生的费用
   E. 施工现场管理人员的工资
4. 人工费包括（　　）。
   A. 基本工资　　　　　　　　　　B. 社会保障费
   C. 工资性补贴　　　　　　　　　D. 生产工人劳动保护费
   E. 生产工人辅助工资
5. 下列各项中属于材料费的是（　　）。
   A. 材料运费　　　B. 材料保管费　　　C. 材料使用费
   D. 检验试验费　　E. 运输损耗费
6. 施工机械使用费，是指施工机械作业所发生的（　　）。
   A. 机械使用费　　B. 机械安拆费　　　C. 场外运费
   D. 机械折旧费　　E. 大修理费
7. 建筑安装工程税金是指国家税法规定的应计入建筑安装工程造价的（　　）。
   A. 营业税　　　　B. 土地使用税　　　C. 城市维护建设税
   D. 劳动保险税　　E. 教育费附加

8. 下列不属于措施费的是（   ）。
   A. 文明施工费   B. 工程排污费   C. 安全施工费
   D. 财务费   E. 施工降排水费

9. 分部分项工程量清单包括项目编码、（   ）。
   A. 项目名称   B. 计量单位   C. 工程量
   D. 综合单价   E. 项目特征

10. 下列关于工程量清单计价合同价款约定正确的有（   ）。
    A. 实行招标的工程合同价款应在中标通知书发出之日起 30 天内，由发、承包双方在书面合同中约定
    B. 实行工程量清单计价的工程，宜采用总价合同
    C. 发、承包双方应根据招标文件约定工程合同价款
    D. 发、承包双方应根据中标人的中标文件约定工程合同价款
    E. 招标文件与中标人投标文件不一致的地方，以投标文件为准约定工程合同价款

11. 建筑工程定额具有（   ）。
    A. 科学性   B. 实践性   C. 指导性
    D. 群众性   E. 时效性

12. 确定材料消耗量的基本方法有（   ）。
    A. 调查研究法   B. 现场观察法   C. 试验法
    D. 统计法   E. 理论计算法

13. 预算定额的作用主要有（   ）。
    A. 是编制施工图预算、确定工程造价的依据
    B. 是在建设项目可行性研究阶段编制投资估算的依据
    C. 是编制招标标底、投标报价的基础
    D. 是拨付工程价款和进行工程竣工结算的依据
    E. 是对施工方案进行技术经济分析、比较的依据

14. 工程量清单总说明的内容包括（   ）。
    A. 工程概况   B. 工程量清单的内容
    C. 工程量清单编制依据   D. 工程招标和分包范围
    E. 工程质量、材料、施工等的特殊要求

15. 工程量清单计价表格有下列（   ）组成。
    A. 竣工决算总价封面   B. 总说明
    C. 汇总表   D. 分部分项工程量清单表
    E. 措施项目清单表

16. 下列各项中，属于发、承包方应该在合同条款中约定的有（   ）。
    A. 工程计量与支付工程进度款的方式、数额及时间
    B. 关于工程中施工图纸的管理办法
    C. 工程竣工价款的结算编制与核对、支付及时间
    D. 发生工程价款争议的解决方法及时间
    E. 工程质量保证（保修）金的数额、预扣方式及时间

三、判断题（正确的写 A，错误的写 B）

1. 发包人应按合同约定支付工程预付款，支付的工程预付款应在工程结算时扣除。（   ）

2. 采用工程量清单方式招标，工程量清单必须作为招标文件的组成部分，其准确性和完整性由投标人负责。（   ）

3. 工程排污费属于规费项目清单的内容。（   ）

4. 分部分项工程量清单应采用工料单价计价。（   ）

5. 规费应按国家或省级行业建设主管部门的规定计算，不得作为竞争性费用。（   ）

6. 招标控制价必须由具有相应资质的工程造价咨询人员编制。（   ）

7. 投标人应按招标人提供的工程量清单填报价格，填写的项目编码、项目名称、项目特征、计量单位、工程量必须与招标人提供的一致。（   ）

8. 投标人可根据工程实际情况结合施工组织设计，对招标人所列的措施项目进行增补。（   ）

9. 承包人应在每个付款周期前，向发包人递交进度款支付申请，并附相应的证明文件。（   ）

10. 发包人不按合同约定支付工程进度款，承包人可停止施工，由发包人承担违约责任。（   ）

11. 发、承包双方确认的索赔与现场签证费用在工程款结算阶段支付。（   ）

12. 招标工程在投标截止日前 28d 为基准日，其后国家的法律法规、规章和政策发生变化影响工程造价的，应按省级或行业建设主管部门或其授权的工程造价管理机构发布的规定调整合同价款。（   ）

13. 发包人以对工程质量有异议拒绝办理工程竣工结算的，已竣工验收或已竣工未验收但实际投入使用的工程，其质量争议按该工程保修合同执行，竣工结算按合同约定办理。（   ）

14. 工程量清单封面应按规定的内容填写、签字、盖章，造价员编制的工程量清单应有负责审核的造价工程师的签字、盖章。（   ）

15. 施工定额是确定一定计量单位的分项工程或结构构件的人工、材料和施工机械台班消耗量的数量标准。（   ）

16. 时间定额与产量定额二者是互为倒数的关系。（   ）

第 6 章 施工项目管理

一、单项选择题

1. 下列不属于项目特征的是（   ）。
A. 项目的单件性　　　　　　　　B. 项目具有一定的约束条件
C. 项目具有特定的生命周期　　　D. 项目的临时性

2. 下面不属于施工项目管理特征的是（   ）。
A. 施工项目管理要求强化组织协调工作
B. 施工项目管理的对象是项目

C. 施工项目管理的内容是按阶段变化的
D. 施工项目的管理者是建筑施工企业

3. 施工项目管理的目标是（　　）。

A. 施工的效率目标，施工的环境目标，施工的安全目标
B. 施工的成本目标，施工的环境目标，施工的安全目标
C. 施工的质量目标，施工的进度目标，施工的成本目标
D. 施工的安全目标，施工的进度目标，施工的环境目标

4. 施工单位与招标单位签订工程承包合同后，成立项目经理部，由项目经理部与企业管理层、建设（监理）单位配合，使工程具备开工及连续施工的基本条件。这一阶段属于（　　）。

A. 施工阶段   B. 投标和签订合同阶段
C. 施工准备阶段   D. 施工勘察阶段

5. 进行施工项目分解，确定阶段控制目标，是施工项目管理内容中的（　　）。

A. 施工项目目标控制   B. 建立施工项目管理组织
C. 施工项目合同管理   D. 编制施工项目管理规划

6. 组织协调的主要目的是（　　）。

A. 加快施工进度   B. 提高施工质量
C. 降低施工成本   D. 保证项目目标的实现

7. 选聘称职的项目经理，组建项目经理部，明确责任、权限和义务，是施工项目管理内容中的（　　）。

A. 施工项目目标控制   B. 建立施工项目管理组织
C. 施工项目合同管理   D. 编制施工项目管理规划

8. 施工项目管理的组织，是指为进行施工项目管理，实现组织职能而进行组织系统的（　　）三个方面的总称。

A. 设计与建立、组织运行和组织调整
B. 设计与建立、组织优化和组织调整
C. 建立与运行、组织优化和组织调整
D. 建立与运行、组织重组和组织解体

9. 施工项目经理部负责施工项目（　　）管理，对作业层负有管理与服务的双重职能。

A. 从开工到竣工阶段
B. 从开工到工程保修阶段
C. 从投标和签订合同到竣工阶段
D. 从投标和签订合同到工程保修阶段

10. 下列（　　）不属于施工项目经理部的工作内容。

A. 对进入项目的资源和生产要素进行优化配置和动态管理
B. 在项目经理的领导下制定项目管理实施规划和企业管理的各项规章制度
C. 有效控制项目的工期、质量、成本和安全等目标
D. 增进项目有关部门之间的沟通，提高工作效率

11. 施工进度计划反映了最佳施工方案在（　　）的安排。
   A. 时间上　　　　B. 空间上　　　　C. 施工中　　　　D. 经济上
12. 施工组织总设计是指导全局性施工的技术和经济纲要，它的编制对象是（　　）。
   A. 单项工程　　　B. 单位工程　　　C. 分部工程　　　D. 整个建设项目
13. 单位工程施工组织设计是在施工组织总设计的指导下，由直接组织施工的单位根据（　　）来编制的。
   A. 施工方案图　　B. 施工计划图　　C. 工程施工图　　D. 施工平面图
14. 编制施工组织总设计时，在拟定施工方案之后应进行（　　）。
   A. 计算主要工程的工程量　　　　　B. 计算主要技术经济指标
   C. 编制施工总进度计划　　　　　　D. 编制资源量需求计划
15. 监理单位是建筑市场的主体之一，建设监理是一种高智能的有偿技术服务，在国际上把这类服务归为（　　）。
   A. 监理服务　　　　　　　　　　　B. 委托服务
   C. 工程咨询服务　　　　　　　　　D. 劳务服务
16. 工程施工阶段建设监理工作的任务不包括（　　）。
   A. 质量控制　　　B. 成本控制　　　C. 进度控制　　　D. 合同管理
17. 实施建设工程监理前，（　　）应当将委托的工程监理单位、监理的内容及监理权限书面通知被监理的建筑施工企业。
   A. 建设行政主管部门　　　　　　　B. 建设单位
   C. 监理单位　　　　　　　　　　　D. 工程质量监督站
18. 下列各项工作，不需要进行旁站监理的是（　　）。
   A. 土方回填　　　　　　　　　　　B. 梁柱节点钢筋隐蔽
   C. 预应力张拉　　　　　　　　　　D. 土方开挖
19. 影响施工项目质量的第一个重要因素是（　　）。
   A. 人　　　　　　B. 材料　　　　　C. 机械设备　　　D. 工艺方法
20. 在质量管理的 PDCA 循环中，D 是指（　　）。
   A. 实施　　　　　B. 计划　　　　　C. 检查　　　　　D. 处置
21. 在质量管理的 PDCA 循环中，计划行动方案的交底和按计划规定的方法和要求开展工程作业技术活动属于（　　）。
   A. 计划　　　　　B. 检查　　　　　C. 实施　　　　　D. 处置
22. 质量管理三全控制是指（　　）质量控制。
   A. 全方位、全面、全过程　　　　　B. 全过程、全员、全面
   C. 全天候、全方位、全面　　　　　D. 全天候、全员、全过程
23. 质量管理的八项原则之间是相互联系和相互影响的，其中（　　）是主要的，是第一位的。
   A. 全员参与　　　　　　　　　　　B. 持续改进
   C. 以顾客为关注焦点　　　　　　　D. 与供方互利的关系
24. （　　）是组织的质量宗旨和质量方向，是实施和改进组织质量管理体系的推动力。

A. 质量方针　　　　B. 质量目标　　　　C. 质量手册　　　　D. 程序文件

25. 建立质量管理体系，编制工作计划的下一步程序是（　　）。

A. 企业领导决策　　　　　　　　B. 分层次教育培训
C. 分析企业特点　　　　　　　　D. 落实各项要素

26. 下列（　　）不是企业质量管理体系认证的意义。

A. 有利于保护业主与承包单位双方的利益
B. 有利于提高企业的信誉
C. 有利于提高企业的竞争能力
D. 由于不同业主对同一承包单位的质量管理体系评审内容不同，因此企业通过质量管理体系认证使双方的经济技术合作速度减慢

27. 下列（　　）不是施工项目质量控制的过程。

A. 施工验收质量控制　　　　　　B. 竣工备案质量控制
C. 施工过程质量控制　　　　　　D. 施工准备阶段质量控制

28. 建筑产品作为一种特殊的商品，使用年限较长，是"百年大计"，直接关系到人民生命财产的安全，所以工程项目在施工中应自始至终把（　　）作为质量控制的基本原则。

A. 坚持质量标准，一切以数据说话
B. 坚持"以人为核心"
C. 坚持"质量第一，用户至上"
D. 坚持"以预防为主"

29. 下列（　　）不是施工准备阶段的质量控制。

A. 施工组织设计　　　　　　　　B. 测量控制
C. 采购质量控制　　　　　　　　D. 质量教育与培训

30. （　　）是工程项目建设过程的基本环节，也是组织生产过程的基本单位。

A. 工序　　　　B. 检验批　　　　C. 分项工程　　　　D. 分部工程

31. 下列（　　）不是吊装质量控制点。

A. 吊装设备起重能力　　　　　　B. 材料堆放
C. 吊具　　　　　　　　　　　　D. 地锚

32. 下列（　　）不是常见质量问题的成因。

A. 违背建设程序　　　　　　　　B. 违反法规行为
C. 工程地质勘察失真　　　　　　D. 地震

33. 下列（　　）不是质量问题处理报告的内容。

A. 质量问题的处理结论
B. 质量问题的处理依据
C. 质量问题发生的时间、地点、部位、性质、现状及发展变化等详细情况
D. 基本处理过程描述

34. 工程项目质量的政府监督有监督工程建设各方主体的质量行为和监督检查（　　）两方面。

A. 地基基础　　　　B. 主体结构　　　　C. 工程实体　　　　D. 专业设备

35. 在工程项目开工前，政府质量监督机构在受理建设工程质量监督的申报手续时，对建设单位提供的（　　）进行审查，审查合格签发有关质量监督文件。
    A. 立项说明　　　B. 投资来源　　　C. 规划审批　　　D. 文件资料

36. 在建设工程施工期间，质量监督机构按照（　　）对工程项目施工情况进行不定期的检查。
    A. 国家标准　　　　　　　　　　　B. 监督方案
    C. 施工进度计划　　　　　　　　　D. 技术文件

37. 工程质量监督报告作为（　　）的组成部分提交竣工验收备案部门。
    A. 竣工验收工作会议　　　　　　　B. 工程结算的依据
    C. 竣工验收资料　　　　　　　　　D. 工程施工总结

38. 建设单位应当自工程竣工验收合格之日起（　　）内，向工程所在地的县级以上人民政府建设行政主管部门备案。
    A. 15 日　　　B. 30 日　　　C. 60 日　　　D. 三个月

39. 在正常使用条件下，电气管线、给排水管道、设备安装和装修工程的最低保修期限为（　　）。
    A. 一年　　　B. 五年　　　C. 二年　　　D. 十年

40. 下列（　　）不是施工进度控制的原理。
    A. 横道图计划技术原理　　　　　　B. 系统原理
    C. 网络计划技术原理　　　　　　　D. 动态控制原理

41. 建设工程项目进度计划系统是由多个相互关联的进度计划组成的，它可以由（　　）等不同周期的计划构成进度计划系统。
    A. 总进度计划　　　　　　　　　　B. 实施性进度计划
    C. 年、季、月计划　　　　　　　　D. 施工和设备安装进度计划

42. 施工项目工期是指（　　）。
    A. 从工程开工至竣工所经历的时间　　B. 从工程设计至竣工所经历的时间
    C. 从工程立项至竣工所经历的时间　　D. 从工程开工至保修期结束所经历的时间

43. 下列关于网络图的表述中，错误的是（　　）。
    A. 工序之间的逻辑关系能够清楚表达
    B. 能够确定计划的关键工作、关键线路与时差
    C. 计划的调整用手工方式进行，工作量大
    D. 可以适应于大型项目的进度计划

44. 在项目组织结构中，应由专门的工作部门和符合进度控制岗位资格的专人负责进度控制工作，这是施工进度控制的（　　）。
    A. 组织措施　　　B. 技术措施　　　C. 管理措施　　　D. 经济措施

45. 选择承发包模式属于施工进度控制的（　　）。
    A. 组织措施　　　B. 技术措施　　　C. 管理措施　　　D. 经济措施

46. 下列（　　）不是施工项目进度比较分析方法。
    A. 横道图记录比较法　　　　　　　B. 香蕉形曲线比较法

C. 因果分析法　　　　　　　　D. 前锋线比较法

47. 施工项目成本是工程项目在施工中所发生的全部（　　）的总和。
A. 生产费用　　　　　　　　B. 建设费用
C. 管理费用　　　　　　　　D. 人工费＋材料费＋施工机械使用费

48. 施工成本控制是严格控制施工中实际发生的各种消耗和支出，控制目标应是（　　）。
A. 成本预测　　B. 成本计划　　C. 成本核算　　D. 成本分析

49. 在某工程施工过程中，通过各种因素分析，发现机械费用存在潜在问题，项目经理部及时调整了施工方案，这体现的是施工项目成本的（　　）。
A. 过程控制　　B. 事前控制　　C. 动态控制　　D. 全面控制

50. 施工成本可以按成本构成分解为（　　）。
A. 人工费、材料费、施工机械使用费、措施费和间接费
B. 单项工程施工成本、单位工程施工成本、分部工程施工成本
C. 单位工程施工成本、分部工程施工成本、分项工程施工成本
D. 年施工成本、季施工成本、月施工成本、旬施工成本

51. 施工成本控制的步骤包括：①纠偏、②分析、③检查、④比较、⑤预测；正确的步骤顺序应为（　　）。
A. ④③②①⑤　　B. ④②⑤①③　　C. ②③④①⑤　　D. ②④⑤①③

52. 施工项目成本控制的措施包括（　　）。
A. 组织措施、技术措施、经济措施、管理措施
B. 组织措施、技术措施、管理措施、合同措施
C. 组织措施、技术措施、经济措施、合同措施
D. 组织措施、经济措施、管理措施、合同措施

53. 下列（　　）不是施工项目成本核算的原则。
A. 确认原则　　　　B. 权责发生制原则
C. 收付实现制原则　D. 配比原则

54. （　　）是各业务部门根据业务工作的需要而建立的核算制度，它包括原始记录和计算登记表。
A. 成本核算　　B. 会计核算　　C. 业务核算　　D. 统计核算

55. 因素分析法是施工项目成本分析的基本方法，因素分析法又称为（　　）。
A. 连环替代法　　B. 对比分析法　　C. 差额计算法　　D. 挣值法

56. 施工项目（　　）是贯彻项目成本责任制的重要手段，也是项目管理激励机制的体现，它的目的是通过衡量项目成本降低的实际成果，对成本指标完成情况进行总结和评价。
A. 成本控制　　B. 成本计划　　C. 成本分析　　D. 成本考核

57. 建设工程三级安全教育包括进入企业、进入（　　）、进入班组。
A. 总包单位　　B. 分包单位　　C. 建设单位　　D. 项目

58. 施工人员在正式进行本班的工作前，必须对所用的机械装置和工具进行仔细的检查，下班前还必须进行班后检查，保证交接安全，此项工作属于（　　）。

A. 专业性检查 B. 日常性检查
C. 节假日前后的检查 D. 不定期检查

二、多项选择题

1. 下列（ ）不是安全生产管理制度。
   A. 安全生产责任制度 B. 安全检查制度
   C. 安全备案制度 D. 安全措施计划制度
   E. 安全奖惩制度

2. 下面属于安全检查的主要内容的有（ ）。
   A. 查经济 B. 查管理 C. 查隐患
   D. 查事故处理 E. 查整改

3. 施工准备阶段安全技术措施的主要内容包括（ ）。
   A. 技术准备 B. 现场准备 C. 一般工程安全技术措施
   D. 特殊工程安全技术措施 E. 施工队伍准备

4. "三同时"制度是指凡是我国境内新建、改建、扩建的基本建设项目（工程）、技术改造项目（工程）和引进的建设项目，其安全生产设施必须符合国家规定的标准，必须与主体工程（ ）。
   A. 同时招标 B. 同时开工 C. 同时设计
   D. 同时施工 E. 同时投入生产和使用

5. 安全生产管理的基本原则有（ ）。
   A. 管生产同时管安全 B. 坚持"三全"动态管理
   C. 坚持安全的技术保证 D. 坚持安全的组织保证
   E. 安全管理重在控制

6. 施工项目管理的目标包括施工的（ ）目标。
   A. 成本 B. 进度 C. 投资
   D. 质量 E. 安全管理

7. 施工项目的主要特征有（ ）。
   A. 施工项目是建设项目或其中的单项工程、单位工程的施工活动
   B. 施工项目是以建设单位为管理主体
   C. 施工项目的任务范围由施工合同界定
   D. 施工项目产品具有多样性、固定性的特点
   E. 施工项目产品体积庞大

8. 施工项目管理的内容包括（ ）。
   A. 编制施工项目管理计划 B. 建立施工项目管理组织
   C. 进行施工项目目标控制 D. 施工项目的确信息管理
   E. 施工项目的合同管理

9. 施工项目经理部的作用有（ ）。
   A. 负责施工项目从开工到竣工的全过程施工生产经营管理
   B. 代表施工企业与建设单位签订施工承包合同
   C. 完成施工企业赋予的项目管理任务

D. 为项目经理决策提供依据

E. 执行项目经理的决策意图,向项目经理全面负责

10. 施工组织总设计的基本内容包括( )。

A. 建设项目的工程概况　　　　　B. 单位工程施工平面图

C. 单位工程施工进度计划　　　　D. 主要技术经济指标

E. 质量、安全、节约及冬雨期施工的技术组织保证措施

11. 施工组织总设计编制的依据有( )。

A. 工程的施工图纸及标准图　　　B. 合同文件

C. 有关的标准、规范和法律　　　D. 资源配置情况

E. 类似建设工程项目的资料和经验

12. 工艺方法是影响施工质量的重要因素,包括施工项目建设期内所采用的( )。

A. 管理制度　　　　　　　　　　B. 技术方案

C. 检测手段　　　　　　　　　　D. 施工组织设计

E. 组织机构

13. 全过程项目管理的主要过程有:( )检测设备与控制与计量过程;施工生产的检验试验;工程质量评定过程;工程竣工验收与交付过程;工程回访维修服务过程等。

A. 工程立项过程　　　　　　　　B. 工程策划与决策过程

C. 工程筹备过程　　　　　　　　D. 施工采购过程

E. 施工组织与准备过程

14. 质量手册是阐明企业的( )的文件,它对质量体系作概括的表达,是质量体系文件中的主要文件。

A. 质量政策　　　　　　　　　　B. 质量方针

C. 质量目标　　　　　　　　　　D. 质量管理体系

E. 质量实践

15. 成品保护的措施主要有( )。

A. 养护　　　B. 包裹　　　C. 清理

D. 覆盖　　　E. 局部封闭

16. 《建筑工程施工质量验收统一标准》(GB 50300—2001)将建筑工程质量验收划分为( )几个部分。

A. 施工段　　　B. 检验批　　　C. 分部(子分部)

D. 分项　　　　E. 主控项目

17. 对于工程质量问题,可采用的处理方案有( )。

A. 修补处理　　　B. 停工处理　　　C. 加固处理

D. 返工处理　　　E. 不做处理

18. 影响施工进度的不利因素有( )。

A. 业主　　　　　B. 勘察设计单位

C. 施工技术　　　D. 项目位置

E. 组织管理

19. 施工项目进度的系统原理包括( )。

A. 施工项目计划系统　　　　　　　B. 施工项目进度控制组织系统
C. 施工项目进度实施组织系统　　　D. 施工项目合同管理系统
E. 施工项目制度系统

20. 下列表述中，属于建设工程项目进度计划控制组织措施的有（　　）。
A. 设专门的进度控制工作部门　　　B. 进度计划的多方案比选
C. 编制进度控制的工作流程　　　　D. 项目合同界面的划分
E. 编制进度控制的任务分工表

21. 施工项目成本管理中，成本核算的前期工作有（　　）。
A. 成本分析　　　B. 成本考核　　　C. 成本控制
D. 成本计划　　　E. 成本预测

22. 建设工程项目施工成本由（　　）组成。
A. 人工费、材料费、施工机械使用费　　　B. 利润
C. 措施费　　　D. 间接费　　　E. 税金

23. 施工成本控制可分为（　　）。
A. 事前控制　　　B. 事中控制　　　C. 事后控制
D. 综合控制　　　E. 反馈控制

24. 我国安全生产的方针有（　　）。
A. 安全第一　　　　　　　　　　　B. 综合治理
C. 预防为主　　　　　　　　　　　D. 管生产同时管安全
E. 安全管理重在控制

25. 下列（　　）属于特种作业人员。
A. 安全员　　　　　　　　　　　　B. 电工
C. 机动车辆驾驶员　　　　　　　　D. 资料员
E. 试验员

26. "四口"是指（　　）。
A. 电梯井口　　　B. 楼梯口　　　C. 预留洞口
D. 通道口　　　　E. 出入口

27. 我国推行建设工程监理制度的目的有（　　）。
A. 确保工程建设的质量　　　　　　B. 缩短建设工程工期
C. 充分发挥投资效益　　　　　　　D. 防止安全事故的发生
E. 提高工程建设水平

28. 下列（　　）需要旁站监理。
A. 墙体砌筑　　　　　　　　　　　B. 预应力张拉
C. 卷材防水细部构造处理　　　　　D. 楼面找平层施工
E. 钢结构安装

29. 施工进度计划的表示方法，常用的有（　　）。
A. 前锋线　　　B. S形曲线　　　C. 网络图
D. 横道图　　　E. 香蕉形曲线

30. 施工成本控制的依据包括（　　）。
A. 市场价　　　　　　　　　　B. 工程变更
C. 进度报告　　　　　　　　　D. 施工成本计划
E. 承包合同

三、判断题（正确的写 A，错误的写 B）

1. 施工企业作为项目建设的一个重要参与方，其项目管理不仅服务于施工企业本身的利益，也必须服务于项目的整体利益。（　　）

2. 施工项目经理部是由项目经理在施工企业的支持下组建并领导进行项目管理的一次性固定的施工生产组织机构。（　　）

3. 施工组织总设计是以单位工程为对象而编制的，是指导全局性施工的技术和经济纲要。（　　）

4. 成片开发建设的住宅小区工程，必须实施工程项目监理。（　　）

5. 质量是一组固有特性满足要求的程度，即产品的质量。（　　）

6. 建立质量管理体系的基本工作主要有：确定质量管理体系过程，明确和完善体系结构、质量管理体系文件化、定期进行质量管理体系审核和复审。（　　）

7. 质量、投资和进度三者之间是对立统一的。提高质量标准会导致投资增加，进度减慢，这反映了三者对立的一面。（　　）

8. 保修期为自竣工验收之日计算，在正常使用条件下的最低保修期限。（　　）

9. 业务核算既可以对已经发生的，还可以对尚未发生的或正在发生的经济活动进行核算，因此，它的核算范围比会计核算宽。（　　）

10. 检验批可根据施工及质量控制和专业验收需要按楼层、施工段、变形缝等进行划分。（　　）

11. 工程质量不符合要求，经返修或加固处理，虽局部尺寸等不符合设计要求，但仍能满足使用要求，可按技术处理方案和协商文件进行验收。（　　）

12. 确定施工进度控制的协调机制是施工进度控制的管理措施。（　　）

13. 施工现场的安全检查应由安全员组织，定期进行。（　　）

14. 单位工程验收属于过程验收。（　　）

15. 质量事故调查报告由施工单位组织编写。（　　）

16. 对企业发生的安全事故，应坚持四不放过时的原则进行处理。（　　）

17. 《建筑施工安全检查标准》（JGJ 59—2011）规定，安全检查的评价分为优秀、良好、合格和不合格四级。（　　）

18. 挣值法主要是通过分析项目成本实施与项目成本目标期望之间的差异，从而判断项目实施费用、进度绩效的一种方法。（　　）

19. 单位工程验收时，勘察单位可以不参加。（　　）

20. 技术交底是工程施工前，由设计单位向施工单位有关技术人员进行全面交底，工程复杂、工期长的工程可分为基础、结构、装修几个阶段进行。（　　）

21. 劳动环境控制包括劳动组织、劳动工具、劳动保护、安全施工等内容。（   ）

22. 工程变更是对施工项目在形式上、质量上、数量上的实质性变动,合同文件内容的改变不属于工程变更。（   ）

23. 对不影响结构安全和使用要求,经过后续工序可以弥补的质量缺陷,可以不做处理。（   ）

24. 政府对建设工程质量监督主要是对工程实体的施工质量的监督检查。（   ）

25. 由于设计原因造成的质量缺陷,承包人不负责修理,也不承担保修经济责任。（   ）

26. 信息反馈是施工项目进度控制的依据,施工项目进度控制的过程就是信息反馈的过程。（   ）

27. 施工项目成本管理的首要任务是进行施工项目成本计划。（   ）

28. 施工项目成本控制的中间控制原则又称动态控制原则,是把成本控制的重点放在施工项目主要施工段上,及时发现偏差,及时纠正。（   ）

29. 施工项目成本核算的对象按单位工程划分,以一个季度为一个核算期,采用会计核算、统计核算、业务核算"三算结合"的方法。（   ）

30. 安全管理的内容是对生产中的人、物、环境等因素状态的管理,通过有效控制人的不安全行为和物的不安全状态,消除或避免事故,达到保护劳动者的安全和健康的目的。（   ）

四、计算题或案例分析题

1. 背景材料：某机械厂新建厂区里八层框架剪力墙结构办公楼工程,采用公开招标的方式选定A公司作为施工总承包,施工合同中双方约定钢筋、混凝土等主材由业主供应。施工过程中发生下列事件：

（1）钢材进场时,业主指令A公司验证入库,钢材供应单位在A公司质检员的见证下送检,检测结论合格。后监理项目部对现场钢筋质量产生疑问,要求重新检测,重新检测结论为不合格。此时一层梁、柱、墙体混凝土已浇筑完成,导致质量事故。

（2）A公司主体结构完成后,在拆除脚手架的过程中,一新架子工在三层楼面将几只扣件向下抛掷,一在下行走的瓦工安全帽被打落,头部被砸中,当场死亡。

（1）钢筋质量不合格导致的质量事故应由（   ）负责。（单选题）

A. A公司　　　　B. 检测机构　　　　C. 监理公司　　　　D. 某机械厂

（2）施工现场安全检查的方法有（   ）。（多选题）

A. 看　　　　　　B. 量　　　　　　　C. 测

D. 现场操作　　　E. 试验

（3）导致这起安全事故的主要原因有（   ）。（多选题）

A. 违反了拆除脚手架时构配件严禁抛掷地面的规定

B. 拆除脚手架没有设置警戒警戒区域

C. 无专人监护

D. 瓦工没在正确使用个人劳动防护用品

E. 没有编制脚手架拆除专项施工方案

(4) 见证取样送检应在建设单位或监理单位代表的见证下进行。（　　）（判断题）

(5) 对新员工上岗前，必须进行三级安全教育，分别为企业、项目部和班组三级。（　　）（判断题）

2. 背景材料：某集团公司新建一综合办公楼工程，地下一层，地上 16 层，框架筒体结构，通过公开招标方式选定 A 公司作为施工总承包单位，消防工程由 B 公司分包，建设单位委托 C 监理公司承担指定的监理任务。

(1) 涉及结构安全的试块、试件及有关材料，应按规定进行（　　）。（单选题）
   A. 见证取样检测　　　　　　　　B. 试验
   C. 复验　　　　　　　　　　　　D. 外观检查

(2) 下列（　　）都必须编制单独的分部分项工程施工安全技术措施。（多选题）
   A. 土石方工程　　　　　　　　　B. 砌筑工程
   C. 钢筋混凝土工程　　　　　　　D. 结构吊装工程
   E. 楼地面工程

(3) 高处作业是指凡在坠落高度基准面 2m 以上有可能坠落的高处进行的作业。（　　）（判断题）

(4) 隐蔽工程在验收前，应由（　　）通知有关单位验收，并形成验收文件。（单选题）
   A. 建设单位某集团公司　　　　　B. 监理单位 C 公司
   C. 施工总承包单位 A 公司　　　 D. 分包单位 B 公司

(5) 施工项目经理是施工项目安全生产第一责任人。（　　）（判断题）

第 7 章　公文写作与处理

一、单项选择题

1. 向非同一组织系统的任何机关发送的文件属于（　　）。
   A. 上行文　　　B. 平行文　　　C. 下行文　　　D. 越级行文

2. 以强制力推行的用以规定各种行为规范的法规、规章属于（　　）。
   A. 规范类文件　B. 报请类文件　C. 会议文件　　D. 证明类文件

3. 用于对下级机关布置工作，阐明工作活动的指导原则的指挥类文件，称为（　　）。
   A. 上行文　　　B. 平行文　　　C. 下行文　　　D. 越级行文

4. 公文中的成文日期应写成（　　）。
   A. 13 年 4 月 6 日　　　　　　　B. 2013 年 4 月 6 日
   C. 一三年四月六日　　　　　　　D. 二〇一三年四月六日

5. 签发人标志是指在发文字号的（　　）注签公文的领导人姓名，用于上行文。
   A. 右侧　　　B. 下方　　　C. 左侧　　　D. 右上方

6. 份号是指依据同一文稿印制的若干份公文依次编制的顺序代码。适用于（　　）公文。
   A. 特急　　　B. 急件　　　C. 机密　　　D. 公告

7. （　　）是指由国家权力机关或机关负责人颁布的具有强制性、权威性和指令性的文件。

A. 决定　　　　　B. 命令　　　　　C. 指示　　　　　D. 批复

8. （　　）是对某些重要事项或重大行动做出安排，可以使用决定文种。
A. 党政机关　　　　　　　　　　　B. 社会团体
C. 企事业单位　　　　　　　　　　D. 党政机关、社会团体、企事业单位

9. 下列关于决定的写作要求，说法错误的是（　　）。
A. 决定的标题可只写文种，如果决定是会议通过或批准的，要在文种下写明通过日期和经什么会议通过或批准，用圆括号加入
B. 决定要依据正文写缘由，强调决定的合法、合理、合情
C. 决定要基于事实作决策
D. 决定要切合实际写要求

10. 批复具有专向性，（　　）。
A. 批复是上级机关针对下级机关请示的某一具体问题作出的答复
B. 批复对应着请示行文
C. 批复的发文对象是请示单位
D. 批复的内容是下级请示的事项

11. （　　）主要用于对下级机关布置工作，提出开展工作的原则和要求。
A. 批复　　　　　B. 决定　　　　　C. 指示　　　　　D. 命令

12. 决议的决策者是（　　）。
A. 人民团体　　　B. 各级政府　　　C. 社会组织　　　D. 党的领导机关

13. 意见作为下行文，类似于指示，但与指示相比，它们的区别在于（　　）。
A. 意见只提出原则和要求，具有方向性
B. 指示指出具体的处理办法，具有可操作性
C. 指示是对带有全局性的问题提出处理办法和政策性措施
D. 意见提出具体的处理办法，具有可操作性

14. （　　）是机关、企事业单位和人民团体向特定的受文对象告知有关事项的晓谕性公文。
A. 通知　　　　　B. 通告　　　　　C. 公告　　　　　D. 通报

15. 下列适用范围最广泛的是（　　）。
A. 通知　　　　　B. 通告　　　　　C. 公告　　　　　D. 通报

16. （　　）适用于表彰先进、批评错误、传递重要精神或交流重要情况。
A. 通告　　　　　B. 公告　　　　　C. 通知　　　　　D. 通报

17. 通报的标题表示错误的是（　　）。
A. 发文机关＋事由＋文种　　　　　B. 事由＋文种
C. 发文机关＋文种　　　　　　　　D. 文种

18. （　　）适用于平行机关或不相隶属机关之间商洽和联系工作、询问和答复问题所使用的一种公文。
A. 公告　　　　　B. 函　　　　　　C. 通知　　　　　D. 会议纪要

19. （　　）适用于记录和传递会议情况和议定事项，要求与会单位共同遵守和执行时采用。

A. 会议纪要　　　　B. 决议　　　　　　C. 决定　　　　　　D. 指示

20. 会议纪要正文的写作方法错误的是（　　）。
A. 条项式写法　　B. 重点式写法　　C. 综合式写法　　D. 摘录式写法

21. （　　）用于向上级机关反馈本机关或部门工作情况或收集信息、总结经验、提出意见与建议，为上级机关决策和指导工作提供依据。
A. 请示　　　　　　B. 方案　　　　　　C. 报告　　　　　　D. 议案

22. 下级机关遇到无权处理或无力处理解决的问题，可以通过向上级机关呈送（　　）的形式，请求上级机关予以批准或给予指示。
A. 请示　　　　　　B. 方案　　　　　　C. 报告　　　　　　D. 议案

23. 宣布奖励事项，可以使用（　　）。
A. 公布令　　　　　B. 行政令　　　　　C. 指令　　　　　　D. 嘉奖令

24. 宣布某一重大问题的处理结果或对某项工作做出重大安排可以使用（　　）。
A. 事项性决定　　　　　　　　　　　B. 表彰性决定
C. 惩处性决定　　　　　　　　　　　D. 公布性决定

25. 下列（　　）不是批复的正文构成。
A. 批复依据　　　B. 批复事项　　　C. 执行任务　　　D. 执行要求

26. 下列（　　）公文强制性和指挥色彩相对较弱。
A. 命令　　　　　　B. 指示　　　　　　C. 决议　　　　　　D. 决定

27. 下列（　　）公文具有原则性和灵活性。
A. 命令　　　　　　B. 指示　　　　　　C. 决议　　　　　　D. 决定

28. 决议的成文日期一般注写在（　　）位置。
A. 标题之下右侧　　　　　　　　　　B. 标题之下居中
C. 文尾之下右侧　　　　　　　　　　D. 文尾之下居中

29. （　　）是上级机关或主管部门针对当前即将进行的主要工作和亟待解决的重大问题，提出原则性的要求和具体的处理办法，并直接发至下级机关或转发到有关部门遵照执行的公文。
A. 指示　　　　　　B. 通知　　　　　　C. 意见　　　　　　D. 决定

30. 意见作为下行公文，类似于（　　）。
A. 请示　　　　　　B. 批复　　　　　　C. 指示　　　　　　D. 决定

31. （　　）是在一定范围内公布各机关、团体、企事业单位与广大群众需要遵守或周知的政策、措施与行为规范或其他需要引起警觉与注意的事项的文件。
A. 公告　　　　　　B. 通告　　　　　　C. 通知　　　　　　D. 通报

32. 关于批复的特点，错误的有（　　）。
A. 具有法定的权威性与执行性　　　　B. 具有主动性
C. 具有明确的针对性　　　　　　　　D. 具有被动性

33. 以上请示事项（　　）请予批复。
A. 如有不妥　　　B. 如无不妥　　　C. 可否妥当　　　D. 当否

34. 贵公司收到此文后，请迅即函复（　　）。
A. 为要　　　　　　B. 为盼　　　　　　C. 为感　　　　　　D. 函告

35. （　　）是指对收文的鉴别、清点、核对、检查与履行签注手续并接收公文的活动。
   A. 分办　　　　　B. 收文登记　　　　C. 注办　　　　　D. 签收

36. （　　）指在定稿形成后，批注缮写印发要求的活动。
   A. 缮印　　　　　B. 注发　　　　　　C. 用印　　　　　D. 签署

37. 下列（　　）属于知照类公文。
   A. 条例　　　　　B. 办法　　　　　　C. 函　　　　　　D. 报告

38. 下列（　　）属于公文的基本数据项目。
   A. 成文日期　　　B. 发文字号　　　　C. 主送机关　　　D. 主题词

39. 下列（　　）属于公文稿本的草稿。
   A. 原稿　　　　　B. 修订本　　　　　C. 试行本　　　　D. 送审稿

40. 下列标题错误的是（　　）。
   A.《国家行政机关公文处理办法》
   B.《国务院关于稳定和发展生猪生产的指示》
   C.《民政部关于全国性社会团体年检的命令》
   D.《会议通知》

41. 下列标题错误的是（　　）。
   A.《审批例会会议纪要》
   B.《××市人民政府关于建立××市体育学校的请示报告》
   C.《建设循环农业友好合作邀请函》
   D.××市人民政府关于颁发《××市市区经营性建设用地规划容积率调整管理办法》的通知

42. 同时向若干级上级机关或下级机关制发公文，称作（　　）。
   A. 逐级行文　　　B. 多级行文　　　　C. 越级行文　　　D. 平行行文

二、多项选择题

1. 根据形成和作用的公务活动领域，公文可分为（　　）。
   A. 法定正式公文　　　　　　　B. 通用公文
   C. 非法定正式公文　　　　　　D. 专用公文
   E. 规范性公文

2. 因情况特殊，如（　　）等越级行文外，一般情况下不应越级行文。
   A. 上级机关交办，并指定直接越级上报的具体事项
   B. 检举、控告直接上级机关
   C. 经请示直接上级机关而未予以解决的问题
   D. 情况紧急，逐级上报下达会延误时机，造成重大损失
   E. 上级机关交办的具体事项

3. 下列关于公文主要数据项目编排次序正确的有（　　）。
   A. 发文机关、成文日期、附注、签发人
   B. 发文字号、签发人、标题、抄送机关
   C. 主题词、抄送机关、印发机关、时间
   D. 标题、主送机关、正文、附件说明

E. 发文机关、紧急程度、印发机关、标题

4. 下面属于公文必备的基本数据项目有（   ）。
   A. 发文机关   B. 报送机关   C. 标题
   D. 题注   E. 成文日期

5. 下列说法错误的有（   ）。
   A. 盖印应端正、清晰，做到上压正文，下压成文日期
   B. 一件联合行文，可有数个发文字号
   C. 联合行文的成文日期以最后签发机关的签发日期为准
   D. 公文中的附注一般标注在主题词下方
   E. 题注一般用圆括号标注于标题下方

6. 具有法定效力的公文稿本有（   ）。
   A. 副本   B. 草稿   C. 定稿子
   D. 试行本   E. 暂行本

7. 公文的特点包括（   ）。
   A. 公文由法定作者制发，并具有法定的权威性
   B. 公文具有法定的现实执行效用
   C. 公文具有规范的体式
   D. 公文是机关横向联系的桥梁与纽带
   E. 公文的制发与生效需要履行法定的程序

8. 可联合行文的有（   ）。
   A. 同级政府之间   B. 政府各部门之间
   C. 上级党委和下级政府之间   D. 政府部门和同级人民团体之间
   E. 政府与企业之间

9. 下列说法正确的有（   ）。
   A. 党、政机关应在各自的系统内部发布文件
   B. 行政机关可向党的组织发布指令性公文
   C. 行政机关可向党的组织报告工作
   D. 党政机关尽量增加联合行文
   E. 政府及其部门可与同级党委联合行文

10. 下列说法错误的有（   ）。
    A. 公告、函、会议纪要等公文，均需加盖印章
    B. 联合上报的非同性公文，由主办机关加盖印章
    C. 联合下发的公文，只需由主办机关加盖印章
    D. 几个机关联合行文时，应按笔画繁简排列
    E. 联合行文时，以第一签发机关领导人签发日期为成文日期

11. 下列属于规范类文件的是（   ）。
    A. 会议纪要   B. 批复   C. 规定
    D. 条例   E. 办法

12. 公文的登记形式有（   ）。

A. 簿式　　　　　　B. 卡片式　　　　　C. 联单式
D. 电脑登记式　　　E. 录音

13. 下列说法错误的有（　　）。
A. 公文处理是档案工作的基础
B. 催办工作就是催一催、问一问，因此对机关工作的作用并不显著
C. 公文办毕后，须集中归档，任何人不得私自保存和销毁公文
D. 电报不能随同文件立卷归档
E. 公文处理的质量与效率是决定机关工作质量与效率的决定性因素

14. 属收文处理程序的有（　　）。
A. 签发　　　　　　B. 签收　　　　　　C. 批办
D. 拟办　　　　　　E. 用印

15. 办毕公文的处置包括（　　）。
A. 立卷归档　　　　B. 分装　　　　　　C. 清退
D. 销毁　　　　　　E. 暂存

16. 根据形成和作用的公务活动领域，公文可分为（　　）。
A. 法定正式公文　　　　　　　　B. 通用公文
C. 非法定正式公文　　　　　　　D. 专用公文
E. 规范性公文

17. 公文的制作包括（　　）。
A. 注发　　　　　　B. 缮印　　　　　　C. 用印
D. 签发　　　　　　E. 核稿

18. 公文处理的基本原则有（　　）。
A. 法制原则　　　　　　　　　　B. 质量原则
C. 公开原则　　　　　　　　　　D. 民主集中原则
E. 时效原则

19. 公文处理的具体任务有（　　）。
A. 签发公文　　　　　　　　　　B. 拟写与制作公文
C. 办理公文　　　　　　　　　　D. 管理公文
E. 处置办毕公文

20. 不宜使用公告文种的有（　　）。
A. 举行重要会议　　　　　　　　B. 重要人物逝世
C. 街道办事处任免人员　　　　　D. 企业制定厂规厂纪
E. 国家主要领导人出访

21. 下列说法错误的有（　　）。
A. 在报告中可夹带请示事项
B. 为加速公文处理，提高办事效率，可将请上级批准的若干事项写在同一件公文中
C. 请示是一种上行文，只在向上行文时使用
D. 请示要求事前行文，不允许先斩后奏
E. 请示具有强制回复的性质

22. 下列文字不符合公文写作要求的是（　　）。
A. 本厂职工"凡因造假药而被捕入狱者，在狱期间补助人民币×××元"
B. 公文是机关管理活动的重要工具，制发的公文越多，说明工作成绩越大
C. 请务必给予批准
D. 以上意见当否，请批示
E. 以上报告如无不妥，请遵照执行

三、判断题（正确的写 A，错误的写 B）

1. 公告是国家机关向国内外宣布重要事项或法定事项的文种，人民团体、企事业单位不得采用公告。（　　）
2. 意见既可以用于向上行文，又可以用于向下行文。（　　）
3. 意见主要用于对重要事项提出指导性见解，对一个阶段的工作提出原则性的要求，对带有全局性的问题提出处理办法和政策性措施。（　　）
4. 公告的发布者必须是国家立法机关或行政领导机关。（　　）
5. 通告的发布者可以是国家机关，也可以是企事业单位和人民团体。（　　）
6. 报告既可用于向上行文，又可用于向下行文，如调查报告等。（　　）
7. 报告是上行公文，是上下级纵向联系、沟通的一种重要形式，报告一般要求上级机关对重大事项提出批复意见。（　　）
8. 每一份公文都必须正确标明文种。（　　）
9. 公布性文件是指已经解密，可以向国内外公开发布的文件。（　　）
10. 公文行文应坚持党政联合行文的原则。（　　）
11. 公文用语应贴近群众，可选用口语、方言。（　　）
12. 办毕公文严禁销毁。（　　）
13. 一般公文的文稿，一经审核手续即为定稿，具有正式文件的效用。（　　）
14. 请示一般只写一个主送机关，如需同时送达其他机关，应当采用抄送的形式。（　　）
15. 报告要注明签发人。（　　）
16. 会议纪要摘录式写法是把会议内容按性质综合为若干部分，然后逐一写出。（　　）
17. 函可以用于商洽公务、接洽工作、询问事情、征求意见、答复问题、请求帮助及告知情况、催办事务等。（　　）
18. 写作通报时应注意材料要真实，事例要普遍，要突出教育性。（　　）
19. 知照性通知用于通知发布规章，以提高规章的法定效力，便于执行单位认真贯彻。（　　）
20. 通知的功能多样，应用广泛，同时有明显的时间要求。（　　）
21. 通告是正式公文，应注意维护其严肃性。（　　）
22. 公告在写作时要注意宣布的事项应具体明确，要把事情的经过写清楚，并阐发道理。（　　）

四、计算题或案例分析题

1. 背景材料：

××区财政局关于推荐×同志参加"十佳市民"评选的请示报告
(20××年××月××日)

市委组织部:

　　近年来,在区委、区政府的正确领导下,我局以"三个代表"和科学发展观为指导,通过开展文明单位创建活动,积极加强干部职工思想道德建设,进一步提升了机关干部职工的业务素质和服务水平,促进了财政事业的不断向前发展,涌现出了一批业务过硬、成绩突出的先进典型。为充分展示财政干部素质高、作风硬、能力强、业务精的良好形象,经民主评议推荐,组织严格考察,局党组集体研究后同意,推荐×××同志参加全市八月份"十佳市民"评选活动,现已上报区组织部。

　　特此请示。

　　附:×××同志"十佳市民"推荐材料

××区财政局
20××年××月××日

(1) 该请示属于( )。(单选题)

　　A. 请求指示的请示　　　　　　B. 请求解决问题的指示
　　C. 批转性请示　　　　　　　　D. 求准性请示

(2) 该请示标题的写法属于( )。(单选题)

　　A. 事由＋文种　　　　　　　　B. 发文机关＋事由＋文种
　　C. 发文机关＋文种　　　　　　D. 文种

(3) 该请示的主送机关是××区财政局。( )(判断题)(正确的写A,错误的写B)

(4) 请示具有强制回复的性质,需要上级机关或业务主管机关的批复。( )(判断题)

(5) 该请示错误之处有( )。(多选题)

　　A. 标题　　　　B. 主送机关　　　C. 附件说明
　　D. 事后请示　　E. 成文日期

2. 背景材料:

房屋使用权问题的会议纪要

　　20×××年××月××日上午,市政府办公厅×××主任主持召开会议,协调解决长江大街26号首层房屋使用权问题。参加会议的有省政府办公厅交际处、××宾馆、市商委、市国土房管局、二商局、市外轮供应公司等有关部门的负责同志。

　　会议认为,长江大街26号首层房屋使用权的问题,是在过去计划经济和行政决定下形成的历史遗留问题。早几年曾多次协调,虽有进展,但有结果。最近,按照省、市领导同志"向前看"、"了却这笔历史旧账"的批示精神在办公厅的协调下,双方本着尊重历史、面对现实、互谅互让的原则,合情合理地提出解决这宗矛盾的方案。

　　经过协商、讨论,双方达成了一致的认识。会议决定如下事项:

　　一、市外轮供应公司应将长江大街26号房屋的使用权交给××宾馆。

　　二、考虑到市外轮供应公司在26号经营了30多年,已投入了不少资金,退出后,办公地点暂时难以解决,决定给予其商品损耗费、固定资产投资和搬迁费等一次性补偿费用共95万元。其中省政府办公厅和××宾馆负责80万元；考虑到省政府领导曾多次过问此事和省、市关系，另15万元由市政府支持补助。

三、省政府办公厅和××宾馆的补偿款于20××年××月××日前划拨给市外轮供应公司。市政府的补助款于20××年××月××日左右划拨，市外轮供应公司应于20××年××月××日开始搬迁，××月××日前搬迁完毕并移交钥匙。

四、市外轮供应公司原搭建的楼阁按房管部门规定不能拆迁。

会议强调，双方在房屋使用权移交中要各自做好本单位干部群众的工作，团结协作，增进友谊，保证移交工作顺利进行。

××市政府办公厅20××年××月××日

(1) 该会议纪要的正文采用的写法是（　　）。（单选题）

A. 重点式写法　　B. 综合式写法　　C. 条项式写法　　D. 摘录式写法

(2) 会议纪要的开头应简要介绍会议的基本情况，包括（　　）。（多选题）（正确的写A，错误的写B）

A. 召开会议的依据　　　　　　B. 会议的目的

C. 会议的主要精神　　　　　　D. 参加会议的人员

E. 会议的起止时间

(3) 会议纪要的结构一般由标题、开头、主体、结尾四个部分组成。（　　）（判断题）

(4) 会议纪要的特点主要有（　　）。（多选题）（正确的写A，错误的写B）

A. 具有较强的提要性　　　　　B. 具有法定的权威性

C. 具有人员的固定性　　　　　D. 具有存查备案的作用

E. 具有严密的逻辑性

(5) 会议纪要写作时应实事求是，真实准确地反映会议的各项内容，要突出重点，简明精炼。（　　）（判断题）

第8章 职业道德

一、单项选择题

1. 下列不属于职业道德内容的是（　　）。

A. 诚实守信　　B. 服务群众　　C. 保护环境　　D. 奉献社会

2. 下列（　　）不属于职业道德的基本特性。

A. 职业性　　B. 强制性　　C. 继承性　　D. 纪律性

3. 对"诚实守信"不正确的说法是（　　）。

A. 诚实守信就是信守承诺，忠实履行自己应承担的义务

B. 诚实守信是市场经济的内在法则

C. 诚实守信就是言行一致，表里如一，真实无欺，相互信任

D. 诚实守信与市场经济的根本目的不相一致

4. 以下（　　）是资料员职业道德的重点要求。

A. 钻研业务，爱岗敬业，努力学习，不断提高工作效率和工作能力

B. 坚持自检、互检、交接检制度，确保工程质量

C. 严格执行安全操作规程，杜绝一切违章作业现象

D. 认真学习，推动安全生产技术工作的不断发展和完善

二、多项选择题

1. 建设行业职业道德的核心内容有（   ）。
A. 爱岗敬业　　　　B. 安全生产　　　　C. 勤俭节约
D. 钻研技术　　　　E. 服从指挥

2. 加强建设行业职业道德建设的措施有（   ）。
A. 发挥企业的主导作用　　　　B. 突出职业道德建设的效果
C. 以人为本　　　　　　　　　D. 创新职业道德教育的方式方法
E. 发挥政府的监督、引导职能

三、判断题（正确的写 A，错误的写 B）

1. 遵守法纪是遵守道德的最低要求。　　　　　　　　　　　　　（   ）
2. 培养自己良好的行为习惯是职业道德修养的前提。　　　　　　（   ）

三、参考答案

第1章 建筑识图

一、单项选择题

1. C; 2. B; 3. B; 4. D; 5. A; 6. C; 7. C; 8. B; 9. D; 10. D;
11. D; 12. D; 13. B; 14. C; 15. B; 16. B; 17. C; 18. C; 19. D; 20. C;
21. C; 22. A; 23. B; 24. D; 25. C; 26. C; 27. B; 28. D; 29. A; 30. C; 31. D;
32. C; 33. C; 34. B; 35. D; 36. D; 37. D; 38. B; 39. D; 40. C; 41. D;
42. B; 43. C; 44. C; 45. C; 46. B; 47. D; 48. C; 49. D; 50. A; 51. C;
52. B; 53. D; 54. D; 55. C; 56. B; 57. C; 58. A; 59. C; 60. D; 61. B;
62. D; 63. B; 64. C; 65. C; 66. A; 67. D; 68. C; 69. B; 70. B; 71. A; 72. B

二、多项选择题

1. B、C、D; 2. A、C; 3. B、C、E; 4. A、B、D; 5. B、C、D;
6. A、B、C; 7. A、B、D、E; 8. A、B、C; 9. A、C、E; 10. B、C、D、E;
11. A、C、E; 12. A、C、D; 13. B、C、D; 14. A、C、E; 15. A、B、C、D、E;
16. A、B、C、D、E; 17. A、B、D; 18. A、D、E; 19. B、C、E; 20. A、B、C;
21. A、B、C、D、E; 22. A、C、E; 23. A、B、C、D、E; 24. A、B、C、D、E;
25. A、B、C、D; 26. A、B、C、D、E; 27. A、B、C、D、E

三、判断题

1. B; 2. A; 3. A; 4. B; 5. B; 6. B; 7. A; 8. B; 9. A;
10. A; 11. B; 12. B; 13. B; 14. B; 15. A; 16. A; 17. B; 18. A;
19. B; 20. A; 21. B; 22. A; 23. A; 24. B; 25. B; 26. B; 27. B;
28. A; 29. B; 30. A; 31. A; 32. A; 33. A; 34. B; 35. A; 36. B

四、计算题或案例分析题

1. (1) C; (2) B; (3) C; (4) A; (5) D; 2. (1) D; (2) B; (3) B; (4) A; (5) A、B、E; 3. (1) B; (2) A; (3) C; (4) A、B、D; (5) A、C、D; 4. (1) D; (2) C; (3) D; (4) C; (5) B; 5. (1) C; (2) B; (3) A; (4) D; (5) C

第2章 建筑工程材料

一、单项选择题

1. D; 2. A; 3. B; 4. C; 5. D; 6. D; 7. A; 8. B; 9. C;
10. A; 11. C; 12. D; 13. B; 14. B; 15. B; 16. B; 17. C; 18. B;

19. D；20. A；21. A；22. B；23. A；24. B；25. C；26. A；27. C；
28. B；29. D；30. B；31. C；32. D

二、多项选择题

1. C、E；2. B、C、D；3. A、B、C；4. B、C；5. B、C、D；
6. A、D；7. A、D；8. A、D、E；9. A、D、E；10. C、D、E；
11. A、C、E；12. B、C、E；13. A、C；14. B、C；15. A、B；
16. A、B、C、D；17. A、B；18. A、B、C、D；19. A、B；20. A、B、C、D

三、判断题

1. B；2. B；3. A；4. B；5. A；
6. A；7. A；8. B；9. B；10. A；
11. B；12. B；13. B；14. A；15. A；
16. A；17. A；18. B；19. B；20. A

四、计算题或案例分析题

1. (1) A；(2) A、B、C、D；(3) B、C、D、E；(4) B；(5) A；(6) A；
2. (1) B；(2) D；(3) A；(4) B；(5) D；(6) B；3. (1) A；(2) C；(3) D；
(4) C；(5) A；(6) A；4. (1) A；(2) B；(3) A；(4) B；(5) A；(6) B

第3章 工程构造

一、单项选择题

1. D；2. B；3. B；4. C；5. B；
6. A；7. C；8. C；9. D；10. A；
11. B；12. D；13. C；14. D；15. B；
16. C；17. B；18. B；19. A；20. B；
21. C；22. B；23. C；24. B；25. D；
26. A；27. C；28. D；29. C；30. A；
31. B；32. D；33. A；34. A；35. D；
36. A；37. A；38. C；39. B；40. D；
41. A；42. C；43. D；44. B；45. B；
46. D；47. C；48. A；49. B；50. C；
51. B；52. D；53. A；54. B；55. B；
56. D；57. C；58. D；59. A；60. C

二、多项选择题

1. A、C、E；2. C、D、E；3. A、C、D、E；4. B、C；
5. A、B、C、D；6. A、C、D；7. A、B、D、E；8. A、C、D、E；
9. A、B、E；10. B、D、E；11. B、C、E；12. A、B、D；13. A、B、C；
14. A、B、C、D、E；15. A、B、C、D；16. A、C、D；17. B、C、D；
18. A、B、C、D、E；19. A、D、E；20. A、B、C、D；21. A、B、D、E；
22. B、D；23. A、B、C、D；24. A、B、C、D、E；25. C、D、E；

26. B、C；27. A、B、C、D；28. A、B、C；29. A、B、C、D；30. A、B、C、E

三、判断题

1. B；2. B；3. A；4. B；5. A；6. A；7. B；8. B；9. A；
10. B；11. B；12. B；13. B；14. A；15. A；16. A；17. B；18. A；
19. B；20. B；21. A；22. B；23. A；24. B；25. A；26. A；27. A；
28. B；29. A；30. A

第4章 施 工 技 术

一、单项选择题

1. A；2. D；3. B；4. B；5. B；6. B；7. C；8. A；9. D；10. B；
11. A；12. A；13. B；14. D；15. B；16. C；17. B；18. C；19. C；20. A；
21. B；22. D；23. B；24. D；25. D；26. C；27. A；28. C；29. D；30. D；
31. A；32. D；33. D；34. A；35. C；36. D；37. B；38. B；39. B；40. B；
41. C；42. C；43. D；44. D；45. D；46. B；47. A；48. C；49. B；50. B；
51. C；52. B；53. D；54. A；55. B；56. B；57. D；58. B；59. D；60. C；
61. B；62. C；63. B；64. C

二、多项选择题

1. A、C、D；2. A、B、C；3. A、C、D、E；4. A、C、D、E；5. A、B、D；
6. A、B、C、D；7. A、B、D；8. B、C；9. B、C、D、E；10. A、B、D、E；
11. A、B、C、E；12. B、C、D；13. A、B；14. B、C；15. A、B、E；
16. A、B、C、E；17. A、B、C、E；18. A、B、C、D、E；19. A、C、E；
20. A、B、C；21. A、B、C、D、E；22. A、B、E；23. A、B、C、D；
24. B、C、D、E；25. A、B、C；26. A、B、C、D、E

三、判断题

1. A；2. B；3. A；4. B；5. A；6. B；7. A；8. B；9. B；
10. B；11. B；12. B；13. A；14. B；15. A；16. B；17. A；18. A；
19. A；20. B；21. B；22. A；23. B；24. B；25. B；26. A

四、计算题或案例分析题

1. (1) A；(2) A；(3) D；(4) B；(5) B；(6) C；2. (1) B、E；(2) B；
(3) B；(4) B；(5) A；(6) D

第5章 建筑工程定额与预算

一、单项选择题

1. A；2. B；3. B；4. C；5. B；
6. C；7. B；8. B；9. B；10. A；
11. D；12. C；13. B；14. B；15. D；

16. D；17. B；18. A；19. B；20. C；

21. D；22. A；23. B；24. B；25. C；

26. C；27. A；28. B；29. C；30. B；

31. A；32. C

二、多项选择题

1. B、C、D、E；2. A、B、D、E；3. A、C、D；4. A、C、D、E；5. A、B、D、E；6. A、B、C；7. A、C、E；8. B、D；9. A、B、C、E；10. A、C、D、E；11. A、C、D、E；12. B、C、D、E；13. A、C、D、E；14. A、C、D、E；15. B、C、D、E；

16. A、C、D、E

三、判断题

1. B；2. B；3. A；4. B；5. A；

6. B；7. A；8. A；9. B；10. B；

11. B；12. A；13. A；14. A；15. B；

16. A

第6章 施工项目管理

一、单项选择题

1. D；2. B；3. C；4. C；5. D；6. D；7. B；8. A；9. A；10. B；

11. A；12. D；13. C；14. C；15. C；16. B；17. B；18. D；19. A；20. A；

21. C；22. B；23. C；24. A；25. B；26. D；27. B；28. C；29. B；30. A；

31. B；32. D；33. C；34. C；35. D；36. B；37. C；38. A；39. C；40. A；

41. C；42. A；43. C；44. A；45. C；46. C；47. A；48. B；49. B；50. A；

51. B；52. C；53. B；54. C；55. A；56. D；57. D；58. B

二、多项选择题

1. C、E；2. B、C、D、E；3. A、B、E；4. C、D、E；5. A、B、E；

6. A、B、D、E；7. A、C、D、E；8. B、C、D、E；9. A、C、D、E；

10. A、D；11. B、C、E；12. B、C、D；13. B、D、E；14. A、D、E；

15. B、D、E；16. B、C、D；17. A、C、D、E；18. A、B、C、E；

19. A、B、C；20. A、C、E；21. C、D、E；22. A、C、D、E；

23. A、B、C；24. A、C；25. B、C；26. A、B、C、D；27. A、C、E；

28. B、C、E；29. C、D；30. B、C、D、E

三、判断题

1. A；2. B；3. B；4. A；5. B；

6. A；7. A；8. B；9. A；10. A；

11. A；12. B；13. B；14. B；15. A；

16. A；17. B；18. A；19. A；20. B；

21. A；22. B；23. A；24. B；25. B；
26. A；27. B；28. A；29. B；30. A

四、计算题或案例分析题

1. (1) D；(2) A、B、C、D；(3) A、B、C、D；(4) A；(5) A；2. (1) A；
(2) A、B、C、D；(3) A；(4) C；(5) A

第7章 公文写作与处理

一、单项选择题

1. B；2. A；3. B；4. D；5. A；6. C；7. B；8. D；9. A；10. B；
11. C；12. D；13. D；14. A；15. A；16. D；17. C；18. B；19. A；20. B；
21. C；22. A；23. D；24. A；25. C；26. B；27. B；28. B；29. C；30. C；
31. B；32. B；33. B；34. B；35. D；36. B；37. C；38. A；39. D；40. C；
41. B；42. B

二、多项选择题

1. B、D；2. A、B、D；3. B、C、D；4. A、C、E；5. A、B、D；
6. A、C、D、E；7. A、B、C、E；8. A、B、D；9. A、E；10. A、C、D、E；
11. C、D、E；12. A、B、C、D；13. B、D、E；14. B、C、D；15. A、C、D、E；
16. B、D；17. A、B、C；18. A、B、E；19. B、C、D、E；20. C、D；21. A、B；
22. A、B、C、E

三、判断题

1. B；2. A；3. A；4. B；5. A；6. B；7. B；8. A；9. B；10. B；
11. B；12. B；13. B；14. A；15. A；16. B；17. A；18. B；19. B；20. A；
21. A；22. B

四、计算题或案例分析题

1. (1) D；(2) B；(3) B；(4) A；(5) A、B、D；
2. (1) C；(2) A、B、D、E；(3) A；(4) A、B、D；(5) A

第8章 职业道德

一、单项选择题

1. C；2. B；3. D；4. A

二、多项选择题

1. A、B、C、D；2. B、C、D、E

三、判断题

1. A；2. B

第二部分

专业管理实务

一、考 试 大 纲

第1章 施工文件档案资料相关概念

1.1 建设工程项目与建设程序

（1）掌握建设工程项目的组成。
（2）掌握单位（子单位）工程、分部（子分部）工程、分项工程、检验批的划分原则。
（3）熟悉建筑工程分部、子分部、分项工程的划分。
（4）了解建设工程项目建设程序。
（5）了解建筑工程竣工验收应具备条件。

1.2 建设工程施工质量验收

（1）掌握分部（子分部）工程、分项工程、检验批验收合格的标准。
（2）熟悉分部（子分部）工程、分项工程、检验批验收表格的填写。
（3）了解分部（子分部）工程、分项工程、检验批验收程序。
（4）掌握单位工程竣工验收合格的标准。
（5）熟悉单位工程竣工验收表格填写。
（6）了解单位工程竣工验收程序。
（7）了解主控项目、一般项目。

1.3 工程文件档案资料

（1）掌握工程文件资料和工程档案资料。
（2）熟悉建筑工程工程文件资料形成。
（3）了解工程文件档案资料的特征。
（4）掌握工程文件档案资料的分类。
（5）熟悉工程文件档案资料的编号。
（6）了解工程文件档案资料的载体。

第2章 建设单位工程文件档案资料

2.1 建设单位工程文件资料形成

（1）熟悉建设单位工程文件资料的形成步骤。
（2）了解每步骤形成文件。

2.2 建设单位工程文件资料组卷与归档

(1) 了解建设单位工程文件资料的提供单位。
(2) 熟悉建设单位工程文件资料的保存单位。
(3) 掌握建设单位工程文件资料的组卷内容。
(4) 掌握建设单位工程文件资料的归档移交目录。

2.3 建设单位工程文件资料管理

(1) 熟悉建设单位工程文件资料中各文件资料编制、收集、整理单位。
(2) 了解建设单位工程文件资料中各文件资料内容。

第3章 监理工程文件档案资料

3.1 监理工程文件资料形成

(1) 熟悉监理工程文件资料的形成步骤。
(2) 了解每步骤形成文件。

3.2 监理工程文件档案资料组卷与归档

(1) 了解监理工程文件资料的提供单位。
(2) 熟悉监理工程文件资料的保存单位。
(3) 掌握监理工程文件资料的组卷内容。
(4) 掌握监理工程文件资料的归档移交目录。

3.3 监理工程文件资料管理

(1) 熟悉建设单位工程文件资料中各文件资料编制、收集、整理单位。
(2) 了解建设单位工程文件资料中各文件资料内容。
(3) 了解监理单位用的表格。

第4章 房屋建筑工程施工文件档案资料

4.1 房屋建筑工程施工文件资料的形成

熟悉施工文件资料的形成步骤。

4.2 土建施工文件档案资料

(1) 了解土建部分施工文件资料的提供单位。
(2) 熟悉土建部分施工文件资料的保存单位。
(3) 掌握土建部分施工文件资料的组卷内容和归档移交目录。

(4) 熟悉原材料进场验收。
(5) 熟悉施工试验（见证检测）。
(6) 熟悉隐蔽工程验收。
(7) 熟悉安全和功能检测。
(8) 熟悉分部工程验收。

4.3 桩基部分施工文件档案资料

(1) 了解桩基部分施工文件资料的提供单位。
(2) 熟悉桩基部分施工文件资料的保存单位。
(3) 掌握桩基部分施工文件资料的组卷内容和归档移交目录。
(4) 熟悉原材料进场验收。
(5) 熟悉施工试验（见证检测）。
(6) 熟悉隐蔽工程验收。
(7) 熟悉安全和功能检测。
(8) 熟悉分部工程验收。

4.4 钢结构部分施工文件档案资料

(1) 了解钢结构部分施工文件资料的提供单位。
(2) 熟悉钢结构部分施工文件资料的保存单位。
(3) 掌握钢结构部分施工文件资料的组卷和归档移交目录。
(4) 熟悉原材料进场验收。
(5) 熟悉施工试验（见证检测）。
(6) 熟悉隐蔽工程验收。
(7) 熟悉安全和功能检测。
(8) 熟悉分部工程验收。

4.5 幕墙部分施工文件档案资料

(1) 了解幕墙部分施工文件资料的提供单位。
(2) 熟悉幕墙部分施工文件资料的保存单位。
(3) 掌握幕墙部分施工文件资料的组卷和归档移交目录。
(4) 熟悉原材料进场验收。
(5) 熟悉施工试验（见证检测）。
(6) 熟悉隐蔽工程验收。
(7) 熟悉安全和功能检测。
(8) 熟悉分部工程验收。

4.6 建筑给水排水及采暖部分施工文件档案资料

(1) 了解建筑给水排水及采暖部分施工文件资料的提供单位。
(2) 熟悉建筑给水排水及采暖部分施工文件资料的保存单位。

(3) 掌握建筑给水排水及采暖部分施工文件资料的组卷内容和归档移交目录。
(4) 熟悉施工试验（见证检测）。
(5) 熟悉原材料进场验收。
(6) 熟悉施工试验（见证检测）。
(7) 熟悉隐蔽工程验收。
(8) 熟悉安全和功能检测。
(9) 熟悉分部工程验收。

4.7 建筑电气部分施工文件档案资料

(1) 了解建筑电气部分施工文件资料的提供单位。
(2) 熟悉建筑电气部分施工文件资料的保存单位。
(3) 掌握建筑电气部分施工文件资料的组卷和归档移交目录。
(4) 熟悉原材料进场验收。
(5) 熟悉施工试验（见证检测）。
(6) 熟悉隐蔽工程验收。
(7) 熟悉安全和功能检测。
(8) 熟悉分部工程验收。

4.8 智能建筑工程文件档案资料

(1) 了解智能建筑部分施工文件资料的提供单位。
(2) 熟悉智能建筑部分施工文件资料的保存单位。
(3) 掌握智能建筑部分施工文件资料的组卷和归档移交目录。
(4) 熟悉原材料进场验收。
(5) 熟悉施工试验（见证检测）。
(6) 熟悉隐蔽工程验收。
(7) 熟悉安全和功能检测。
(8) 熟悉分部工程验收。

4.9 通风与空调工程文件档案资料

(1) 了解通风与空调部分施工文件资料的提供单位。
(2) 熟悉通风与空调部分施工文件资料的保存单位。
(3) 掌握通风与空调部分施工文件资料的组卷和归档移交目录。
(4) 熟悉原材料进场验收。
(5) 熟悉施工试验（见证检测）。
(6) 熟悉隐蔽工程验收。
(7) 熟悉安全和功能检测。
(8) 熟悉分部工程验收。

4.10 建筑节能分部工程施工文件档案资料

(1) 了解建筑节能部分施工文件资料的提供单位。
(2) 熟悉建筑节能部分施工文件资料的保存单位。
(3) 掌握建筑节能部分施工文件资料的组卷和归档移交目录。
(4) 熟悉原材料进场验收。
(5) 熟悉施工试验（见证检测）。
(6) 熟悉隐蔽工程验收。
(7) 熟悉安全和功能检测。
(8) 熟悉分部工程验收。

4.11 电梯分部工程施工文件档案资料

(1) 了解电梯施工文件资料的提供单位。
(2) 熟悉电梯部分施工文件资料的保存单位。
(3) 掌握电梯部分施工文件资料的组卷和归档移交目录。
(4) 熟悉原材料进场验收。
(5) 熟悉施工试验（见证检测）。
(6) 熟悉隐蔽工程验收。
(7) 熟悉安全和功能检测。
(8) 熟悉分部工程验收。

4.12 竣工验收资料、竣工图管理

(1) 了解竣工验收资料、竣工图的提供单位。
(2) 熟悉竣工验收资料、竣工图的保存单位。
(3) 掌握竣工验收资料、竣工图的组卷和归档移交目录。
(4) 掌握竣工图的编制、绘制、审核和折叠方法。

第5章 市政基础设施施工文件档案资料

5.1 市政基础设施工程施工质量控制与验收

(1) 了解市政基础设施工程施工质量控制。
(2) 熟悉城镇道路工程单位（子单位）工程、分部（子分部）工程、分项工程和验收批的划分。
(3) 掌握城镇道路工程单位（子单位）工程、分部（子分部）工程、分项工程和验收批质量合格的标准。
(4) 熟悉市政管道工程单位（子单位）工程、分部（子分部）工程、分项工程和验收批的划分。
(5) 掌握市政管道工程单位（子单位）工程、分部（子分部）工程、分项工程和验收

批质量合格的标准。

（6）熟悉市政桥梁工程单位（子单位）工程、分部（子分部）工程、分项工程和验收批的划分。

（7）掌握市政桥梁工程单位（子单位）工程、分部（子分部）工程、分项工程和验收批质量合格的标准。

5.2　市政基础设施工程施工文件资料管理

掌握市政基础设施工程施工文件资料管理要求。

5.3　市政基础设施工程文件档案来源、组卷和归档目录

（1）了解市政道路工程施工文件资料的提供单位。
（2）熟悉市政道路工程施工文件资料的保存单位。
（3）掌握市政道路工程施工文件资料的组卷内容和移交目录。
（4）了解市政管道工程施工文件资料的提供单位。
（5）熟悉市政管道工程施工文件资料的保存单位。
（6）掌握市政管道工程施工文件资料的组卷内容和移交目录。
（7）了解市政桥梁工程施工文件资料的提供单位。
（8）熟悉市政桥梁工程施工文件资料的保存单位。
（9）掌握市政桥梁工程施工文件资料的组卷内容和移交目录。

第6章　施工文件档案资料管理

6.1　施工文件档案资料管理职责

（1）熟悉建设、勘察设计、监理、检测、城建档案馆等单位工程文件档案资料管理职责。
（2）掌握施工单位工程文件档案资料管理职责。

6.2　施工文件资料管理计划

（1）了解施工文件资料管理计划特点。
（2）熟悉施工文件资料管理计划编制依据。
（3）熟悉施工文件资料管理计划内容。
（4）掌握施工单位资料员管理职责。
（5）熟悉施工单位相关人员职责。

6.3　施工文件资料交底

掌握施工文件资料交底内容。

6.4 施工文件资料形成、收集

(1) 掌握工程文件资料形成要求。
(2) 掌握工程文件资料收集方法。
(3) 掌握工程文件资料收文、传阅、发文登记方法。
(4) 掌握工程文件资料分类整理、保证方法。
(5) 掌握工程文件资料借阅、更改方法。

6.5 施工文件档案资料的安全管理

(1) 掌握施工文件档案资料的信息安全管理。
(2) 掌握施工文件档案资料的载体安全管理。
(3) 熟悉施工文件档案资料管理检查。

6.6 施工文件档案资料组卷

(1) 掌握工程档案资料组卷原则。
(2) 掌握工程档案资料组卷方法。
(3) 掌握卷内文件的排列顺序。
(4) 掌握案卷编目。
(5) 掌握案卷斗装订方法。

6.7 工程档案资料的归档、验收与移交

(1) 掌握工程档案资料归档时间和归档要求。
(2) 熟悉工程档案资料验收流程和验收要求。
(3) 了解工程档案资料移交时间和要求。

6.8 建筑业统计的基本知识

(1) 掌握建筑业统计报告制度。
(2) 掌握施工企业项目部统计工作。
(3) 熟悉建筑业统计基础知识。
(4) 熟悉建筑业企业统计工作。
(5) 了解主要统计指标。

第7章 计算机与资料管理软件

7.1 计算机系统

(1) 掌握计算机基本组成及功能的基本知识。
(2) 了解计算机软件知识。

7.2 计算机文字处理软件

熟悉 Word、Excel 的基本操作及应用。

7.3 江苏省工程档案资料管理系统

(1) 熟悉网站操作及客户操作。
(2) 了解系统简介及资料包介绍。

第8章 法律与法规

8.1 中华人民共和国建筑法

(1) 掌握建筑工程质量与安全管理强制性要求。
(2) 了解建筑工程施工质量与安全管理全过程及管理方法。

8.2 中华人民共和国安全生产法

(1) 掌握建筑工程安全管理强制性要求。
(2) 了解建筑工程施工安全管理全过程及管理方法。

8.3 建设工程质量管理条例

(1) 掌握建筑工程质量管理强制性要求。
(2) 熟悉建筑工程施工质量管理全过程及管理方法。

8.4 建设工程安全生产管理条例

(1) 掌握建筑工程安全管理强制性要求。
(2) 了解建筑工程施工安全管理全过程及管理方法。

第9章 标准与规范

9.1 建设工程文件归档整理规范

(1) 掌握建筑工程文件归档整理规范要求。
(2) 熟悉建筑工程文件归档整理全过程、整理对象、整理主体、整理要求、整理程序。

9.2 建设电子文件与电子档案管理规范

(1) 掌握建设电子文件与电子档案的管理的基本规定、收集积累的要求、整理、鉴定与归档及建设工程电子档案的验收与移交。
(2) 熟悉建设电子文件与电子档案管理中的术语、收集积累的范围、检验及汇总及建设电子档案的脱机保管、有效存储及迁移。

（3）了解本规程的使用范围及电子文件的代码标识、格式与载体、收集积累的程序。

（4）了解建设系统业务管理电子档案的移交及办理移交手续和建设电子档案的利用、鉴定销毁及统计。

9.3 建筑工程资料管理规程

（1）掌握资料管理的基本规定、工程资料的组成和工程资料形成、类别、来源、保存及代号索引、监理资料的类别、施工资料的类别。

（2）熟悉资料管理中的术语、工程资料顺序号填写原则、监理表格的内容及填写、施工表格的内容及填写。

（3）了解本规程的适用范围、工程资料的作用、监理资料相关基础知识。

9.4 建筑工程施工质量验收统一标准

（1）掌握建筑工程施工质量验收规范要求。

（2）了解建筑工程施工质量验全过程、验收组织、验收程序、验收标准、验收问题处理。

9.5 建设工程监理规范

（1）了解监理人员有关资料管理的职责。

（2）熟悉监理文件资料的内容及归档。

二、习 题

第1章 施工文件档案资料相关概念

1.1 建设工程项目与建设程序

一、单项选择题
1. 具备独立施工条件并能形成独立使用功能的建筑物及构筑物为一个（ ）工程。
   A. 单位　　　　B. 分部　　　　C. 分项　　　　D. 检验批
2. 按专业性质、建筑部位确定的是（ ）工程。
   A. 单位　　　　B. 分部　　　　C. 分项　　　　D. 检验批
3. 按主要工种、材料、施工工艺、设备类别等进行划分的是（ ）工程。
   A. 单位　　　　B. 分部　　　　C. 分项　　　　D. 检验批
4. 地下防水混凝土属于（ ）分部。
   A. 地基与基础　　B. 主体结构　　C. 装饰装修　　D. 建筑屋面
5. 综合布线系统属于（ ）分部。
   A. 给水排水及采暖　　　　　　B. 建筑电气
   C. 智能建筑　　　　　　　　　D. 通风与空调
6. 卫生器具安装属于（ ）分部。
   A. 给水排水及采暖　　　　　　B. 建筑电气
   C. 智能建筑　　　　　　　　　D. 通风与空调
7. 批准后的（ ）是建设项目最终决策文件，其一经审查通过，拟建的建设项目便正式获准立项。
   A. 项目建设书　　　　　　　　B. 可行性研究报告
   C. 选址意见书　　　　　　　　D. 施工许可证

二、多项选择题
1. 检验批可根据施工及质量控制和专业验收需要按（ ）等进行划分。
   A. 房屋　　　　B. 楼层　　　　C. 施工段
   D. 变形缝　　　E. 作业班组
2. 当分部工程较大或较复杂时，可按（ ）及类别等划分为若干子分部工程。
   A. 部位　　　　B. 材料种类　　C. 施工特点
   D. 施工程序　　E. 专业系统
3. 分项工程应按主要（ ）设备类别等进行划分。
   A. 部位　　　　B. 工种　　　　C. 施工段

D. 材料　　　　　E. 施工工艺

4. 以下属于装饰装修分部的是（　　）。

A. 木结构　　　B. 木门　　　　C. 木窗

D. 吊顶　　　　E. 瓦屋面

5. 屋面中防水与密封子分部可以划分为（　　）等分项。

A. 保温层　　　B. 找平层　　　C. 卷材防水屋

D. 涂膜防水层　E. 细部构造

6. 房屋建筑设备安装可划分（　　）和通风与空调等分部。

A. 土建　　　　　　　　　B. 给水排水及采暖

C. 电梯　　　　　　　　　D. 建筑电气

E. 智能建筑

7. 工程立项阶段的工作包括（　　）。

A. 项目建议书审批　　　　B. 选址意见书

C. 可行性研究报告审批　　D. 建设用地规划许可证

E. 建设用地批准文件

三、判断题（正确的写 A，错误的写 B）

1. 分部工程应按主要工种、材料、施工工艺、设备类别等进行划分。（　　）
2. 有线电视系统属于建筑电气分部工程。（　　）
3. 选址意见书是建设单位向土地管理部门申请划拨、出让土地前，经城市规划行政主管部门确认建设项目位置、面积和允许建设的范围符合城市规划的文件。（　　）

1.2　建筑工程施工质量验收

一、单项选择题

1. 对安全、节能、环境保护和主要使用功能起决定作用的检验项目是（　　）。

A. 主要项目　　B. 主控项目　　C. 次要项目　　D. 一般项目

2. 检验批质量验收记录表中的"施工依据"项应填的是（　　）等。

A. 强制性条文　　　　　　B. 国家强制性标准

C. 国家推荐性标准　　　　D. 技术标准

3. 检验批质量验收记录由（　　）检查填写。

A. 施工单位技术负责人　　B. 施工单位质量检查员

C. 总监理工程师　　　　　D. 监理工程师

4. 检验批质量验收记录表中的"主控项目"、"一般项目"施工单位自检时，对定性项目可根据实际情况填写（　　）。

A. 检查获得的数据

B. 试件编号待试件试验报告出来后对检验批进行判定

C. "优良"

D. "符合要求"或"抽样检验合格"等

5. 分项工程质量验收由（　　）组织。

A. 总监理工程师　　　　　B. 监理工程师

C. 施工单位项目技术负责人　　　　D. 质检员

6. 分项工程质量验收记录表的"施工单位检查结果"由（　　）填写。

A. 项目专业工长　　　　　　　　B. 项目专业质检员

C. 项目专业技术负责人　　　　　D. 项目经理

7. 分部工程质量验收由（　　）组织。

A. 总监理工程师　　　　　　　　B. 监理工程师

C. 施工单位项目技术负责人　　　D. 质检员

8. 分部工程质量验收记录表的"施工单位检查结果"栏，施工单位自检合格填写（　　）。

A. 好　　　　　　　　　　　　　B. 完整符合要求

C. 符合要求　　　　　　　　　　D. 合格

9. 分部工程质量验收记录表的"质量控制资料"项内，总监理工程师验收符合要求后在"监理单位验收结论"栏填写（　　）。

A. 好　　　　　　　　　　　　　B. 完整并符合要求

C. 符合要求　　　　　　　　　　D. 同意验收

10. 工程质量评估报告由（　　）编写并提供。

A. 质量监督站　　B. 建设单位　　C. 监理单位　　D. 勘察、设计单位

11. 单位工程质量竣工验收记录的"分部工程验收"项的"验收记录"由（　　）填写。

A. 监理单位　　B. 施工单位　　C. 设计单位　　D. 质量监督站

12. 单位工程质量竣工验收记录的"综合验收结论"部分由（　　）填写。

A. 监理单位　　B. 施工单位　　C. 设计单位　　D. 质量监督站

13. 单位工程质量竣工验收记录的"质量控制资料核查"由（　　）在"验收结论"栏里填写结论。

A. 施工单位项目技术负责人　　　B. 总监理工程师

C. 设计单位总设计师　　　　　　D. 质量监督站技术负责人

14. 单位工程质量竣工验收记录的"安全和功能核查及能抽查结果"是由（　　）填写"验收记录"。

A. 施工单位　　B. 监理单位　　C. 质量监督站　　D. 设计单位

15. 单位工程质量竣工验收记录的"安全和功能核查及抽查结果"是由（　　）"验收结论"填写。

A. 施工单位项目技术负责人　　　B. 总监理工程师

C. 设计单位总设计师　　　　　　D. 质量监督站技术负责人

16. 工程质量观感检查是（　　）进行的一项重要检查。

A. 工程竣工后　　B. 工程竣工前　　C. 交付使用前　　D. 交付使用后

17. 单位工程质量竣工验收记录的"观感质量验收中的"验收结论"是由（　　）填写。

A. 施工单位　　　　　　　　　　B. 监理单位总监理工程师

C. 设计单位技术负责人　　　　　D. 质量监督站

二、多项选择题

1. 检验批合格质量条件是（　　）。

A. 主控项目和一般项目的质量经抽样检验合格

B. 分部工程所含的检验批均应符合合格质量的规定

C. 分项工程所含的检验批的质量验收记录应完整

D. 具有完整的施工操作依据、质量检查记录

E. 观感质量验收应符合要求

2. 分部工程质量合格条件是（　　）

A. 分部（子分部）工程所含分项工程的质量均应验收合格

B. 一般项目全部合格

C. 质量控制资料应完整

D. 地基与基础、主体结构和设备安装等分部工程有关安全及功能的检验和抽样检测结果应符合有关规定

E. 观感质量验收应符合要求

3. 下列关单位（子单位）工程质量验收合格规定描述正确的是（　　）。

A. 单位（子单位）工程所含分部（子分部）工程的质量均应验收合格

B. 质量控制资料基本完成完整

C. 单位（子单位）工程所含分部工程有关安全和功能的检测资料应完整

D. 主要功能项目的抽查结果应符合相关专业质量验收规范的规定

E. 观感质量验收应为好

4. 检验批质量验收记录表中"主控项目、一般项目"项的"检查记录"填写方法有（　　）几种情况。

A. 对有数量可填的项目，直接填写检查获得的数据

B. 对有数量可填的项目，直接填写检查结论

C. 对定性项目，可根据实际情况填写"符合要求"或"抽样检验合格"等

D. 对定性项目，可根据实际情况填写"好"或"一般"等

E. 有混凝土、砂浆强度等级的检验批，可填写试件编号，待试件试验报告出来后，对检验批进行判定。

5. 下列选项中，属于单位工程安全和功能检查资料核查及主要功能抽查记录的建筑与结构项目是（　　）。

A. 屋面淋水（或蓄水）试验记录

B. 地下室渗漏水检测记录检查记录

C. 有防水要求的地面蓄水试验记录

D. 照明全负荷试验记录

E. 电梯运行记录

6. 单位工程观感质量评价分为（　　）

A. 优良　　　　B. 好　　　　C. 一般

D. 合格　　　　E. 差

7. 建设单位组织单位工程竣工验收形成（　　）等资料。

A. 数字化档案确认书　　　　B. 工程竣工验收报告

C. 工程质量评估报告　　　　D. 单位（子单位）工程质量验收记录

E. 工程施工档案资料移交书

三、判断题（正确的写 A，错误的写 B）

1. 单位工程质量控制资料核查记录由施工单位项目负责人在"结论"栏里签字。
（   ）
2. 单位工程安全和功能的检测，应在分部工程验收时进行。（   ）
3. 单位工程分部验收时做过安全和功能检测项目，竣工验收时应重复检测。（   ）
4. 工程质量评估报告由质量监督站编写并提供。（   ）
5. 进行观感质量检查时，对某个检查点质量为"一般"时，施工单位在观感质量现场检查原始记录表中"抽查质量状况"栏内打"〇"表示。（   ）

1.3 工程文件档案资料

一、单项选择题

1. 土建部分施工文件资料属于（   ）。
   A. 建设单位工程文件档案资料
   B. 监理文件档案资料
   C. 房屋建筑工程施工文件档案资料
   D. 市政基础设施工程施工文件档案资料
2. 工程竣工验收及备案资料属于（   ）。
   A. 建设单位工程文件资料　　　　B. 监理文件资料
   C. 房屋建筑工程施工文件资料　　D. 市政基础设施工程施工文件资料
3. 钢结构分部工程施工文件档案资料用字母（   ）表示。
   A. TZ 表示　　　B. ZJ 表示　　　C. GJ 表示　　　D. MQ 表示
4. 工程质量监督手续是在（   ）形成。
   A. 可行性研究立项阶段　　　　　B. 施工招标阶段
   C. 办理开工手续阶段　　　　　　D. 施工单位进场及施工准备阶段

二、多项选择题

1. 工程文件档案资料的特征是（   ）。
   A. 随机性　　　B. 简单性　　　C. 独立性
   D. 全面性　　　E. 真实性
2. 工程文件档案资料的载体可能是（   ）。
   A. 文字　　　　B. 语言　　　　C. 图像
   D. 纸质　　　　E. 光盘
3. 《房屋建筑与市政基础设施工程档案资料管理规范》（DGJ 32/TJ 143—2012）将工程文件档案资料分为（   ）。
   A. 基本建设工程文件档案资料　　B. 建设单位工程文件资料
   C. 建设文件资料　　　　　　　　D. 监理文件资料
   E. 施工文件资料
4. 建设单位工程文件资料分为（   ）等。
   A. 决策立项文件　　　　　　　　B. 勘察设计文件

C. 进度控制资料　　　　　　　　D. 质量控制资料

E. 工程竣工验收及备案文件

5. 监理文件资料包括分为（　　）等。

A. 勘察设计文件　　　　　　　　B. 质量控制资料

C. 造价控制资料　　　　　　　　D. 合同管理资料

E. 工程竣工验收及备案文件

三、判断题（正确的写 A，错误的写 B)

1. 工程文件资料记载和反映了工程项目建设活动的全部内容和信息，是工程档案资料的前提和基础。　　　　　　　　　　　　　　　　　　　　　　　　　　　　（　　）

2. 工程文件资料是为工程建设活动的，而工程档案资料是为工程项目运行、维护和改建服务的。　　　　　　　　　　　　　　　　　　　　　　　　　　　　　（　　）

3. DGJ 32/TJ 143—2012 将监理文件资料分为：监理管理资料、进度控制资料、质量控制资料、造价控制资料、合同管理资料和竣工验收文件资料 6 类。（　　）

4. DGJ 32/TJ 143—2012 将建设单位工程文件资料分为：决策立项文件、建设用地文件、勘察设计文件、工程招标投标文件及其他承包合同文件、工程开工文件、商务文件、工程竣工验收及备案文件、其他文件 8 类。　　　　　　　　　　　（　　）

四、计算题或案例分析题

1. 某施工单位和监理单位在进行钢筋分项工程（原材料、钢筋加工）检验批质量验收时，需填写《分项工程（原材料、钢筋加工）检验批质量验收记录》TJ4.4.2.1，如下表所示。

钢筋分项工程（原材料、钢筋加工）检验批质量验收记录　　TJ4.4.2.1

单位(子单位)工程名称			分部(子分部)工程名称		分项工程名称	
施工单位			项目负责人		检验批容量	
分包单位			分包单位项目负责人		检验批部位	
施工依据				验收依据		
		验收项目	设计要求及规范规定	最小/实际抽样数量	检查记录	检查结果
主控项目	1	钢筋的力学性能检查				
	2	有抗震设防要求的框架结构，纵向受力钢筋强度				
	3	钢筋的化学成分检验或其他专项检验				
一般项目	1	钢筋表面				
施工单位检查结果				专业工长项目专业质量检查员　　年　月　日		
监理单位检查结果				专业监理工程师　　年　月　日		

（1）钢筋分项工程（原材料、钢筋加工）检验批质量验收由（　　）组织（　　）参加验收。（多选题）

A. 建设单位技术负责人　　　　　B. 总监理工程师
C. 监理工程师　　　　　　　　　D. 施工单位项目技术负责人
E. 施工单位质检员

（2）钢筋分项工程（原材料、钢筋加工）检验批质量验收记录表由（　　）填写。（单选题）

A. 总监理工程师　　　　　　　　B. 监理工程师
C. 施工单位项目技术负责人　　　D. 项目专业质检员

（3）施工依据栏应填写（　　）。（多选题）

A. 国家验收规范　　　　　　　　B. 工法
C. 工艺标准　　　　　　　　　　D. 操作规程
E. 技术标准

（4）主控项目、一般项目是根据（　　）摘录。（单选题）

A. 国家验收规范　　　　　　　　B. 工法
C. 工艺标准　　　　　　　　　　D. 操作规程

（5）"施工单位检查结果"填写，以"检查记录"栏内相关记录数据为依据，做出质量评定，结论为（　　）。（多选题）

A. 优质　　　　B. 优良　　　　C. 符合要求
D. 合格　　　　E. 不合格

2. 某施工单位承接四层框架结构教学楼工程，在完成了梁的钢筋绑扎后，提请监理单位进行质量验收。

（1）分项工程检验批质量验收，在施工单位自检合格的基础上，由（　　）组织施工单位质检员进行检查验收。（单选题）

A. 总监理工程师　　　　　　　　B. 监理工程师
C. 施工单位项目经理　　　　　　D. 施工单位项目技术负责人

（2）钢筋分项工程（钢筋连接、钢筋安装）检验批质量验收记录中"施工依据"应填写（　　）。（多选题）

A. 国家验收规范　　　　　　　　B. 工法
C. 工艺标准　　　　　　　　　　D. 操作规程
E. 技术标准

（3）钢筋分项工程（钢筋连接、钢筋安装）检验批质量验收记录中施工单位、监理单位检查结果由（　　）签字盖章。（多选题）

A. 专业工长
B. 建设单位项目专业技术负责人
C. 总监理工程师
D. 专业监理工程师
E. 项目专业质量检查员

（4）钢筋分项工程（钢筋连接、钢筋安装）检验批质量验收记录中检查记录由（　　）

填写。(单选题)

A. 施工单位项目经理　　　　　B. 施工单位项目技术负责人
C. 施工员　　　　　　　　　　D. 项目专业质检员

(5) 下列分项工程质量检验批验收记录的形成符合规定的是（　　）。(多选题)

A. 从"工程档案资料管理系统"中下载相关分项工程的"分项工程质量检验批验收记录"空白表格

B. 对主控项目进行检查，记录其真实情况：检测报告、证书或文件编号及结论，工程实体的实测实量和检查情况

C. 该份记录作为施工单位的工程档案资料原件，同时作为输入"工程档案资料管理系统"的原始记录

D. "工程档案资料管理系统"根据输入的信息自动对分项工程检验批、分项工程、分部（子分部）工程、单位工程进行评价

E. 检验批评定时，将评价结果记录到"分项工程质量检验批验收记录"原始记录表中，签字、盖"质量检查员"印章，报监理人员签字。输入到"工程档案资料管理系统"的"分项工程质量检验批验收记录"使用电子扫描签名，监理工程师在"工程档案资料管理系统"中签名确认

3. 某教学楼完工后，在监理单位预验收合格情况下，由建设单位组织设计、监理和施工等单位参加工程竣工验收。

(1) 单位（子）单位工程质量竣工验收前需完成的工作有（　　）。(多选题)

A. 监理单位组织竣工预验收　　　B. 列入城档案馆接收工程的工程档案验收
C. 提交质量评做报告　　　　　　D. 提交工程竣工报告
E. 工程竣工备案

(2) 单位（子单位）工程质量竣工验收记录验收项目有（　　）。(多选题)

A. 分项工程　　　　　　　　　　B. 分部工程
C. 质量控制资料核查　　　　　　D. 安全和主要使用功能核查及抽查结果
E. 观感质量验收

(3) 单位（子单位）工程质量竣工验收记录表中分部工程项的填写，首先由施工单位的项目经理组织有关人员逐个分部（子分部）进行检查，所含分部（子分部）工程检查符合要求后，由项目经理提交验收。经验收组成员验收后，由（　　）填写"验收结论"栏。(单选题)

A. 建设单位　　B. 监理单位　　C. 施工单位　　D. 质量监督站

(4) 观感质量验收以总监理工程师或建设单位项目负责人为主导，综合各方意见，得出观感质量的综合评价，结论为（　　）。(多选题)

A. 合格　　　B. 不合格　　C. 好
D. 一般　　　E. 差

(5) 单位（子单位）工程质量验收合格条件正确的是（　　）。(多选题)

A. 单位（子单位）工程所含分部（子分部）工程的质量均应验收合格
B. 质量控制资料应完整
C. 单位（子单位）工程所含分部工程有关安全和功能的检测资料基本完整

D. 主要功能项目的抽查结果应符合相关专业质量验收规范的规定
E. 观感质量验收应符合要求

第2章 建设单位工程文件档案资料

2.1 建设单位工程文件资料形成

一、单项选择题

1.《消防设计审核意见》、《人防施工图审查合格证》和《施工图设计文件审查合格证》等是在（　　）时形成。
A. 项目申请　　　　　　　　B. 可行性研究立项
C. 施工图报审　　　　　　　D. 办理开工手续

2.《工程质量监督手续》、《安全监督手续》和《建设工程施工许可证》是在（　　）时形成。
A. 项目申请　　　　　　　　B. 可行性研究立项
C. 施工图报审　　　　　　　D. 办理开工手续

二、多项选择题

1. 施工图报审形成（　　）文件。
A.《建设用地规划许可证》　　B.《建设工程规划许可证》
C.《消防设计审核意见》　　　D.《人防施工图审查合格证》
E.《施工图设计文件审查合格证》

2. 工程质量竣工验收形成（　　）文件。
A.《工程质量竣工验收报告》　B.《工程质量检查报告》
C.《工程质量评估报告》　　　D.《单位工程质量竣工验收记录》
E.《工程质量保修书》

三、判断题（正确的写A，错误的写B）

1. 施工中形成工程质量检验评定资料。　　　　　　　　　　　　（　　）
2. 工程质量竣工验收形成工程竣工报告。　　　　　　　　　　　（　　）

2.2 建设单位工程文件资料组卷与归档

一、单项选择题

1. 下列属于决策立项文件的是（　　）。
A. 征占用地批准文件　　　　B. 项目建设书
C. 规划设计方案审定意见　　D. 初步设计

2. 建设工程规划许可证属于（　　）。
A. 工程开工文件　　　　　　B. 竣工验收及备案文件
C. 商务文件　　　　　　　　D. 建设用地文件

3. 工程设计概算属于（　　）。
A. 决策立项文件　　　　　　B. 商务文件

101

C. 勘察、测绘、设计文件　　　　D. 工程开工文件
4. 下列文件中属于城建档案馆归档的是（　　）。
A. 勘察招标书　　　　　　　　　B. 设计投标书
C. 施工投标书　　　　　　　　　D. 监理中标书
5. 下列文件中属于城建档案馆归档的是（　　）。
A. 施工图预算　　　　　　　　　B. 施工预算
C. 施工结、决算　　　　　　　　D. 交付使用固定资产清单

二、多项选择题
1. 工程竣工验收及备案文件中仅需建设单位存档，不需城建档案馆归档的是（　　）。
A. 建设工程概况　　　　　　　　B. 建设工程竣工档案预验收意见
C. 工程竣工验收报告　　　　　　D. 住宅质量保证书
E. 工程竣工总结
2. 属于工程开工文件的是（　　）。
A. 建设用地规划许可证　　　　　B. 建设工程规划许可证
C. 建设工程施工许可证　　　　　D. 验线合格文件
E. 工程质量监督手续
3. 属于工程竣工验收及备案文件的是（　　）。
A. 工程竣工总结　　　　　　　　B. 单位（子单位）工程质量验收记录
C. 工程竣工验收报告　　　　　　D. 建设工程档案预验收意见
E. 工程开工、施工、竣工的录音录像资料
4. 属于决策立项文件的是（　　）。
A. 规范选址意见书　　　　　　　B. 项目建议书
C. 建设用地规划许可证　　　　　D. 可行性研究报告
E. 项目建议书批复文件
5. 下列属于征占用地文件的是（　　）。
A. 验线合格文件　　　　　　　　B. 建设规划许可证
C. 建设用地规划许可证　　　　　D. 建设施工许可证
E. 土地使用证

三、判断题（正确的写 A，错误的写 B）
1. 建设用地规划许可证属于开工文件。　　　　　　　　　　　　　　　　　（　　）
2. 建设工程竣工验收备案表属于其他文件。　　　　　　　　　　　　　　　（　　）

2.3　建设单位工程文件资料管理

一、单项选择题
1. 下列工程文件档案资料中由编制单位提供的是（　　）。
A. 项目建议书　　　　　　　　　B. 项目建设书批复
C. 项目评估研究资料　　　　　　D. 工程地质勘察报告
2. 建设用地规划许可证、许可证附件及附图是（　　）到国土资源部门办理，由国土资源部门提供，建设单位负责收集、整理。

A. 建设单位　　　B. 监理单位　　　C. 施工单位　　　D. 咨询单位

3. 验线合格文件由（　　）进行验线审查后形成的文件，建设单位负责收集、整理。
A. 主管部门　　　　　　　　B. 建设行政主管部门
C. 规划部门　　　　　　　　D. 土地部门

4. 建筑用地控制点通知单由（　　）负责提供，建设单位负责收集、整理。
A. 主管部门　　　　　　　　B. 建设行政主管部门
C. 规划部门　　　　　　　　D. 土地部门

5. 建设单位在开工前应当向工程所在地的县级以上人民政府（　　）领取施工许可证。
A. 主管部门　　　　　　　　B. 建设行政主管部门
C. 规划部门　　　　　　　　D. 土地部门

6. 凡新建、改建、扩建的建设工程，在工程项目施工招标投标工作完成后，（　　）申领施工许可证之前应携有关资料到所在地建设工程质量监督机构办理工程质量监督登记手续，填写工程质量监督申报表。
A. 建设单位　　　B. 监理单位　　　C. 施工单位　　　D. 咨询单位

7. 施工预算由（　　）编制。
A. 建设单位　　　B. 监理单位　　　C. 施工单位　　　D. 检测单位

8. （　　）单位在工程竣工验收之日起 5 日内，向备案机关提交工程质量监督报告。
A. 建设单位　　　B. 监理单位　　　C. 施工单位　　　D. 质量监督站

二、多项选择题

1. 建设工程竣工备案应提交的资料有（　　）等。
A. 工程竣工验收备案表　　　B. 工程竣工验收报告
C. 工程质量评估报告　　　　D. 施工单位签署的工程质量保修书
E. 住宅质量保证书和住宅使用说明书

2. 工程竣工总结的主要内容有（　　）等
A. 概述（立项的依据和建设目的、工程概况、招投标情况）
B. 设计、施工情况（设计情况简介、开工竣工时间、施工情况简介、质量事故及处理情况等）
C. 工程质量及经验教训
D. 工程安全及经验教训
E. 其他需要说明情况等

三、判断题（正确的写 A，错误的写 B)

1. 建设单位在办理建设工程规划许可证、村镇工程建设许可证（除农民个人建房）或施工许可证前，向建设工程项目所在地城建档案机构登记，并签订责任书。　　（　　）

2. 施工图审查合格证书是由质量监督站对设计的施工图进行审查，合格后发给的合格证书。　　（　　）

3. 住宅工程质量通病控制已经专项验收是建设工程竣工验收应具备的条件之一。
　　　　　　　　　　　　　　　　　　　　　　　　　　　　　　　　　（　　）

4. 工程竣工验收合格后，建设单位应当在 3 日内向工程质量监督机构提交工程竣工

验收报告（A7.8）和竣工验收证明书。   （   ）

5. 建设单位在指定的期限内（工程竣工验收合格之日起 15 日内），将与工程有关的文件资料送交备案部门查验的过程。   （   ）

四、计算题或案例分析题

1. 某学校拟在校园内兴建一幢三层钢筋混凝土框架结构教学楼，采用柱下条形钢筋混凝土基，在施工准备阶段进行了下列工作。

（1）在工程准备阶段收集了以下工程文件资料：①建设工程施工许可证；②建设工程规划许可证；③可行性研究报告；④建设用地规划许可证；⑤项目建议书等。上述工程文件资料产生先后次序排列正确的是（   ）。（单选题）

A. ⑤④③②①　　　B. ⑤③④②①　　　C. ⑤③④①②　　　D. ③②⑤④①

（2）下述工程文件资料中由建设行政主管部门提供的是（   ）。（单选题）

A. 建设工程施工许可证　　　　　B. 建设工程规划许可证
C. 建设用地规划许可证　　　　　D. 规划选址意见书

（3）下列工程文件资料中属于建设单位工程文件资料中的开工文件类的是（   ）。（多选题）

A. 建设工程施工许可证　　　　　B. 建设工程规划许可证
C. 施工图审查合格证书　　　　　D. 建设用地规划许可证
E. 工程质量监督手续

（4）可行性研究报告内容为（   ）。（多选题）

A. 企业基本情况、项目产品市场调查和预测
B. 项目实施目标
C. 投资估算和资金筹措
D. 必要性分析、项目背景及投资环境情况
E. 综合经济效益分析和可行性分析结论

（5）建设单位办理建设工程质量监督手续登记时，应提交的资料有（   ）等。（多选题）

A. 建设工程施工许可证
B. 设计中标通知书
C. 施工、监理合同及其单位资质证书
D. 施工图设计文件审查意见
E. 建设工程规划许可证

第 3 章　监理工程文件档案资料

3.1　监理工程文件资料形成

一、单项选择题

1. 监理规划是在（   ）时形成。

A. 监理投标　　　　　　　　　B. 施工监理准备

C. 开工审批 D. 施工监理

2. 第一次工地会议纪要是在（　　）时形成。
A. 监理投标 B. 施工监理准备
C. 开工审批 D. 施工监理

3. 下列属于施工准备阶段形成的文件资料是（　　）。
A. 施工组织设计/方案报审表 B. 工程开工报审表
C. 工程进度计划报审表 D. 施工起重机械设备进场/使用报验单

4. 下列属于施工阶段监理质量控制形成文件资料是（　　）。
A. 施工组织设计/方案报审表 B. 工程开工报审表
C. 工程进度计划报审表 D. 施工起重机械设备进场/使用报验单

5. 下列属于施工阶段监理合同管理形成文件资料是（　　）。
A. 工程复工报审表 B. 工程开工报审表
C. 工程进度计划报审表 D. 施工起重机械设备进场/使用报验单

6. 下列属于施工阶段监理现场协调形成文件资料有（　　）。
A. 施工组织设计/方案报审表 B. 监理工程师备忘
C. 工程进度计划报审表 D. 施工起重机械设备进场/使用报验单

二、多项选择题

1. 施工监理阶段进行质量控制形成的资料有（　　）。
A. 监理工程师联系单
B. 监理工程师备忘录
C. 材料（构配件）设备进场使用报验单
D. 材料复验见证取样记录
E. 施工测量报验单

2. 施工监理阶段进行工程造价控制形成的资料有（　　）。
A. 工程计量报审表 B. 图纸会审记录、设计交底记录
C. 工程款支付申请表 D. 工程款支付证书
E. 监理工程师通知

3. 施工监理阶段进行合同管理形成的资料有（　　）。
A. 分包单位资质报审表 B. 工程暂停令
C. 工程费用索赔报审表 D. 监理工程师联系单
E. 延长工期报审表

三、判断题（正确的写 A，错误的写 B）

1. 监理单位组织工程预验收形成工程竣工验收报告。　　　　　　　　（　　）
2. 施工监理准备形成第一次工地会议纪要。　　　　　　　　　　　　（　　）

3.2 监理工程文件档案资料组卷与归档

一、单项选择题

1. 监理管理资料中归入城建档案馆归档的是（　　）。
A. 监理规划 B. 监理实施细则

C. 监理月报 D. 监理会议纪要

2. 监理质量控制资料中归入城建档案馆归档的是（　　）。

A. 施工组织设计/方案报审表

B. 工程变更单

C. 分部（子分部）工程质量验收记录

D. 住宅工程质量分户验收汇总表

3. 监理质量控制资料仅需监理归档，而不需城建档案馆归档的是（　　）。

A. 工程变更单

B. 单位（子单位）工程质量验收记录

C. 项目监理机构向有关主管部门质量安全通知单

D. 质量事故报告及处理意见

4. 工程开工报审表属于监理工程文件资料中的（　　）。

A. 监理管理资料 B. 监理质量控制资料

C. 监理进度控制资料 D. 监理造价控制资料

5. 见证取样台账属于监理工程文件资料中的（　　）。

A. 监理管理资料 B. 监理质量控制资料

C. 监理进度控制资料 D. 监理造价控制资料

6. 工程费用索赔报审表属于监理工程文件资料中的（　　）。

A. 监理合同管理资料 B. 监理质量控制资料

C. 监理进度控制资料 D. 监理造价控制资料

7. 单位工程/分部工程竣工报验单属于监理工程文件资料中的（　　）。

A. 监理管理资料 B. 监理质量控制资料

C. 监理进度控制资料 D. 竣工验收资料

二、多项选择题

1. 监理管理资料中需纳入城建档案馆归档的有（　　）。

A. 监理规划 B. 监理实施细则

C. 监理工程师通知单 D. 监理工程师联系单

E. 监理日记

2. 监理质量控制资料中需纳入城建档案馆归档的有（　　）。

A. 工程变更单

B. 见证取样台账

C. 旁站监理记录

D. 项目监理机构向有关主管部门质量安全通知单

E. 质量事故报告及处理意见

3. 下列属于监理管理资料的是（　　）。

A. 监理工程师通知单 B. 建设单位工程联系单

C. 承包单位通用报审表 D. 工程开工报审表

E. 工程计量报审表

三、判断题（正确的写 A，错误的写 B）
1. 工程开工报审表由施工单位提供，监理单位和城建档案馆均需归档保存。（　　）
2. 工程款支付证书由监理单位提供，仅需城建档案馆归档保存，监理单位不需归档保存。（　　）

3.3 监理工程文件资料管理

一、单项选择题

1. 监理规划应在（　　）前报建设单位。
   A. 投标　　　　　　　　　　B. 签订委托监理合同
   C. 开工前　　　　　　　　　D. 召开第一次工地会议

2. 监理实施规划由（　　）编写。
   A. 施工单位项目经理　　　　B. 施工单位项目技术负责人
   C. 总监理工程师　　　　　　D. 监理工程师

3. 监理月报由（　　）编写。
   A. 总监理工程师　　　　　　B. 监理工程师
   C. 监理员　　　　　　　　　D. 项目监理部文员

4. 第一次工地会议由（　　）主持。
   A. 建设单位　　B. 监理单位　　C. 施工单位　　D. 设计单位

5. 工地例会由（　　）主持。
   A. 建设单位项目技术负责人　　B. 总监理工程师
   C. 施工单位项目经理　　　　　D. 设计单位技术负责人

6. 监理工程师通知单是项目监理单位发出，要求施工单位对施工中出现的质量缺陷进行整改，并在整改完成后通知监理工作师检验合格后方可进入下一步施工的通知，是出现除工程（　　）以外的其他有关事项的用表。
   A. 复验　　　　B. 隐检　　　　C. 见证检测　　D. 暂停

7. 施工单位在接到监理工程师通知单之后，根据通知中提到的问题，认真分析、制定措施、及时整改，并把整改的结果填写监理工程师通知单回复，经（　　）签字，项目经理部盖章后，报监理单位。
   A. 项目经理　　　　　　　　B. 项目技术负责人
   C. 施工员　　　　　　　　　D. 质检员

8. 监理工程师联系单是用于项目监理单位就工程有关事项与工程（　　）进行联络或回复的用表。
   A. 建设单位　　B. 设计单位　　C. 施工单位　　D. 参建各方

9. 监理工程师备忘录为项目监理机构就有关建议未被建设单位采纳或监理工程师通知单的应执行事项承包单位未予执行的（　　）说明。
   A. 书面　　　　　　　　　　B. 再一次书面
   C. 时限内书面警告　　　　　D. 最终书面

10. 工程开工报审表（B2.1）用作承包单位完成开工准备工作之后向（　　）申请工程开工的用表。

A. 建设主管部门 B. 建设单位
C. 监理单位 D. 质量监督部门

11. 承包单位申报的施工组织设计必须经其（　　）审批，且签字盖章齐全。
A. 企业法人 B. 企业技术负责人
C. 项目经理 D. 项目技术负责人

12. 监理工程文件资料中的工程变更单为（　　）提出工程变更申请的用表。
A. 建设单位向项目监理机构 B. 承包单位向项目监理机构
C. 设计单位向项目监理机构 D. 项目监理机构向承包单位

13. 住宅工程质量分户验收汇总表由（　　）提供。
A. 建设单位 B. 监理单位 C. 施工单位 D. 质量监督部门

14. 在施工过程中，见证人员应按照见证取样和送检计划，对施工现场的取样和送检进行见证，（　　）应在试样或其包装上作出标识、封志。
A. 见证人员 B. 质检人员 C. 取样人员 D. 检测人员

15. 施工单位根据监理企业制定的旁站监理方案，在需要实施旁站监理的关键部位、关键工序进行施工前（　　），应当书面通知监理企业派驻工地的项目监理机构。
A. 12h B. 24h C. 36h D. 48h

16. 项目监理机构收到工程计量报审表后，应在（　　）内给予回复。
A. 12h B. 24h C. 48h D. 规定的时间

17. 工程暂停令要求承包单位停工整改，整改完毕后经监理单位复查符合规定要求后，由（　　）签署工程复工报审表，同意施工单位继续施工。
A. 建设单位项目技术负责人 B. 总监理工程师
C. 施工单位项目技术负责人 D. 监理工程师

18. 承包单位对预验收发现的问题整改合格后，在（　　）签署工程竣工报验单的基础上提出的工程质量评估报告。
A. 建设单位项目技术负责人 B. 总监理工程师
C. 施工单位项目技术负责人 D. 监理工程师

19. 分户验收过程中，验收人员应现场填写、签认（　　）。
A. 《住宅工程质量分户验收记录表》
B. 《住宅工程质量分户验收合格证》
C. 《住宅工程质量分户验收汇总表》
D. 《住宅工程质量保修书》

二、多项选择题

1. 项目监理实施细则包括内容有（　　）。
A. 项目监理机构的组织形式 B. 专业工程的特点
C. 监理工作的流程 D. 监理工作的控制要点及目标值
E. 监理工作的方法及措施

2. 监理月报的内容包括（　　）等。
A. 工程进度 B. 工程成本 C. 工程质量
D. 工程计量 E. 工程款支付

3. 第一次工地会议的内容有（　　）等。
   A. 建设单位介绍工程开工准备情况
   B. 承包单位介绍施工准备情况
   C. 总监理工程师介绍监理规划的主要内容
   D. 检查上次例会议定事项的落实情况
   E. 检查工程量核定及工程款支付情况
4. 工地例会的内容有（　　）等。
   A. 检查上次例会议定事项的落实情况，分析未完事项原因
   B. 承包单位介绍施工准备情况
   C. 总监理工程师介绍监理规划的主要内容
   D. 检查上次例会议定事项的落实情况
   E. 检查工程量核定及工程款支付情况
5. 监理工作联系单主要针对工程项目的一般问题，起到告知目的，当不需回复时应有（　　）。
   A. 签收记录　　　　　　　　B. 注明发件人的姓名
   C. 注明收件人的姓名、单位　　D. 收件日期
   E. 项目经理签字
6. 承包单位通用报审表适用的报审情况为（　　）。
   A. 施工起重机械设备进场（退场）
   B. 混凝土试验配比单
   C. 钢结构焊接工艺评定报告
   D. 成品、半成品形式检验报告
   E. 现场安全生产、文明施工管理规定
7. 住宅工程分户验收应由（　　）组成验收小组。
   A. 建设单位　　B. 设计单位　　C. 监理单位
   D. 施工单位　　E. 检测单位
8. 工程款支付申请表为承包单位按（　　）款项，向项目监理机构提出工程款支付申请的用表。
   A. 工程计量报审表确认的合格工程量
   B. 工程计量报审表中的工程量
   C. 工程费用索赔报审表应获得
   D. 工程费用索赔报审表中所列
   E. 根据合同规定应获得
9. 总监理工程师在做出（　　）等工作时，宜事先向建设单位报告。
   A. 下发监理通知　　　　　　B. 下发监理联系单
   C. 下达工程暂停令　　　　　D. 签署工程复工报审表
   E. 变更通知单
10. 可能导致工程延期的原因有（　　）等。
    A. 延期提供施工图　　　　　B. 工程变更

C. 停水　　　　　　　　　　　D. 停电
E. 停气

三、判断题（正确的写 A，错误的写 B）

1. 监理月报应由项目总监理工程师组织编制，签认后报建设单位和本监理单位。
（　　）

2. 在施工过程中，总监理工程师应定期主持召开工地例会。会议纪要应由施工单位负责起草，并经与会各方代表会签。（　　）

3. 签发监理工程师通知单应是总监工程师（或专业监理工程），多数都需要回复并且要保存在归档资料里。（　　）

4. 工作联系单主要针对工程项目的一般问题，起到告知目的，要求施工单位必须回复。签发工作联系单的只能是各相关单位负责人。（　　）

5. 监理工程师备忘录为项目监理机构就有关建议未被建设单位采纳或监理工程师通知单的应执行事项承包单位未予执行的最终书面说明，可抄报有关上级主管部门。（　　）

6. 如整个项目为一个承包单位承担，只填报一次工程开工报审表；如项目涉及较多子单位（分部）工程，建设单位分别发包和开工时间不同，则每个子单位（分部）工程开工都应填报一次工程开工报审表。（　　）

四、计算题或案例分析题

1. 某监理工程通过招投标中标某 $10000m^2$ 厂房的监理任务，签订了监理合同，并进行了工程监理。

（1）监理规划应在（　　）开始编制，编制由总监理工程师主持，专业监理工程师参加编制，经监理单位技术负责人批准，并应在（　　）报送建设单位。（多选题）

　A. 投标前
　B. 中标后
　C. 签订委托监理合同及收到设计文件后
　D. 开工前
　E. 召开第一次工地会议前

（2）属于监理规划的内容有（　　）等。（多选题）

　A. 监理工作范围　　　　　　　　B. 专业工程的特点
　C. 项目监理机构的组织形式　　　D. 监理工作的控制要点及目标值
　E. 监理设施

（3）在施工过程中，总监理工程师应定期主持召开工地例会。会议纪要应由项目监理机构负责起草，并经与会各方代表会签。工地例会应包括（　　）等主要内容。（多选题）

　A. 建设单位介绍工程开工准备情况
　B. 承包单位介绍施工准备情况
　C. 检查上次例会议定事项的落实情况，分析未完事项原因
　D. 检查分析工程项目质量状况，针对存在的质量问题提出改进措施
　E. 检查工程量核定及工程款支付情况

（4）施工单位根据监理企业制定的旁站监理方案，在需要实施旁站监理的关键部位、关键工序进行施工前（　　）h，应当（　　）监理企业派驻工地的项目监理机构。（多

选题)

  A. 12   B. 24   C. 48   D. 告之   E. 书面通知

 (5) 下列工程监理文件资料中属于质量控制资料的是（ ）。（多选题）

  A. 监理实施规划   B. 工程变更单

  C. 见证取样台账   D. 旁站监理记录表

  E. 工程质量评估报告

2. 某监理单位承接了某房地产公司开发的住宅小区的监理任务，对施工过程进行监理。

 (1) 根据《建设工程质量检测规程》（DGJ 32/J21）下列材料中需见证取样的有（ ）。（多选题）

  A. 水泥   B. 钢筋   C. 砂、石

  D. 粉刷砂浆   E. 简易土工

 (2) 在施工过程中，应由（ ）进行取样和试件制作。（单选题）

  A. 建设单位   B. 监理单位   C. 施工单位   D. 检测单位

 (3) 混凝土试件应在（ ）取样制作，标准试件的尺寸为（ ）。（多选题）

  A. 搅拌机出料   B. 混凝土搅拌运输车出料口

  C. 混凝土浇筑地点   D. 7.07cm×7.07cm×7.07cm

  E. 15cm×15cm×15cm

 (4) 下列试件留置规定正确的是（ ）。（多选题）

  A. 每拌制 100 盘且不超过 50m³ 的同配合比的混凝土，取样不得少于一次

  B. 每工作班拌制的同配合比的混凝土不足 100 盘时，取样不得少于一次

  C. 当一次连续浇筑超过 500m³ 时，同一配合比的混凝土每 200m³ 取样不得少于一次

  D. 每一楼层、同一配合比的混凝土，取样不得少于一次

  E. 每次取样应至少留置一组标准养护试件，同条件养护试件的留置组数应根据实际需要确定

 (5) 在施工过程中，见证人员应按照见证取样和送检计划，对施工现场的取样和送检进行见证，取样人员应在试样或其包装上作出标识、封志。标识和封志应标明（ ），并由见证人员和取样人员签字。（多选题）

  A. 建设单位   B. 取样部位   C. 取样日期

  D. 样品名称   E. 供应单位

第 4 章   房屋建筑工程施工文件档案资料

4.1   房屋建筑工程施工文件资料的形成

一、单项选择题

1. 单位（子单位）工程观感质量检查记录是在（ ）阶段形成。

  A. 施工准备   B. 施工过程管理

  C. 竣工验收   D. 工程移交

2. 工程竣工报告是在（　　）阶段形成。

A. 施工过程管理　　　　　　　B. 竣工预验收

C. 竣工验收　　　　　　　　　D. 工程移交

二、多项选择题

1. 施工过程管理形成的工程文件资料有（　　）。

A. 技术交底记录　　　　　　　B. 工程开工报审表

C. 施工质量验收资料　　　　　D. 工程开工报审表

E. 施工物资资料

2. 施工单位自检合格，报请监理单位验收，并参加工程竣工预验收形成的工程文件资料有（　　）。

A. 单位（子单位）工程质量控制资料核查记录

B. 单位（子单位）工程观感质量检查记录

C. 单位工程质量竣工验收记录

D. 工程施工总结

E. 工程竣工报告

三、判断题（正确的写 A，错误的写 B）

工程准备阶段形成施工合同。　　　　　　　　　　　　　　　　　　　　（　　）

4.2　土建施工文件档案资料

一、单项选择题

1. 下列工程文件档案资料中需城建档案馆归档保存的是（　　）。

A. 施工现场质量管理检查记录　　B. 施工投标文件

C. 工程总承包合同及分包合同　　D. 施工组织设计、施工方案及审批表

2. 下列工程文件档案资料中仅需施工单位归档保存，不需城建档案馆归档保存的是（　　）。

A. 工程概况表　　　　　　　　B. 工程项目施工管理人员名单及岗位证书

C. 开工报告　　　　　　　　　D. 工程总承包合同及分包合同

3. 图纸会审、设计变更、洽商记录属于（　　）工程文件资料。

A. 管理资料　　　　　　　　　B. 工程质量控制资料

C. 施工记录　　　　　　　　　D. 分部工程质量控制资料

4. 钢材质量证明文件汇总表由（　　）提供。

A. 建设单位　　B. 监理单位　　C. 施工单位　　D. 供应单位

5. 下列工程文件档案资料中需城建档案馆归档保存的是（　　）。

A. 钢材质量证明文件汇总表　　B. 预应力锚具、夹具和连接器合格证

C. 钢筋复验报告　　　　　　　D. 幕墙后置埋件采用的化学锚栓产品合格证书

6. 下列工程文件档案资料中仅需施工单位归档保存，不需城建档案馆归档保存的是（　　）。

A. 混凝土浇筑记录

B. 吊顶工程隐蔽验收记录

C. 工程质量事故及事故调查处理资料
D. 新材料、新工艺施工记录

7. 现场施工预应力记录属于（　　）工程文件档案资料。
A. 隐蔽工程验收记录　　　　B. 施工记录
C. 试验检验记录　　　　　　D. 安全和功能检验

8. 屋面淋水、蓄水试验记录由（　　）提供。
A. 检测单位　　B. 监理单位　　C. 施工单位　　D. 供应单位

9. 建筑物垂直度、标高、全高测量记录由（　　）提供。
A. 检测单位　　B. 监理单位　　C. 施工单位　　D. 供应单位

10. 施工试验报告及见证检测报告汇总的工程文件档案资料是（　　）。
A. 混凝土试块试验报告　　　B. 水泥进场复验报告
C. 砂、石料进场复验报告　　D. 粉煤灰进场复验报告

11. 土建部分工程概况表由（　　）填写并提供。
A. 设计单位　　B. 建设单位　　C. 监理单位　　D. 施工单位

12. 施工单位收集汇总填写《工程项目施工管理人员名单及岗位证书》(TJ1.2)并附相应岗位证书复印件，报（　　）审核确认。
A. 建设单位技术负责人　　　B. 监理单位
C. 监理单位总监理工程师　　D. 质量监督站

13. 材料、半成品、成品、构配件和设备等进场验收和复验制度属于施工现场质量管理检查记录中（　　）检查内容。
A. 质量责任制检查　　　　　B. 工程质量检验制度
C. 施工技术标准　　　　　　D. 现场材料、设备存放与管理制度

14. 下列属于投标文件的内容是（　　）。
A. 法定代表人身份证明书　　B. 协议书
C. 专用条款　　　　　　　　D. 通用条款

15. 《建设工程施工劳务分包合同（示范文本）》(GF2003)由（　　）成。
A. 协议书、通用条款　　　　B. 协议书、专用条款
C. 通用条款、专用条款　　　D. 合同条款和三个附件

16. 单位工程施工组织设计是以（　　）为主要对象编制的施工组织设计，对施工过程起指导和制约作用。
A. 建设项目　　　　　　　　B. 单位（子单位）工程
C. 分部（子分部）工程　　　D. 分项工程

17. 由专业承包单位施工的分部（分项）工程或专项工程的施工方案，应由（　　）审批。
A. 总包单位技术负责人　　　　B. 总包单位项目技术负责人
C. 专业承包单位技术负责人　　D. 专业承包单位项目技术负责人

18. 图纸会审后，施工单位填写《图纸会审、设计变更、洽商记录》(TJ2.1.1)，经（　　）签字后实施。
A. 建设单位　　B. 设计单位　　C. 监理单位　　D. 各方

19. 《图纸会审、设计变更、洽商记录》(TJ2.1.1)中的设计变更由（　　）签发。
   A. 建设单位　　　B. 设计单位　　　C. 监理单位　　　D. 施工单位

20. 施工物资资料的进场验收记录和复验报告，应按（　　）组合，按时间先后顺序排列编号，并能对应一到致，不得遗漏。
   A. 部位　　　　　B. 数量　　　　　C. 批　　　　　　D. 供应单位

21. 钢筋混凝土用热轧钢筋，每批由同一牌号、同一炉罐号、同一规格的钢筋（　　）为一批。
   A. 10t　　　　　B. 30t　　　　　C. 60t　　　　　D. 80t

22. 预应力锚夹具检测复验项目之一是（　　）。
   A. 硬度　　　　　B. 钢带厚度　　　C. 波高、壁厚　　D. 径向刚度、抗渗漏性能

23. 当在使用中对水泥质量有怀疑或水泥出厂超过（　　）个月（快硬水泥超过一个月）时，应进行复验，并按复验结果使用。
   A. 二　　　　　　B. 三　　　　　　C. 四　　　　　　D. 六

24. 检验按同一生产厂家、同一等级、同一品种、同一批号且连续进场的水泥，袋装不超过（　　）t为一批，散装不超过500t为一批，每批抽样不少于一次。
   A. 100　　　　　B. 200　　　　　C. 300　　　　　D. 400

25. 产品合格证、出厂检验报告属于产品质量保证资料，有时产品合格和出厂检测报告可以合并，生产者应在水泥发出之日起7d内寄发除28d强度以外的各项检验结果，（　　）d内补报28d强度的检验结果。
   A. 7　　　　　　B. 14　　　　　C. 28　　　　　D. 32

26. 粉煤灰的现场组批取样以连续供应的（　　）t相同等级的粉煤灰为一批，不（B）t者按一批论，粉煤灰的数量按干灰（含水量小于1%）的重量计算。检查内容包括产品合格证、出厂检验报告和进场复验报告。
   A. 100　　　　　B. 200　　　　　C. 300　　　　　D. 400

27. 砂、石用大型工具（如火车、货船或汽车）运输的，以（　　）为一验收批。
   A. 100m³或200t　　　　　　B. 200m³或300t
   C. 400m³或600t　　　　　　D. 500m³或600t

28. 砂、石进场验收需见证取样复验。砂每验收批至少进行颗粒级配、（　　）、泥块含量检验，对于海砂还应检验贝壳含量，对人工砂及混合砂还应检验石粉含量。
   A. 细度　　　　　B. 含泥量　　　　C. 烧失量　　　　D. 活性指数

29. 砖（砌块）进场应按批进行检查。组批按每一生产厂家，按烧结多孔砖、混凝土多孔砖、蒸压灰砂砖及蒸压粉煤灰砖每（　　）万块为一验收批，不足上述数量时按1批计。
   A. 5　　　　　　B. 10　　　　　C. 15　　　　　D. 20

30. 下列高聚物改性沥青防水卷材、合成高分子防水卷材抽样复验项目中不属于地下防水现场抽样复验项目是（　　）。
   A. 拉力　　　　　　　　　　B. 最大拉力时延伸率
   C. 耐热度　　　　　　　　　D. 不透水性

31. 高聚物改性沥青防水涂料、合成高分子防水涂料每（　　）为一批，不足上述数

量时按 1 批计。

A. 1000kg　　　B. 2000kg　　　C. 10t　　　D. 20t

32. 室内饰面板（砖）进场检验，按相同材料、工艺和施工条件，每（　　）应划分为一个检验批，不足上述数量时按 1 批计。

A. 500m³　　　　　　　　　B. 500～1000m³
C. 20 间　　　　　　　　　D. 50 间

33. 室内用花岗岩的（　　）进行复验。

A. 吸水率　　　B. 抗冻性　　　C. 放射性　　　D. 均匀性

34. 吊顶材料进场应进行检查验收，检验时按同一品种的吊顶工程每（　　）应划分为一个检验批，不足上述数量时按 1 批计。

A. 500m³　　　　　　　　　B. 500～1000m³
C. 20 间　　　　　　　　　D. 50 间

35. 混凝土试件采用标准养护（温度为 20±2℃，相对湿度达 95％以上）时，养护至龄期达（　　）时进行试压。

A. 7d　　　B. 14d　　　C. 28d　　　D. 600℃·d

36. 砌筑砂浆抗压强度合格条件是同一验收批砌筑砂浆试块抗压强度平均值应大于或等于设计强度等级所对应的立方体抗压强度的 1.10 倍，且最小值应大于或等于设计强度等级所对应的立方体抗压强度的 0.85 倍；当同一验收批砌筑砂浆试块少于（　　）组时，每组试块抗压强度值应大于或等于设计强度等级所对应的立方体抗压强度的 1.10 倍。

A. 1　　　B. 2　　　C. 3　　　D. 6

37. 钢筋机械连接接头检验按批进行。同一施工条件下，同一批材料的同等级、同型式、同规格接头，以（　　）个为一个验收批进行检验与验收，不足上述数量时按 1 批计。

A. 50　　　B. 100　　　C. 300　　　D. 500

38. 闪光对焊焊接，在同一台班内由同一焊工完成的（　　）个同级别、同直径钢筋焊接接头应作为一批。当同一台班内焊接的接头数量较少，可在一周之内累计计算，累计仍不足上述数量时按 1 批计。

A. 50　　　B. 100　　　C. 300　　　D. 500

39. 外墙饰面砖粘贴前和施工过程中，均应在相同基层上做样板件，并对样板件的饰面砖（　　）进行检验。

A. 抗冻性　　　B. 吸水率　　　C. 粘结强度　　　D. 放射性

40. 外墙饰面砖样板件粘结强度检测，取样对现场镶贴的外墙饰面砖工程每（　　）同类墙体取 1 组试样，每组 3 个，每层楼不得少于 1 组；不足上述数量同类墙体，每两层取 1 组试样，每组 3 个。

A. 50　　　B. 100　　　C. 300　　　D. 500

41. 钢筋的混凝土保护层厚度抽检方法，对梁类、板类构件应各抽取构件数量的 2％且不少于（　　）个构件进行检验。

A. 1　　　B. 3　　　C. 5　　　D. 10

42.《建设工程施工合同（示范文本）》（GF-1999-0201）中对于隐蔽工程和中间验收的约定是：工程具备隐蔽条件或达到专用条款约定的中间验收部位，承包人进行自检，并在隐蔽或中间验收前（　　）小时以书面形式通知工程师验收。

A. 12　　　　　B. 24　　　　　C. 48　　　　　D. 72

43. 屋面淋水试验应在雨后或持续淋水（　　）后进行。

A. 2h　　　　　B. 6h　　　　　C. 12h　　　　　D. 24h

44. 建筑物使用阶段的沉降观测次数，应视地基土类型和沉降速度大小而定，除有特殊要求者外，一般情况下可在第一年观测（　　）次。

A. 1　　　　　B. 2　　　　　C. 2～3　　　　　D. 3～4

45. 民用建筑工程交付使用后，对室内环境进行现场检测抽样。抽检有代表性的房间室内环境污染物浓度，抽检数量不得少于5％，并不得少于（　　）间；房间总数少于上述数量时，应全数检测。

A. 1　　　　　B. 2　　　　　C. 3　　　　　D. 4

二、多项选择题

1. 下列工程文件档案资料中仅需施工单位归档保存，不需城建档案馆归档保存的是（　　）。

A. 工程定位测量、放线验收记录　　B. 钢材质量证明文件汇总表
C. 水泥出厂合格证　　D. 水泥、掺加剂、砂、石复验报告汇总表
E. 饰面板（砖）复验报告

2. 下列工程文件档案资料中由检测单位提供的有（　　）。

A. 钢材复验报告汇总表　　B. 钢筋复验报告
C. 钢材质量证明文件汇总表　　D. 预应力锚具、夹具和连接器合格证
E. 混凝土构件结构性能检验报告

3. 下列工程文件档案资料中属于施工试验报告及见证检测报告类的有（　　）。

A. 预应力孔道灌浆水泥进场复验报告

B. 砂、石料进场复验报告

C. 混凝土试块试验报告

D. 同条件养护混凝土试块试验报告

E. 预应力灌浆用水泥浆试块试验报告

4.《开工报告》（TJ1.4）所附证明文件包括（　　）等。

A. 建设工程规划许可证

B. 施工组织设计

C. 验线合格文件

D. 现场主要管理人员和特殊工程人员资格证和上岗证

E. 现场管理人员、机具、施工人员进场情况

5.《建设工程施工合同（示范文本）》GF1999由（　　）和三个附件组成。

A. 投标函　　B. 协议书　　C. 专用条款
D. 通用条款　　E. 投标文件商务部分和技术部分

6. 对工程中涉及（　　）的专项施工方案，施工单位还应当组织专家进行论证、

审查。
   A. 降水工程　　　　　　　　B. 土方开挖工程
   C. 深基坑　　　　　　　　　D. 地下暗挖工程
   E. 高大模板工程

7. 有关验收人员应在质量证明文件背面注明（　　）和人员等相关信息，并签字确认。
   A. 工程名称　　B. 使用部位　　C. 进场日期
   D. 进场批次　　E. 检测单位

8. 根据《建设工程质量检测规程》（DGJ 32/J21）需见证取样检测的有（　　）等。
   A. 掺加剂　　　B. 沥青　　　　C. 幕墙玻璃
   D. 膨胀螺栓　　E. 砂浆强度

9. 钢筋检验按进场的批次和产品的抽样检验方案确定，对（　　）的钢筋，当一次进场的数量大于该产品的出厂检验批量时，应划分为若干个出厂检验批量，按出厂检验的抽样方案执行
   A. 同一厂家　　B. 同一炉号　　C. 同一牌号
   D. 同一规格　　E. 同一尺寸

10. 钢筋产品合格证及出厂检验报告中需注明出厂日期、检验部门印章、数量、机械性能、化学成分等数据和结论，备注栏内应由施工单位填写说明（　　）使用工程的名称、使用部位等。
    A. 合格证的编号　　　　　　B. 钢种
    C. 规格　　　　　　　　　　D. 使用工程的名称
    E. 使用部位

11. 水泥进场时按批对其品种、级别、包装或散装仓号、出厂日期等进行检查，并应对其（　　）强度、安定性及其他必要的性能指标进行见证取样复验。
    A. 强度　　　　B. 粘结度　　　C. 安定性
    D. 塑性　　　　E. 延伸率

12. 检验按同一生产厂家、同一等级、同一品种、同一批号且连续进场的水泥，袋装不超过（　　）t为一批，散装不超过（　　）t为一批，每批抽样不少于一次。
    A. 100　　　　B. 200　　　　C. 300
    D. 400　　　　E. 500

13. 产品合格证、出厂检验报告属于产品质量保证资料，有时产品合格和出厂检测报告可以合并，生产者应在水泥发出之日起（　　）d内寄发除28d强度以外的各项检验结果，（　　）d内补报28d强度的检验结果。
    A. 7　　　　　B. 14　　　　　C. 28
    D. 32　　　　 E. 48

14. 粉煤灰进场需见证取样复验。复验的项目包括（　　）、活性指数、需水量比、三氧化硫等。
    A. 强度　　　　B. 细度　　　　C. 安定性
    D. 烧失量　　　E. 含水量

15. 高聚物改性沥青防水涂料检测内容包括（　　）和延伸。
   A. 固含量　　　　B. 拉伸强度　　　C. 耐热度
   D. 柔性　　　　　E. 不透水性

16. 外门窗复验的项目包括（　　）。
   A. 承载力　　　　B. 抗风压性能　　C. 气密性能
   D. 水密性能　　　E. 裂缝

17. 对同品种、同强度等级的砌筑砂浆，湿拌砌砂浆应以（　　）为一个检验批，干拌砂浆应以（　　）为一个检验批；不足一个检验批的数量时，应按一个检验批计。
   A. 10m³　　　　　B. 30m³　　　　　C. 50m³
   D. 50t　　　　　　E. 100t

18. 混凝土中钢筋保护层厚度检测时，当全部钢筋保护层厚度的检测结果的合格率小于（　　）但不小于（　　），可再抽取相同数量的构件进行检验。
   A. 90%　　　　　B. 80%　　　　　C. 70%
   D. 60%　　　　　E. 50%

19. 《建设工程施工合同（示范文本）》（GF-1999-0201）中对于隐蔽工程和中间验收的约定是：工程具备隐蔽条件或达到专用条款约定的中间验收部位，承包人进行自检，并在隐蔽或中间验收前（　　）h 以书面形式通知工程师验收。工程师不能按时进行验收，应在验收前（　　）h 以书面形式向承包人提出延期要求，延期不得超过48h。
   A. 12　　　　　　B. 24　　　　　　C. 32
   D. 48　　　　　　E. 56

20. 下列归属于施工试验报告及见证检测报告的内容有（　　）。
   A. 《砂、石料进场复验报告》　　　B. 《防水材料和保温材料合格证》
   C. 《混凝土试块试验报告》　　　　D. 《预拌混凝土合格证》
   E. 《钢筋连接试验报告》

21. 下列归属于施工记录的内容有（　　）。
   A. 《施工日志》
   B. 《混凝土浇筑记录》
   C. 《预应力钢丝镦头强度试验报告》
   D. 《结构实体检测报告》
   E. 《现场施工预应力记录》

22. 下列归属于安全和功能检验资料的内容有（　　）。
   A. 《地表土壤氡浓度检测报告》　　B. 《室内环境检测报告》
   C. 《屋面淋水、蓄水试验记录》　　D. 《结构实体检测报告》
   E. 《建筑物垂直度、标高、全高测量记录》

三、判断题（正确的写 A，错误的写 B）
1. 模板分项工程质量验收记录仅需施工单位归档保存。（　　）
2. 钢筋保护层厚度实测表由施工单位提供。（　　）
3. 水泥进场复验报告属于施工试验报告及见证检测报告汇总内容。（　　）

4. 质量管理框图的检查属于施工现场质量管理检查记录中现场质量管理制度的内容。
（   ）

5. 施工单位开工的报审，对于整个项目一次开工只填报价一次，如工程项目中含有多个单位工程且开工时间不同，则每个单位工程都应填报一次。（   ）

6. 通用条款适用于具体工程项目，内容由当事人根据承发包工程具体情况约定。
（   ）

7. 不同专业的洽商应分别办理，不得办理在同一份上。（   ）

8. 施工物资资料的质量证明文件（出厂合格证、检测报告）应按批组合，按时间先后顺序排列编号，并能对应一到致，不得遗漏。（   ）

9. 水泥进场需见证取样复验，复验项目包括强度、凝结时间、安全性、胶砂流动度、标准稠度用水量、细度等。（   ）

10. 对于抹灰工程应对水泥的强度和安定性进行复验。（   ）

11. 外加剂进场时应进行见证取样复验。复验检测项目包括减水率、泌水率、含气量、凝结时间、抗压强度比、坍落度增加值、坍落度保留值、收缩率等。（   ）

12. 室外饰面板（砖）工程进场验收，按每 500～1000m^3 应划分为一个检验批，不足 500m^3 也应划分为一个检验批。（   ）

13. 电渣压力焊焊接，以每一楼层或施工区段中 300 个同级别钢筋接头为一批，不足 300 个时仍为一批，每批随机切取 3 个拉伸试件。（   ）

14. 屋面蓄水试验在蓄水 2h 后进行。（   ）

4.3 桩基部分施工文件档案资料

一、单项选择题

1. 下列文件档案资料中需城建档案馆归档保存的是（   ）。

    A. 技术交底资料

    B. 图纸会审、设计变更、洽商记录

    C. 预制桩（钢桩、商品混凝土及桩头）质量证明文件、进场验收记录

    D. 焊条（剂）质量证明文件

2. 下列文件档案资料中需施工单位归档保存，不需城建档案馆保存的是（   ）。

    A. 水泥出厂质量证明文件　　　B. 水泥试验报告

    C. 混凝土强度检测报告　　　　D. 桩承载力检测报告

3. 桩基施工中出现质量事故，按程序进行事故处理，在进行事故处理后的紧后工作是（   ）。

    A. 进行事故调查　　　　　　　B. 编写事故调查报告

    C. 编写质量事故处理报告　　　D. 制定事故处理方案

4. 桩的静载荷试验数量在同一条件下不应少于总桩数的（   ）%，且不少于 3 根；当总桩数少于 50 根时，应不少于 2 根。

    A. 1　　　　B. 3　　　　C. 5　　　　D. 10

二、多项选择题

1. 桩基验收时包括下列（   ）资料。

A. 桩基施工图　　　　　　　B. 施工组织设计、施工方案
C. 成桩质量检查报告　　　　D. 单桩承载力检测报告
E. 基坑挖至设计标高的基桩竣工平面图及桩顶标高图等。

2. 对于静压桩、先张法预应力管桩、混凝土预制桩和灌注桩采用高、低应变的方法检测桩身质量，检查数为总桩数的（　　）%且不少于10根，每个柱子承台下不得少于（　　）根。
A. 1　　　　B. 3　　　　C. 5
D. 10　　　　E. 12

三、判断题（正确的写A，错误的写B）

1. 泥浆护壁成孔灌注桩施工验收记录需城建档案馆归档保存，施工单位不需归档保存。（　　）
2. 焊接接桩的焊缝质量除常规检查外，应做焊缝探伤检查。采用超声法时抽10%接头，采用拍X片时可抽查2%。（　　）

4.4 钢结构部分施工文件档案资料

一、单项选择题

1. 下列钢结构工程文件档案资料中不需城建档案馆归档保存的是（　　）。
A. 钢结构工程概况　　　　　B. 钢结构子分部工程质量验收记录
C. 钢结构工程观感质量检查记录　　D. 工程项目施工管理人员名单及岗位证书

2. 下列钢结构工程文件档案资料中需城建档案馆归档保存的是（　　）。
A. 施工组织设计、施工方案及审批
B. 技术交底记录
C. 图纸会审、设计变更、洽商记录
D. 钢材质量合格证明文件

3. 钢材板厚等于或大于（　　）mm且设计有z向性能要求的厚板，应进行见证抽样复验，其复验结果应符合现行国家产品标准和设计要求。
A. 10　　　　B. 20　　　　C. 40　　　　D. 60

4. 重要的钢结构采用的焊接材料应进行抽样复验，复验结果符合现行国家产品标准。下列属于重要的钢结构的是（　　）。
A. 建筑结构安全等级为一级的二级焊缝
B. 建筑结构安全等级为二级的二级焊缝
C. 大跨度结构中的二级焊缝
D. 中级工作制吊车梁结构中一级焊缝

5. 对普通螺栓作为永久性连接时，以及设计有要求或对其质量有疑义时，需进行实物试验并，由检测单位提供（　　）。
A. 高强度螺栓连接副预拉力检验报告
B. 高强度螺栓连接副扭矩系数检验报告
C. 螺栓实物最小拉力载荷复验报告
D. 摩擦面抗滑移系数复验报告

二、多项选择题

1. 下列钢结构工程检验及抽样检测资料中需城建档案馆归档保存的有（   ）。
   A. 高强度螺栓连接副施工扭矩检验报告
   B. 钢屋（托）架、桁架、钢梁、吊车梁等垂直度和侧向弯曲检测报告
   C. 钢网架安装完成后及屋面工程完成后挠度检测报告
   D. 强制性条文检查记录
   E. 高强度螺栓施工记录

2. 下列钢材应进行见证抽样复验的有（   ）。
   A. 国外进口钢材
   B. 钢材混批
   C. 对质量有疑义的钢材
   D. 建筑结构安全等级为二级，大跨度钢结构中主要受力构件所采用的钢材
   E. 设计中有复验要求的钢材

3. 钢结构分部工程有关见证取样送样试验项目有（   ）。
   A. 钢材及焊接材料复验   B. 高强度螺栓预拉力
   C. 扭矩系数复验   D. 摩擦面抗滑移系数复验
   E. 钢架节点承载力试验

三、判断题（正确的写 A，错误的写 B）

1. 钢构件组装分项工程质量验收记录中的焊接 H 形钢的允许偏差记录需城建档案馆归档保存。（   ）

2. 对建筑结构安全等级为一级，跨度 40m 及以上的公共建筑钢网架结构，且设计有要求时，进行节点承载力试验，由检测单位提供《网架节点承载力试验报告》（GJ2.3.1.6）。（   ）

4.5 幕墙部分施工文件档案资料

一、单项选择题

1. 下列幕墙部分施工文件资料需城建档案归档保存的是（   ）。
   A. 施工招标文件   B. 中标通知书
   C. 工程承包合同   D. 幕墙设计资质证书、施工企业资质证书

2. 下列施工文件资料中属于安全与功能检验资料的是（   ）。
   A. 钢材端口、钢材焊缝的二次防腐隐蔽验收记录
   B. 防雷装置测试记录
   C. 幕墙的抗风压性能、气密性能、水密性能及平面位移性能检测报告
   D. 幕墙淋水试验记录

3. 下列施工文件档案资料中属于幕墙工程安全和功能检验资料的是（   ）。
   A. 板块安装固定块材质、间距、数量隐蔽验收记录
   B. 防雷装置测试记录
   C. 幕墙淋水试验记录
   D. 后置埋件的现场拉拔强度检测

4. 下列施工文件档案资料中属于幕墙工程中检验及抽样检测资料的是（   ）。
   A. 防雷装置测试记录　　　　　　B. 后置埋件的现场拉拔强度检测报告
   C. 石材弯曲强度复验报告　　　　D. 室内花岗岩放射性复验报告

二、多项选择题

1. 下列属于施工试验报告及见证检测报告汇总表汇总的资料有（   ）。
   A. 幕墙工程材料、五金配件、构件和组件等材料复验报告
   B. 铝塑复合板的剥离强度复验报告
   C. 石材弯曲强度复验报告
   D. 室内花岗岩放射性复验报告
   E. 幕墙的抗风压性能、气密性能、水密性能及平面位移性能检测报告

2. 幕墙工程中，应对材料及其性能指标进行复验的有（   ）。
   A. 铝塑复合板的剥离强度　　　　B. 石材的强度
   C. 石材的耐冻融性　　　　　　　D. 室内用花岗石的放射性
   E. 石材用结构胶的粘结强度。

三、判断题（正确的写 A，错误的写 B）

1. 硅酮结构密封胶、硅酮建筑密封胶相容性和剥离粘结性试验报告由施工单位提供。（   ）
2. 幕墙工程中应对石材所用密封胶的污染性进行复验。（   ）

4.6　建筑给水排水及采暖部分施工文件档案资料

一、单项选择题

1. 下列建筑给水排水及采暖部分施工文件资料中属于质量控制资料的是（   ）。
   A. 质量控制资料核查记录
   B. 管道、设备强度和严密性试验记录
   C. 安全和功能检验资料核查及主要功能抽查记录
   D. 卫生器具满水试验记录

2. 建筑给水排水及采暖部分施工文件资料中排水干管通球试验记录属于（   ）。
   A. 管理资料
   B. 质量控制资料
   C. 安全和功能检验资料及主要功能抽查
   D. 工程质量验收记录

3. 进场的阀门应作强度和严密性试验，试验应在每批（同牌号、同型号、同规格）数量中抽查（   ）%，且不少于一个。
   A. 5　　　　　　B. 10　　　　　　C. 15　　　　　　D. 20

4. 设备安装完成后，具备试运转条件时，由施工单位组织进行设备试运转，并在设备试运转前（   ）h 以书面形式通知监理工程师，试运转合格后，由施工单位填写《设备单机试验运转记录》(SN2.7.1)。
   A. 12　　　　　　B. 24　　　　　　C. 48　　　　　　D. 72

二、多项选择题

1. 建筑给水排水及采暖分部工程的安全和功能检测项目有（　　）。
   A. 给水管道通水试验记录
   B. 暖气管道、散热器压力试验记录、卫生器具满水试验记录
   C. 消防管道、燃气管道压力试验记录
   D. 排水干管通球试验记录等
   E. 管道、设备强度和严密性试验记录

2. 建筑给水排水及采暖分部工程质量验收的文件和记录中包括下列（　　）等内容。
   A. 竣工报告
   B. 图纸会审记录
   C. 施工组织设计或施工方案
   D. 主要材料和设备出厂合格证及进场验收单
   E. 隐蔽工程验收及中间试验记录

三、判断题（正确的写 A，错误的写 B）

1. 排水管道安装完成后，应进行排水管道灌水试验、排水干管管道通球、通水试验和洁具盛水试验，由施工单位填写《系统清洗、灌水、通水、通球试验记录》(SN2.6.1)。（　　）

2. 是否按规定完成强度、严密性、冲洗等试验属于建筑给水排水及采暖分部工程的隐蔽工程验收及中间验内容。（　　）

4.7 建筑电气部分施工文件档案资料

一、单项选择题

1. 下列建筑电气部分施工文件资料中属于质量控制资料的是（　　）。
   A. 质量控制资料核查记录
   B. 图纸会审、设计变更、洽商记录
   C. 照明全负荷试验记录
   D. 架空线路及杆上电气设备安装分项工程检验批质量验收记录

2. 下列建筑电气部分施工文件资料中属于管理资料的是（　　）。
   A. 质量控制资料核查记录
   B. 导管现场抽样检测报告
   C. 配线敷设施工隐蔽验收记录
   D. 大型灯具牢固性试验记录

3. 建筑电气工程中导管进场应有（　　）。对绝缘导管及配件的阻燃性有异议时，按批抽样送检。
   A. 合格证
   B. 安全认证标志
   C. 材质证明书
   D. 随带技术文件

4. 建筑电气工程中大型灯具牢固性试验记录属于（　　）资料。
   A. 隐蔽工程验收
   B. 施工记录
   C. 安全和功能检验验资料
   D. 工程质量验收记录

二、多项选择题

1. 下列建筑电气部分施工文件资料中属于安全和功能检测资料的是（　　）。
   A. 重复接地（防雷接地）工程隐蔽验收记录
   B. 照明全负荷试验记录

C. 避雷接电阻测试记录
D. 线路、插座、开关接地检验记录
E. 架空线路及杆上电气设备安装分项工程质量验收记录

2. 下列建筑电气部分施工文件资料中属设备调试记录的是（　　）。
A. 电气设备交接试验记录　　　　B. 导管现场抽样检测报告
C. 空载试运行和负荷试运行记录　D. 型钢和电焊条抽样检测报告
E. 漏电保护装置模拟动作试验记录

3. 建筑电气工程隐蔽验收内容主要有（　　）。
A. 埋于结构内的各种电线导管　　B. 结构钢筋避雷引下线
C. 等电位及均压环暗敷设　　　　D. 接地装置埋设
E. 门窗框架接地

三、判断题（正确的写 A，错误的写 B）

1. 变压器、箱式变电所、高压电器及电瓷制品应有合格证、随带技术文件、变压器出厂试验记录。（　　）

2. 照明灯具及附件应有出厂合格证，新型气体放电灯具随带技术文件和防爆标志和防爆合格证。（　　）

4.8　智能建筑工程文件档案资料

一、单项选择题

1. 下列智能建筑部分施工文件档案资料中属于城建档案馆归档保存的是（　　）。
A. 安装设备明细表　　　　　　　B. 系统设备产品说明书
C. 重大施工事故报告及处理　　　D. 系统电气绝缘电阻测试记录

2. 智能建筑工程中，硬件设备及材料的质量检查重点应包括安全性、可靠性及（　　）等项目，可靠性检测可参考生产厂家出具的可靠性检测报告。
A. 操作系统　　　　　　　　　　B. 容量
C. 电磁兼容性　　　　　　　　　D. 可恢复性

3. 智能建筑中，进口产品应提供（　　）和商检证明及配套的质量合格证明、检测报告及安装、使用、维护说明书等文件的中文说明书等。
A. 原产地证明　　　　　　　　　B. 进口许可证明
C. 报关单　　　　　　　　　　　D. 缴税单

二、多项选择题

1. 下列属于通信网络系统子分部工程竣工验收结论汇总表汇总的施工文件档案资料有（　　）。
A. 通信网络系统资料审查表
B. 通信子系统检测记录表
C. 卫星及有线电视系统分项工程质量检测记录表
D. 公共广播系统分项工程质量检测记录表
E. 视频系统末端测试记录

2. 下列属于安全防范系统子分部工程竣工验收结论汇总表汇总的施工文件档案资料有（　　）。

A. 消防联动系统分项工程质量检测记录表

B. 消防联动子系统检测记录表

C. 巡更系统分项工程质量检测记录表

D. 巡更子系统检测记录表

E. 缆线敷设和终接子系统检测记录表

三、判断题（正确的写 A，错误的写 B）

智能化集成系统安装质量及观感质量验收记录需城建档案馆归档保存。（　　）

4.9 通风与空调工程文件档案资料

一、单项选择题

1. 通风与空调工程中，下列施工文件档案资料中属于安全和功能检验资料的是（　　）。

　　A. 冷凝水管道系统通水试验记录　　B. 风量、温度测试记录

　　C. 净化空调风管清洗记录　　　　　D. 设备单机试运转记录

2. 通风与空调工程中，下列施工文件档案资料中属于质量控制资料中有关试验调试记录的是（　　）。

　　A. 风机盘管水压试验检验记录　　B. 制冷机组试运行调试记录

　　C. 洁净室洁净度测试记录　　　　D. 通风、空调系统综合效能检测报告

3. 通风空调系统风机盘机组安装前宜进行单机三速试运转及水压检漏试验。试验压力为系统工作压力的 1.5 倍，试验观察时间为（　　）min，不渗漏为合格，由施工单位填写《风机盘管水压试验检验记录》（KT2.7.2）

　　A. 1　　　　　B. 2　　　　　C. 3　　　　　D. 4

二、多项选择题

1. 通风与空调工程中，对（　　）等需进行强度试验、严密性试验。

　　A. 风管　　　　B. 水系统管道　　　C. 制冷系统

　　D. 阀门　　　　E. 盘机

2. 风管系统安装完成后，应进行风管（　　）检测，由施工单位填写相关记录（KT2.7.3）、（KT2.7.4）。

　　A. 强度　　　　B. 安全性　　　　C. 漏光

　　D. 漏风　　　　E. 效率

三、判断题（正确的写 A，错误的写 B）

通风与空调中安全和功能检验资料核查及主要功能抽查内容是：检查各规范中的规定的检测项目是否进行了验收，不能进行检测的项目应说明原因；检查各项检测记录（报告）的内容、数据是否符合要求；核查资料是否有资质的机构出具，其检测程序、有关取样人、审核人、试验负责人，以及盖章、签字是否齐全等。（　　）

4.10 建筑节能分部工程施工文件档案资料

一、单项选择题

1. 建设节能工程中，下列施工文件档案资料中属于质量控制资料中现场检测报告汇总表汇总的内容是（　　）。

A. 建筑围护结构节能构造现场实体检验报告
B. 太阳能光伏系统试运行记录
C. 设备单机试运转及调试记录
D. 系统联合试运转及与调试记录

2. 建设节能工程中，下列施工文件档案资料中属于质量控制资料中运行记录汇总的内容是（   ）。
A. 风管及系统严密性检验报告
B. 采暖工程系统节能性能检测报告
C. 太阳能光伏系统试运行记录
D. 通风与空调系统节能性能检测报告

3. 建筑节能工程中聚苯板（EPS、XPS）的板材进场复验，按同一厂家、同一品种的产品，当工程建筑面积 20000m^2 以下时各抽查不少于（   ）次。
A. 1   B. 2   C. 3   D. 6

4. 建筑节能工程中外窗的实体检验，按每个单位工程的外窗至少抽查（   ）樘。
A. 1   B. 2   C. 3   D. 6

5. 建筑节能工程中现场热工性能检测，按同一居住小区围护结构保温措施及建筑平面布局基本相同的建筑物作为（   ）个样本随机抽样。
A. 1   B. 2   C. 3   D. 6

6. 建筑节能工程中采暖、通风与空调、配电与照明工程安装完成后，应进行系统节能性能的检测，对室内温度按居住建筑每户抽测卧室或起居室1间，其他建筑按采暖房间总数抽测（   ）%。
A. 3   B. 5   C. 10   D. 20

7. 建筑节能工程中采暖、通风与空调、配电与照明工程安装完成后，应进行系统节能性能的检测，对空调系统冷热水、冷却水总流量应抽（   ）检测。
A. 3处   B. 5处   C. 10%   D. 全数

二、多项选择题

1. 复合保温砂浆所用材料进场复验的性能指标是（   ）。
A. 尺寸   B. 干密度   C. 压缩强度
D. 吸水率   E. 导热系数

2. 聚苯板（EPS、XPS）板材进场复验的性能指标是（   ）。
A. 尺寸   B. 表观密度   C. 导热系数
D. 粘贴面积   E. 干燥状态和浸水平48h拉伸粘结强度（与保温层）

三、判断题（正确的写A，错误的写B）

空调与采暖系统的冷热源和辅助设备及其管网系统安装完毕后，系统试运转及调试必须符合下列规定：冷热源和辅助设备必须进行单机试运转及调试；冷热源和辅助设备必须同建筑物室内空调或采暖系统进行联合试运转及调试。（   ）

4.11 电梯分部工程施工文件档案资料

一、单项选择题

1. 下列电梯施工文件资料中需城建档案馆归档保存的是（   ）。

A. 土建布置图纸会审、设计变更、洽商记录
B. 设备开箱检验记录
C. 线路（设备）绝缘电阻测试记录
D. 接地电阻测试记录

2. 下列电梯施工文件资料中属于安全和功能项目的是（   ）。
A. 隐蔽工程验收记录   B. 接地电阻测试记录
C. 电梯运行记录   D. 负荷试验、安全装置检查记录

3. 下列电梯施工文件资料中不需城建档案馆归档保存的是（   ）。
A. 隐蔽工程验收记录   B. 电梯运行记录
C. 电梯安全装置检验报告   D. 土建交接检验质量验收记录

4. 土建交接检验质量验收记录属于（   ）资料。
A. 管理资料   B. 工程质量控制资料
C. 安全和功能项目   D. 电梯工程质量验收记录

5. 液压电梯子分部工程质量验收记录需城建档案馆归档保存的是（   ）。
A. 设备进场验收记录
B. 土建交接检验质量验收记录
C. 驱动主机分项工程质量验收记录
D. 导轨分项工程质量验收记录

二、多项选择题

1. 电梯质量控制资料主要包括下列（   ）和分项、分部工程质量验收记录等内容。
A. 土建布置图纸会审、设计变更、洽商记录
B. 设备出厂合格证书及开箱检验记录
C. 隐蔽工程验收记录、施工记录
D. 三性测试记录
E. 负荷试验、安全装置检查记录

2. 下列电梯施工文件档案资料中属于安全和功能项目的是（   ）。
A. 设备进场验收记录   B. 电梯运行记录
C. 隐蔽工程验收记录   D. 负荷试验、安全装置检查记录
E. 电梯安全装置检验报告

三、判断题（正确的写 A，错误的写 B）

电梯观感质量合格要求是轿门带动层门开、关运行、门扇与门扇、门扇与套、门扇与门楣、门扇与门口处轿壁、门扇下端与地坎应无刮碰现象。（   ）

4.12 竣工验收资料、竣工图管理

一、单项选择题

1. 下列竣工验收资料中不需城建档案馆归档保存的是（   ）。
A. 单位（子单位）工程观感质量检查记录
B. 住宅工程质量分户验收汇总表
C. 数字化档案确认书

D. 工程质量监督报告

2. 竣工图章应使用不易褪色的（　　）印泥，应盖在图签附近空白处。
A. 蓝色　　　　B. 黑色　　　　C. 红色　　　　D. 黄色

3. 折叠后幅面尺寸以（　　）图纸基本尺寸为标准。
A. 1#　　　　B. 2#　　　　C. 3#　　　　D. 4#

4. 图纸基本尺寸为420×594mm是（　　）#图纸。
A. 1#　　　　B. 2#　　　　C. 3#　　　　D. 4#

5. 3#～0#图纸应在装订边（　　）mm处折一三角或剪一缺口，折进装订边。
A. 210　　　　B. 297　　　　C. 420　　　　D. 594

6. 竣工图章大小尺寸为（　　）。
A. 20mm×40mm　　B. 30mm×50mm　　C. 40mm×60mm　　D. 50mm×80mm

二、多项选择题

1. 竣工图按绘制方法不同可分为以下几种形式（　　）。
A. 利用电子版施工图改绘竣工图
B. 利用施工蓝图改绘竣工图
C. 利用翻晒硫酸纸底图改绘的竣工图
D. 用照相机翻拍竣工图
E. 重新绘制的竣工图。

2. 利用施工图蓝图改绘的竣工图应符合的规定有（　　）。
A. 用云线圈出修改部位
B. 应采用杠（划）改或叉改法进行绘制
C. 应使用新晒制的蓝图
D. 不得使用复印图纸
E. 应使用刀片将需更改部位刮掉，再将变更内容标注在修改部位

三、判断题（正确的写A，错误的写B）

1. 竣工验收资料（JG1）装订在土建工程资料后。（　　）
2. 工程档案资料移交书由城建档案馆归档保存。（　　）

四、计算题或案例分析题

1. 某单位拟建设一座四层办公楼，采用C30钢筋混凝土框架结构，柱下C30混凝土条形基础，断桥隔热铝合金中空玻璃空，高聚物防水卷材水屋面。

（1）该工程土建部分可以划分为（　　）和屋面防水等分部工程。（多选题）
A. 地基基础分部　　　　　　B. 混凝土分部
C. 主体结构分部　　　　　　D. 门窗分部
E. 装饰装修分部

（2）分部工程质量验收合格的条件是（　　）和地基与基础、主体结构和设备安装等分部工程有关安全及功能的检验和抽样检测结果应符合有关规定。（多选题）
A. 主控项目合格
B. 一般项目满足要求
C. 所含分项工程的质量均应验收合格

D. 质量控制资料应完整

E. 观感质量验收应符合要求

(3) 分部工程的质量验收由（　　）组织（　　）参加进行验收。（多选题）

A. 总监理工程师 B. 建设单位技术负责人

C. 施工单位项目经理 D. 施工单位项目技术负责人

E. 施工单位质检员

(4) 工程的观感质量应由验收人员通过现场检查，并应共同作出。其结论用（　　）评定。（多选题）

A. 好 B. 一般 C. 全合格

D. 差 E. 不合格

(5) 建筑工程施工完成，具备竣工验收的条件是：有完成建设工程设计和合同规定的各项内容、（　　）和规划行政主管部门、公安消防、环保等部门出具的认可文件或者准许使用文件。（多选题）

A. 有工程使用的主要建筑材料、建筑构配件和设备的进场报告

B. 有完整的技术档案和施工管理资料

C. 有勘察、设计、施工、监理等单位签署的质量合格文件

D. 有施工单位签署的工程保修书

E. 有质量监督手续和安全监督手续。

2. 某施工单位采购了一批建筑材料，水泥 500t、钢筋 400t、砂 1000m^3 和石子 1000m^3。

(1) 用于浇筑钢筋混凝土基础的水泥，进场时应批对其品种、级别、包装或散装仓号、出厂日期等进行检查，并应对其（　　）及其他必要的性能指标进行见证取样复验。（多选题）

A. 强度 B. 延伸性 C. 安定性

D. 级配 E. 化学成分

(2) 检验按同一生产厂家、同一等级、同一品种、同一批号且连续进场的水泥，袋装不超过（　　）为一批，散装不超过（　　）为一批，每批抽样不少于一次。（多选题）

A. 100t B. 200t C. 300t

D. 400t E. 500t

(3) 产品合格证、出厂检验报告属于产品质量保证资料，有时产品合格和出厂检测报告可以合并，生产者应在水泥发出之日起（　　）内寄发除（　　）强度以外的各项检验结果，（　　）内补报 28d 强度的检验结果。（多选题）

A. 7d B. 14d C. 28d

D. 32d E. 56d

(4) 砂、石用大型工具（如火车、货船或汽车）运输的，以（　　）为一验收批，用小型工具（如马车等）运输的，以（　　）为一验收批，不足上述数量者也按一批计。（多选题）

A. 100m^3 或 200t B. 200m^3 或 300t

C. 300m³ 或 400t D. 400m³ 或 500t

E. 400m³ 或 600t

(5) 石进场验收需见证取样复验，碎石或卵石应进行（　　）项目检测。（多选题）

A. 颗粒级配　　B. 贝壳含量　　C. 石粉含量

D. 泥块含量　　E. 针、片状颗粒含量

3. 某工程结构采用钢筋混凝土框架结构，钢筋混凝土条形基础，断桥隔热铝合金中空窗。

(1) 收集的施工文件档案资料中归属于施工试验报告及见证检测报告的有（　　）。（多选题）

A. 外墙饰面砖样板件粘结强度检测

B. 钢筋保护层厚度实测

C. 屋面淋水、蓄水试验

D. 建筑物沉降检测报告

E. 室内环境检测报告

(2) 外墙饰面砖样板件粘结强度检测取样对现场镶贴的外墙饰面砖工程每（　　）同类墙体取1组试样，每组3个，每层楼不得少于1组；不足上述数量同类墙体，每两层取1组试样，每组3个。（单选题）

A. 100m²　　B. 200m²　　C. 300m²　　D. 400m²

(3) 厕浴间、厨房等有防水要不就的地面施工完成后，蓄水（　　）h进行检查，要求不得存在渗漏和积水现象，排水通畅。蓄水试验后，由施工单位填写《有防水要求的地面蓄水试验记录》(TJ3.1.3)。（单选题）

A. 12　　B. 24　　C. 48　　D. 72

(4) 幕墙及外窗施工完成后应进行（　　）三性试验。（多选题）

A. 透光性　　B. 气密性　　C. 水密性

D. 隔热性　　E. 抗风压性

(5) 门窗属于（　　）分部工程。（单选题）

A. 地基与基础　　B. 主体结构　　C. 装饰装修　　D. 屋面

4. 某施工单位通过招投标承包了某学校的教学楼的施工任务。教学楼为四层钢筋混凝土框架结构，泥浆护壁钻孔灌注桩基础。在施工中收集下以下施工文件档案资料：钢筋合格证、钢筋复验报告、混凝土试块试验报告、钢筋连接试验报告、钢筋工程隐蔽验收记录、混凝土浇筑记录、屋面淋水和蓄水试验记录和模板分项工程（现浇结构模板安装）检验批质量验收记录等。

(1) 根据《房屋建筑与市政基础设施工程档案资料管理规范》(DGJ 32/TJ143—2012)施工文件资料可分为（　　）。（多选题）

A. 施工与技术管理资料　　B. 工程质量控制资料

C. 安全和功能检验资料　　D. 工程质量验收记录

E. 竣工验收文件资料

(2) 下列施工文件档案资料中属于工程质量控制资料的是（　　）。（多选题）

A. 钢筋连接试验报告

B. 钢筋工程隐蔽验收记录

C. 混凝土浇筑记录

D. 屋面淋水和蓄水试验记录

E. 模板分项工程（现浇结构模板安装）检验批质量验收记录等

（3）下列施工文件档案资料中需由城建档案馆归档保存的有（   ）。（多选题）

A. 钢筋合格证　　　　　　　　B. 钢筋复验报告

C. 混凝土试块试验报告　　　　D. 钢筋连接试验报告

E. 钢筋工程隐蔽验收记录

（4）下列施工文件档案资料中属于施工试验报告及见证检测报告类的有（   ）。（多选题）

A. 钢筋复验报告　　　　　　　B. 混凝土试块试验报告

C. 钢筋连接试验报告　　　　　D. 屋面淋水和蓄水试验记录

E. 模板分项工程（现浇结构模板安装）检验批质量验收记录

（5）本工程施工文件档案资料可按（   ）等组成若干卷。（多选题）

A. 桩基　　　　　　　　　　　B. 主体结构

C. 土建部分　　　　　　　　　D. 设备安装部分

E. 竣工验收资料、竣工图部分

5. 某施工单位通过招投标承包了某学校的教学楼的施工任务。教学楼为四层钢筋混凝土框架结构，泥浆护壁钻孔灌注桩基础。

（1）在施工前列出了施工中拟收集的施工文件档案资料中属于管理资料的是（   ）。（多选题）

A. 施工现场质量管理检查记录

B. 开工报告

C. 施工组织设计、施工方案及审批表

D. 图纸会审、设计变更、洽商记录

E. 设计交底记录

（2）下列施工记录中需城建档案馆归档保存的有（   ）。（多选题）

A. 施工日志　　　　　　　　　B. 现场施工预应力记录

C. 混凝土浇筑记录　　　　　　D. 工程质量事故及事故调查处理资料

E. 新材料、新工艺施工记录

（3）下列施工文件档案资料中属于施工试验报告及见证检测报告类的是（   ）。（多选题）

A. 混凝土试块试验报告　　　　B. 同条件养护混凝土试块试验报告

C. 砂浆试块试验报告　　　　　D. 水泥进场复验报告

E. 砂、石料进场复验报告

（4）下列施工文件档案资料中属于试验检查记录类的是（   ）。（多选题）

A. 钢筋工程隐蔽验收记录

B. 地下室防水效果检查记录

C. 穿墙管止水环与主管或翼环与套管隐蔽验收记录

D. 有防水要求的地面蓄水试验记录

E. 屋面淋水、蓄水试验记录

(5) 下列施工文件档案资料归档的文件要求正确的是（　　）。（多选题）

A. 归档文件必须完整、准确、系统，能够反映工程建设活动的全过程。归档的文件必须经过分类整理，并应组成符合要求的案卷

B. 勘察、设计、施工单位在收齐工程文件并整理立卷后，建设单位、施工单位应根据城建管理机构的要求对档案文件完整、准确、系统情况和案卷质量进行审查。审查合格后向建设单位移交

C. 工程档案一般不少于叁套，一套由建设单位保管，一套由施工单位保管，一套（原件）移交当地城建档案馆（室）

D. 勘察、设计、施工、监理等单位向建设单位移交档案时，应编制移交清单，双方签字，盖章后方可交接

E. 凡设计，施工及监理单位需要向本单位归档的文件，应按国家有关规定和《房屋建筑和市政基础设施工工程档案资料管理规范》（DGJ 32/TJ143）的要求单独立卷归档

6. 某施工单位承包了钢结构框架结构。

(1) 钢结构子分部工程验收时需提供文件和记录有（　　）等。（多选题）

A. 钢结构工程施工图纸及相关设计文件

B. 有关安全及功能的检验和见证检测项目检查记录

C. 单位工程所含分部工程质量验收记录

D. 分部工程所含分项工程质量验收记录

E. 分项所含检验批质量验收记录

(2) 下列钢结构施工文件档案资料属于检验及抽样检测汇总表内容的有（　　）。（多选题）

A. 高强度螺栓施工记录

B. 高强度螺栓连接副施工扭矩检验报告

C. 钢结构矫正施工记录

D. 钢屋（托）架、桁架、钢梁、吊车梁等垂直度和侧向弯曲检测报告

E. 焊接材料的烘焙记录

(3) 施工文件档案资料案卷由（　　）等组成。（多选题）

A. 案卷封面　　　　　　　　　B. 卷内目录

C. 卷内文件　　　　　　　　　D. 工程资料卷内备考表

E. 案卷封底

(4) 施工文件档案资料卷内文件排列顺序正确的是（　　）。（多选题）

A. 文字材料按事项、专业顺序排列

B. 同一事项的请示与批复、同一文件的印本与定稿、主体与附件不能分开

C. 并按请示在前、批复在后，印本在前、定稿在后，主体在前、附件在后的顺序排列

D. 图纸按专业排列，同专业图纸按图号顺序排列

E. 既有文字材料又有图纸的案卷，图纸排前，文字材料排后

(5) 下列关于工程档案资料的移交说法错误的是（　　）。(多选题)

A. 建设单位在工程竣工验收后 1 个月内，必须向城建档案馆（室）移交一套符合规定的工程档案

B. 停建、缓建建设工程的档案，暂由建设单位保管

C. 对改建、扩建和维修工程，建设单位应当组织设计、施工单位据实修改、补充和完善原工程档案。对改变的部位，应当重新编制工程档案，并在工程验收后 6 个月内向城建档案馆（室）移交

D. 建设单位向城建档案馆（室）移交工程档案时，应办理移交手续，填写移交目录，双方签字、盖章后交接

7. 某住宅工程为六层，采用钢筋混凝土框架结构，现浇钢筋混凝土楼板，钢筋混凝土预制桩基础。柱的钢筋采用电磁压力焊连接，梁、板的钢筋采用闪光对焊连接。

(1) 在桩基施工时，下列施工文件资料中由施工单位提供的是（　　）。(多选题)

A. 桩基结构图及设计变更单

B. 混凝土浇灌记录

C. 钢筋笼制作安放施工验收记录

D. 桩身质量检测报告

E. 桩承载力检测报告

(2) 钢筋混凝土预制桩接桩隐蔽验收记录的有（　　）等内容。(多选题)

A. 桩基施工标准名称及代号　　B. 施工图名称及编号

C. 隐蔽工程部位、质量要求　　D. 加强层情况（长度、厚度、高度）

E. 施工单位自检记录、监理（建设）单位验收记录等内容。

(3) 桩的静载荷试验数量在同一条件下不应少于总桩数的（　　）%，且不少于（　　）根；当总桩数少于 50 根时，应不少于（　　）根。(多选题)

A. 1　　　　　　B. 2　　　　　　C. 3

D. 5　　　　　　E. 10

(4) 钢筋分项（钢筋连接、钢筋安装）检验批质量验收记录中填写不正确的是（　　）。(多选题)

A. 主控项目填写"符合规范要求"

B. 分项项目填写"符合规范要求"

C. 施工依据号填写是地基与基础工程施工质量验收规范

D. 施工单位检查评定结果由施工员签字盖章

E. 监理单位验收结论由监理工程师签字盖章

(5) 该工程框架填充墙砌筑施工过程中应报送的施工文件资料有（　　）。(多选题)

A. 原材料出场质量证明文件

B. 原材料进场复验报告

C. 砂浆试块试验报告

D. 外墙饰面砖样板件粘结强度检测报告

E. 填充墙砌体分项工程检验批质量验收记录

8. 某小型百货商店，地上 6 层，建筑面积 4200m²，外墙正立面采用玻璃幕墙，侧立

面、背立面采用石材幕墙。由某建筑公司承包施工,某监理公司进行监理。

(1) 材料进场需提交的质量证明文件有(　　)等。(多选题)

　A. 塑钢材料产品出厂质量证明文件

　B. 幕墙用钢材出厂质量证明文件

　C. 幕墙板材(玻璃、金属板、石材)出厂质量证明文件

　D. 保温、防火材料出厂质量证明文

　E. 硅酮结构胶及密封材料出厂质量证明文件

(2) 下列属于工程安全和功能检验资料的是(　　)。(多选题)

　A. 石材弯曲强度复验报告

　B. 后置埋件的现场拉拔强度检测报告

　C. 防雷装置测试记录

　D. 幕墙淋水试验记录

　E. 幕墙的抗风压性能、气密性能、水密性能及平面位移性能(当设计未对平面位移性能提出要求时,不检测)检测报告

(3) 玻璃进场需提供(　　)。(多选题)

　A. 玻璃产品合格证

　B. 进口玻璃商检证

　C. 玻璃产品性能检测报告

　D. 幕墙及外窗气密性能、水密性能、抗风压性能检测报告(当设计对幕墙有平面位移性能要求时,应有相应平面位移性能检测报告)

　E. 生产厂家资格证

(4) 下列属于检验及抽样检测资料的有(　　)等。(多选题)

　A. 石材幕墙结构密封胶的粘结强度复验报告

　B. 石材幕墙结构密封胶的污染性复验报告

　C. 后置埋件的现场拉拔强度检测报告

　D. 防雷装置测试记录

　E. 幕墙淋水试验记录

(5) 下列属于幕墙验收应检查文件和记录是(　　)。(多选题)

　A. 幕墙工程的施工图、结构计算书、设计说明及其他设计文件

　B. 建筑设计单位对幕墙工程设计的确认文件

　C. 打胶、养护环境的测试、湿度记录

　D. 双组份硅酮结构胶的混匀性试验记录及拉断试验记录

　E. 防漏电装置测试记录

9. 某商业大厦土建已基本完工,进入设备安装阶段,进行电气安装和通风空调工程施工。

(1) 电气安装工程功能性试验进行了接地电阻测试,还应进行(　　)测试。(多选题)

　A. 开关电气现场抽样测试　　　　B. 绝缘电阻测试

　C. 电气照明器具通电安全检查　　D. 电气明明、动力试运行试验

E. 插座电气现场抽样测试
（2）通风空调现有系统调试记录，尚有（　　）记录。（多选题）
A. 制冷机试运转记录　　　　　　B. 通风机试运转记录
C. 空调处理机试运转记录　　　　D. 风管强度检验记录
E. 阀门实验记录
（3）下列工程文件档案资料中由城建档案馆归档保存的是（　　）。（多选题）
A. 材料进场验收记录　　　　　　B. 材料出厂合格证
C. 设备进场验收记录　　　　　　D. 材料进场检验（试验）报告
E. 设备进场检验（试验）报告
（4）下列工程竣工文件中由监理单位参与形成的有（　　）。（多选题）
A. 工程竣工报告
B. 工程竣工报验单
C. 工程质量检查报告
D. 单位工程质量控制资料核查记录
E. 单位工程观感质量检查记录
（5）下列属于工程竣工验收备案文件中是（　　）。（多选题）
A. 工程竣工验收报告　　　　　　B. 规划验收认可文件
C. 公安消防认可　　　　　　　　D. 住宅质量保修书
E. 竣工财务决算说明书

第5章　市政基础设施施工文件档案资料

5.1　市政基础设施工程施工质量控制与验收

一、单项选择题

1. 市政道路工程中铺砌式面层子分部工程可划为（　　）和预制混凝土砌块面层分项工程。
   A. 热拌沥青混合料面层　　　　　B. 沥青贯入式面层
   C. 沥青表面处治面层　　　　　　D. 料石面层
2. 市政管道工程中的不开槽施工主体结构分项工程中的夯管子分部工程中的管道接口连接分项工程是按（　　）划分验收批。
   A. 每个顶升管　B. 每100环　C. 每100m　D. 每施工作业断面

二、多项选择题

1. 市政道路工程中下列分项工程按每道墙体划分检验批的有（　　）。
   A. 滤层、泄水孔　B. 回填土　C. 栏杆　D. 排（截）水沟
   E. 护坡
2. 市政管道工程中下列属于结构安全和使用功能性检测的有（　　）。
   A. 管道水压试验　　　　　　　　B. 给水管道冲洗消毒
   C. 管道位置及高程　　　　　　　D. 柔性管道环向变形检测

E. 电气设备电试

三、判断题（正确的写 A，错误的写 B）

1. 市政基础设施工程相关各分项工程之间，必须进行交接检验，所有隐蔽分项工程必须进行隐蔽验收，未经检验或验收不合格不得进行下道分项工程。（ ）

2. 施工单位应熟悉和审查施工图纸，掌握设计意图与要求，实行自审、会审（交底）和签证制度；发现施工图有疑问、差错时，应及时提出意见和建议。（ ）

5.2 市政基础设施工程施工文件资料管理

一、单项选择题

1. 进行市政基础设施工程施工，沥青混合料生产单位应按同类型、同配比、每批次至少向施工单位提供一份产品质量合格证书。连续生产时，每（ ）提供一次。

A. 1000t　　B. 2000t　　C. 3000t　　D. 4000t

2. 市政基础设施工程中混凝土管、金属管生产厂家提供有关的检测报告不包括（ ）。

A. 强度　　B. 严密性　　C. 混凝土碱含量　　D. 无损探伤

3. 市政基础设施工程中，产品应有出厂质量合格证书和设计有要求的复试报告的是（ ）。

A. 井圈　　B. 井盖　　C. 踏步　　D. 止水带

4. 市政基础设施工程中属于填土、路床压实度（密度）资料的是（ ）。

A. 沥青混合料厂提供的标准密度

B. 土质种类做的最大干密度与最佳含水量试验报告

C. 无机混合料基层的标准击实试验报告

D. 石灰、水泥实际剂量的检测报告

5. 市政基础设施工程中属于道路基层压实度和强度试验资料的是（ ）。

A. 最佳含水量试验报告

B. 沥青混合料厂提供的标准密度

C. 无机混合料应有石灰、水泥实际剂量的检测报告

D. 路面弯沉试验报告

6. 市政基础设施工程中属于道路面层压实度资料的是（ ）。

A. 路面弯沉试验报告　　B. 最佳含水量试验报告

C. 填土压实度试验记录　　D. 7d 龄期的无侧限抗压强度试验报告

7. 市政基础设施工程中施加预应力记录不包括（ ）。

A. 预应力钢筋进场复验资料　　B. 理论张拉伸长值计算资料

C. 预应力孔道灌浆记录　　D. 预留孔道实际摩阻值的测定报告书

8. 市政基础设施工程中不属于预检记录的是（ ）。

A. 设备安装的位置检查情况

B. 隐蔽工程检查验收记录

C. 补偿器预拉情况、补偿器的安装情况

D. 支（吊）架的位置、各部位的连接方式等检查情况

9. 市政基础设施工程中压力管道的试验不包括（　　）。

A. 强度试验　　　B. 严密性试验　　　C. 满水试验　　　D. 通球试验

10. 市政工程中水池的功能性试验有（　　）。

A. 强度试验　　　B. 严密性试验　　　C. 满水试验　　　D. 通球试验

11. 市政工程中消化池的功能性试验有（　　）。

A. 强度试验　　　B. 气密性试验　　　C. 满水试验　　　D. 通球试验

二、多项选择题

1. 市政基础设施工程中所用的沥青使用前复试的主要项目为（　　）。

A. 强度　　　　B. 针入度　　　　C. 软化点

D. 老化　　　　E. 化学成分

2. 混凝土管、金属管生产厂家应提供有关的（　　）的检测报告。

A. 强度　　　　B. 刚度　　　　C. 严密性

D. 密实性　　　E. 无损探伤

3. 市政基础设施工程中填土、路床压实度（密度）资料有按土质种类做的（　　）试验报告。

A. 填土压实度试验记录　　　　　B. 最大干密度试验报告

C. 最佳含水量试验报告　　　　　D. 标准击实试验报告

E. 无侧限抗压强度试验报告

4. 市政基础设施工程中填土、路床压实度（密度）资料有（　　）。

A. 石灰类、水泥类、二灰类等无机混合料基层的标准击实试验报告

B. 石灰、水泥等无机稳定土类道路基层应有 7d 龄期的无侧限抗压强度试验报告

C. 按土质种类做的最大干密度与最佳含水量试验报告

D. 按质量标准分层分段取样的压实度试验记录

E. 按质量标准分层、分段取样的填土压实度试验记录

5. 市政基础设施工程中道路面层压实度资料有（　　）。

A. 沥青混合料厂提供的标准密度

B. 按质量标准分层取样的实测干密度

C. 石灰、水泥实际剂量的检测报告

D. 有路面弯沉试验报告

E. 7d 龄期的无侧限抗压强度试验报告

6. 市政基础设施工程中施加预应力记录有（　　）等。

A. 预应力筋进场验收记录　　　　B. 预应力张拉设计数据

C. 理论张拉伸长值计算资料　　　D. 预应力张拉原始记录

E. 预应力孔道灌浆记录

7. 市政基础设施工程中基础设施工程功能性试验主要项目一般包括（　　）等。

A. 道路工程的弯沉试验　　　　　B. 无压力管道强度试验

C. 无压力管道严密性试验　　　　D. 水池满水试验

E. 消化池气密性试验

三、判断题（正确的写 A，错误的写 B）

1. 市政基础设施工程中所用的防火涂料应具有经消防主管部门的认定证明材料。
（　　）
2. 市政基础设施工程中厂（场）、站工程成套设备应按现行国家或行业相关规范、规程、标准要求进行进场检查、验收。工程竣工后整理归档。（　　）
3. 市政基础设施工程各种地下管线的各类井室的井圈、井盖、踏步等，应有生产单位出具的质量合格证书和复试报告。（　　）
4. 市政基础设施工程中石灰类、水泥类、二灰类等无机混合料应有石灰、水泥实际剂量的检测报告。（　　）
5. 市政基础设施工程中石灰、水泥等无机稳定土类道路基层应有 7 天龄期的无侧限抗压强度试验报告。（　　）
6. 市政基础设施工程中设计变更、洽商，由工程总包单位和分包单位分别办理。
（　　）

四、计算题或案例分析题

1. 某市新建一条贯穿城市南北，宽 40m 的主干道。该项目由某市政建设工程总公司中标承建。

(1) 沥青使用前复试的主要项目为（　　）等（视不同的道路等级而定）。（多选题）
A. 延度　　　　B. 针入度　　　　C. 软化点
D. 脆性　　　　E. 老化、黏附性

(2) 沥青混合料生产单位应按（　　）至少向施工单位提供一份产品质量合格证书。连续生产时，每 2000t 提供一次。（多选题）
A. 同类型　　　B. 同产家　　　C. 同一生产线
D. 同配比　　　E. 每批次

(3) 测量交接及复测记录 DL2.2 中城建档案馆需归档保存的是（　　）。（多选题）
A. 导线点复测记录　　　　　　B. 水准点复测记录
C. 测量仪器及计量设备标定证书　　D. 土的承载比（CBR）试验报告
E. 无机结合料 7d 无侧限抗压强度试验报告

(4) 路基分部工程质量验收记录 DL 3 通常包括有（　　）等分项质量验收。（多选题）
A. 土方　　　　B. 石方　　　　C. 路基处理
D. 路床　　　　E. 路肩

(5) 市政工程竣工图通常有（　　）等。（多选题）
A. 城市道路　　B. 桥梁　　　　C. 水利
D. 涵洞、隧道　E. 城市交通

5.3　市政基础设施工程文件档案来源、组卷和归档目录

一、单项选择题

1. 市政道路工程施工资料中的无机结合料稳定材料配合比设计报告属于（　　）类

资料。

  A. 施工技术、管理资料
  B. 原材料及构配件出厂合格证书及进场复验报告
  C. 施工试验报告及见证检测报告
  D. 施工记录

  2. 市政道路工程施工资料中沥青混凝土设计配合比及生产配合比通知单由（　　）提供。
  A. 设计单位 B. 监理单位 C. 施工单位 D. 检测单位

  3. 市政道路工程施工资料中下列施工技术、管理资料需归入城建档案馆归档保存的是（　　）。
  A. 工程项目施工管理人员名单
  B. 施工现场质量管理检查记录
  C. 施工组织设计、施工方案审批表
  D. 工程总承包合同及分包合同

  4. 市政道路工程施工资料中下列施工技术、管理资料仅需施工单位归档保存，而不需城建档案馆归档保存的是（　　）。
  A. 工程概况 B. 施工现场质量管理检查记录
  C. 开工报告 D. 竣工报告

  5. 市政道路工程施工资料中的设计交底记录属于（　　）类资料。
  A. 施工技术、管理资料 B. 图纸会审、设计变更、洽商记录汇总表
  C. 施工记录 D. 施工试验报告及见证检测报告

  6. 市政道路工程施工资料中导线点复测记录由（　　）提供。
  A. 设计单位 B. 监理单位 C. 施工单位 D. 检测单位

  7. 市政道路工程施工资料中下测量交接及复测记录仅需施工单位归档保存，而不需城建档案馆归档保存的是（　　）。
  A. 测量交接桩记录及附件 B. 水准点复测记录
  C. 工程定位测量、放线验收记录 D. 测量仪器及计量设备标定证书

  8. 市政道路工程施工资料中原材料及构配件出厂合格证书及进场复验报告需归入城建档案馆归档保存的是（　　）。
  A. 钢筋合格证、出厂检验报告 B. 钢筋进场复验报告
  C. 水泥合格证、出厂检验报告 D. 商品混凝土质量合格证明文件

  9. 市政道路工程施工资料中原材料及构配件出厂合格证书及进场复验报告仅需施工单位归档保存，而不需城建档案馆归档保存的是（　　）。
  A. 无机结合料稳定类基层混合料水泥（石灰）剂量试验报告
  B. 沥青混凝土进场复验报告
  C. 粉煤灰进场复验报告
  D. 焊条（剂）合格证

  10. 市政道路工程施工资料中 无机结合料稳定类基层混合料水泥（石灰）剂量试验报告由（　　）提供。

A. 设计单位　　　　B. 监理单位　　　　C. 施工单位　　　　D. 检测单位

11. 市政道路工程施工资料中水泥土搅拌桩取芯强度试验报告汇总表由（　　）提供。

A. 设计单位　　　　B. 监理单位　　　　C. 施工单位　　　　D. 检测单位

12. 市政道路工程施工资料中地基钎探记录属于（　　）类资料。

A. 施工技术、管理资料　　　　　　B. 施工试验报告及见证检测报告
C. 施工记录　　　　　　　　　　　D. 质量验收记录

13. 市政道路工程施工资料中下原材料及构配件出厂合格证书及进场复验报告需归入城建档案馆归档保存的是（　　）。

A. 钢筋合格证、出厂检验报告　　　B. 钢筋进场复验报告
C. 水泥合格证、出厂检验报告　　　D. 商品混凝土质量合格证明文件

14. 市政道路工程施工资料中下施工记录需归入城建档案馆归档保存的是（　　）。

A. 地基钎探记录　　　　　　　　　B. 地基施工处理记录
C. 隐蔽工程验收记录　　　　　　　D. 混凝土浇筑记录

15. 市政道路工程施工资料中下施工记录需归入城建档案馆归档保存的是（　　）。

A. 回填施工记录　　　　　　　　　B. 软基分层沉降检测记
C. 孔隙水压力观察记录　　　　　　D. 深层搅拌桩施工记录

16. 市政道路工程施工资料中下施工记录仅需施工单位归档保存，而不需城建档案馆归档保存的是（　　）。

A. 工程质量事故及事故调查处理记录　　B. 道路工程测试成果汇总表
C. 深层搅拌桩施工记录　　　　　　　　D. 工程施工总结

17. 市政道路工程施工资料中 路肩分项工程质量验收记录属于（　　）类资料。

A. 路基分部工程质量验收记录
B. 基层分部工程质量验收记录
C. 面层分部工程质量验收记录
D. 广场与停车场工程分部工程质量验收记录

18. 市政道路工程施工资料中沥青表面处治工程检验批质量验收记录属于（　　）类资料。

A. 路基分部工程质量验收记录
B. 基层分部工程质量验收记录
C. 面层分部工程质量验收记录
D. 广场与停车场工程分部工程质量验收记录

19. 市政道路工程施工资料中下列施工记录需归入城建档案馆归档保存的是（　　）。

A. 回填施工记录　　　　　　　　　B. 软基分层沉降检测记
C. 孔隙水压力观察记录　　　　　　D. 深层搅拌桩施工记录

20. 市政道路工程施工资料中下列面层分部工程质量验收记录需城建档案馆归档保存的是（　　）。

A. 沥青混合料面层子分部工程质量验收记录
B. 粘层、透层与封层分项工程质量验收记录

C. 粘层、透层与封层工程检验批质量验收记录

D. 热拌沥青混合料面层分项工程质量验收记录

21. 市政道路工程施工资料中下列竣工验收文件资料需城建档案馆归档保存的是（　　）。

　　A. 单位工程质量竣工验收记录

　　B. 单位工程质量控制资料核查记录

　　C. 单位工程结构安全和使用功能资料核查记录

　　D. 单位工程外观质量检查记录

22. 市政管道工程施工文件档案资料中的焊接工艺评定及作业指导书由（　　）提供。

　　A. 供应单位　　　B. 监理单位　　　C. 施工单位　　　D. 检测单位

23. 市政管道工程施工文件档案资料中的支护及施工变形测量报告属于（　　）类资料。

　　A. 施工检测　　　　　　　　　B. 施工记录

　　C. 结构安全和使用功能检测　　D. 分部工程质量检验记录

24. 市政管道工程施工文件档案资料中的管道水压试验记录属于（　　）类资料。

　　A. 施工检测　　　　　　　　　B. 施工记录

　　C. 结构安全和使用功能检测　　D. 分部工程质量检验记录

25. 市政道路工程施工资料中下列管道主体工程分部工程质量检验记录中需城建档案馆归档保存的是（　　）。

　　A. 盾构子分部工程质量验收记录

　　B. 盾构管片制作分项工程质量验收记录

　　C. 盾构管片制作工程检验批质量验收记录

　　D. 盾构掘进和管片拼装分项工程质量验收记录

二、多项选择题

1. 市政道路工程施工文件资料中下列（　　）属于质量控制资料。

　　A. 测量交接及复测记录　　　　B. 施工试验报告及见证检测报告

　　C. 施工记录　　　　　　　　　D. 路基分部工程质量验收记录

　　E. 面层分部工程质量验收记录

2. 市政道路工程施工资料中下列测量交接及复测记录需城建档案馆归档保存的是（　　）。

　　A. 测量交接桩记录及附件　　　B. 导线点复测记录

　　C. 水准点复测记录　　　　　　D. 测量仪器及计量设备标定证书

　　E. 工程定位测量、放线验收记录

3. 市政道路工程施工资料中原材料及构配件出厂合格证书及进场复验报告仅需施工单位归档保存，而不需城建档案馆归档保存的是（　　）。

　　A. 原材料出厂质量证明文件汇总表　　B. 钢筋合格证、出厂检验报告

　　C. 水泥合格证、出厂检验报告　　　　D. 原材料进场复验报告汇总表

　　E. 原材料检验试验报告

4. 市政道路工程施工资料中施工试验报告及见证检测报告由施工单位提供的是（   ）。

    A. 混凝土试块检测报告汇总表   B. 混凝土试块检测报告

    C. 混凝土强度评定   D. 砂浆试块检测报告汇总表

    E. 砂浆试块检测报告

5. 市政道路工程施工资料中施工试验报告及见证检测报告由检测单位提供的是（   ）。

    A. 钢筋连接试验报告汇总表   B. 钢筋连接试验报告

    C. 土工试验记录汇总表   D. 土壤标准击实报告

    E. 无机结合料标准击实报告

6. 市政道路工程施工资料中下列施工记录需城建档案馆归档保存的是（   ）。

    A. 地基施工处理记录   B. 隐蔽工程验收记录

    C. 沥青混凝土进场、摊铺测温记录   D. 软基分层沉降检测记录

    E. 道路工程测试成果汇总表

7. 市政道路工程施工资料中下列竣工验收文件资料需城建档案馆归档保存的是（   ）。

    A. 工程竣工报告

    B. 单位工程质量竣工验收记录

    C. 单位工程结构安全和使用功能资料核查记录

    D. 数字化档案确认书

    E. 工程质量保修书

8. 市政管道工程施工文件档案资料中的工程质量验收记录有（   ）。

    A. 土方分部工程质量验收记录

    B. 路基分部工程质量验收记录

    C. 管道主体工程分部工程质量验收记录

    D. 基层分部工程质量验收记录

    E. 附属构筑物分部工程质量验收记录

9. 市政桥梁工程施工文件档案资料中的工程质量验收记录有（   ）。

    A. 土方分部工程质量验收记录   B. 墩台分部工程质量验收记录

    C. 盖梁分部工程质量验收记录   D. 基层分部工程质量验收记录

    E. 附属构筑物分部工程质量验收记录

三、判断题（正确的写 A，错误的写 B）

1. 市政道路工程施工资料中设计交底记录属于施工技术、管理资料。（   ）

2. 市政道路工程施工资料中混凝土配合比通知单由施工单位提供。（   ）

3. 市政道路工程施工资料中水泥合格证、出厂检验报告城建档案不需归档保存。（   ）

4. 市政道路工程施工资料中原材料进场复验报告汇总表仅需施工单位归档保存，城建档案不需归档保存。（   ）

5. 市政道路工程施工资料中无机结合料 7d 无侧限抗压强度试验汇总表由检测单位提

供。 ( )

6. 市政道路工程施工资料中工程质量事故及事故调查处理记录属于施工记录类资料。
( )

7. 市政道路工程施工资料中分部工程、分项工程和检验批的质量验收资料均需施工单位、城建档案馆归档保存。 ( )

8. 市政道路工程施工资料中由施工单位提供，仅需施工单位归档保存，城建档案馆不需归档保存。 ( )

第 6 章 施工文件档案资料管理

6.1 施工文件档案资料管理职责

一、单项选择题

1. 由建设单位采购的工程材料、构配件和设备，建设单位应向（ ）提供完整、真实、有效的质量证明文件。
   A. 设计单位　　　B. 监理单位　　　C. 施工单位　　　D. 检测单位

2. 由（ ）组织竣工图的编制工作。
   A. 设计单位　　　B. 监理单位　　　C. 施工单位　　　D. 建设单位

3. 在工程竣工验收后建设单位应及时收集勘察、设计、施工和监理单位的档案资料，在（ ）内将工程档案资料移交城建档案馆。
   A. 1 个月　　　B. 2 个月　　　C. 3 个月　　　D. 6 个月

4. 勘察、设计单位应在（ ）及时向建设单位出具工程勘察、设计质量检查报告。
   A. 工程竣工验收前　　　B. 工程竣工验收后
   C. 工程竣工验收中　　　D. 工程竣工验收合格后

5. 由（ ）协助建设单位对竣工图进行审查。
   A. 勘察、设计单位　　　B. 监理单位
   C. 施工单位　　　D. 建设单位

6. 勘察、设计单位应当在（ ）时，将形成的有关工程档案资料移交建设单位。
   A. 工程竣工验收前　　　B. 工程竣工验收后
   C. 工程竣工验收后 3 个月内　　　D. 任务完成

7. 监理单位监督检查（ ）并协助建设单位监督检查勘察、设计文件档案资料的形成、收集、组卷和归档。
   A. 建设单位工程文件资料　　　B. 监理文件资料
   C. 施工档案资料　　　D. 检测文件资料

8. 由（ ）应负责现场检查记录和监理文件资料的填写，并作为输入资料管理系统的原始记录。
   A. 总监理工程师　　　B. 监理工程师
   C. 监理员　　　D. 监理人员

9. 由（ ）负责竣工图的核查工作

A. 设计单位　　　B. 监理单位　　　C. 施工单位　　　D. 检测单位

10. 监理文件资料由（　　）向城建档案馆办理移交手续。

A. 勘察、设计单位　　　　　　B. 监理单位
C. 施工单位　　　　　　　　　D. 建设单位

11. 分包单位竣工验收前应及时向总包单位移交纸质档案和（　　）档案。

A. 胶片　　　B. 磁质　　　C. 光盘　　　D. 电子

12. 由（　　）应负责现场检查记录的填写，并作为输入"工程档案资料管理系统"的原始记录。

A. 施工员　　　B. 质量员　　　C. 资料员　　　D. 档案员

13. 由（　　）负责竣工图的编制工作。

A. 勘察、设计单位　B. 监理单位　C. 施工单位　D. 建设单位

14. 由（　　）负责核对施工单位通过"工程档案资料管理系统"下载的"工程质量检测报告汇总表"。

A. 设计单位　　　B. 监理单位　　　C. 施工单位　　　D. 检测单位

15. 由（　　）负责对建设工程档案的接收、收集、保管和利用等日常性的管理工作。

A. 建设单位　　　B. 城建档案馆　　　C. 监理单位　　　D. 施工单位

16. 工程开工前，由（　　）与建设单位签订《建设工程竣工档案责任书》。

A. 主管部门　　　B. 城建档案馆　　　C. 监理单位　　　D. 施工单位

17. 从"工程档案资料管理系统"中下载相关分项工程的"分项工程质量检验批验收记录"空白表格是（　　）的工作。

A. 建设单位　　　B. 监理单位　　　C. 施工单位　　　D. 检测单位

18. "工程质量检测报告汇总表"核对人在"工程质量检测报告汇总表"上签字，并在"工程质量检测报告汇总表"上盖单位公章的单位是（　　）。

A. 建设单位　　　B. 监理单位　　　C. 施工单位　　　D. 检测单位

19. 由（　　）在工程竣工后的3个月内，对工程档案进行正式验收。

A. 主管部门　　　B. 城建档案馆　　　C. 监理单位　　　D. 施工单位

二、多项选择题

1. 能在"工程档案资料管理系统"的资料上签署意见单位有（　　）。

A. 建设单位　　　　　　　　　B. 勘察、设计单位
C. 监理单位　　　　　　　　　D. 施工单位
E. 材料供应单位

2. 建设单位需同时对"工程档案资料管理系统"中（　　）的资料进行确认。

A. 材料供应单位　　　　　　　B. 勘察、设计单位
C. 监理单位　　　　　　　　　D. 施工单位
E. 检测单位

3. 分项工程质量检验批验收记录的形成应符合规定正确的是（　　）。

A. 从"工程档案资料管理系统"中下载相关分项工程的"分项工程质量检验批验收记录"空白表格

B. 仅对一般项目进行检查，记录其真实情况：检测报告、证书或文件编号及结论，工程实体的实测实量和检查情况

C. 该份记录作为施工单位的工程档案资料附件，输入"工程档案资料管理系统"

D. "工程档案资料管理系统"根据输入的信息自动对分项工程检验批、分项工程、分部（子分部）工程、单位工程进行评价

E. 输入到"工程档案资料管理系统"的"分项工程质量检验批验收记录"使用电子扫描签名，监理工程师在"工程档案资料管理系统"中签名确认

4. 属于施工单位工程文件档案资料管理职责的有（　　）。

A. 负责对建设工程档案的编制、整理、归档工作，进行监督、检查、指导

B. 从"工程档案资料管理系统"中下载相关分项工程的"分项工程质量检验批验收记录"空白表格

C. 使用"工程档案资料管理系统"，形成数字化档案

D. 监督检查分包单位施工档案资料的形成过程

E. 负责竣工图的核查工作

5. 属于监理单位工程文件档案资料管理职责的有（　　）。

A. 负责对建设工程档案的编制、整理、归档工作，进行监督、检查、指导

B. 从"工程档案资料管理系统"中下载相关分项工程的"分项工程质量检验批验收记录"空白表格

C. 使用"工程档案资料管理系统"，形成数字化档案

D. 及时出具检测报告

E. 负责竣工图的核查工作

6. 属于施工单位工程文件档案资料管理职责的有（　　）。

A. 负责对建设工程档案的编制、整理、归档工作，进行监督、检查、指导

B. 从"工程档案资料管理系统"中下载相关分项工程的"分项工程质量检验批验收记录"空白表格

C. 使用"工程档案资料管理系统"，形成数字化档案

D. 监督检查分包单位施工档案资料的形成过程

E. 组织竣工图的核查工作

三、判断题（正确的写 A，错误的写 B）

1. 施工单位负责对建设工程档案的接收、收集、保管和利用等日常性的管理工作。
（　　）

2. 在工程竣工后的 3 个月内，对工程档案进行正式验收。合格后，接收入馆，并发放《建设工程竣工档案验收意见》。
（　　）

3. 检测单位核对人在"工程质量检测报告汇总表"上签字，并在"工程质量检测报告汇总表"上盖单位公章。
（　　）

4. 设计单位负责竣工图的编制工作。（　　）

5. "工程档案资料管理系统"根据输入的信息自动对分项工程检验批、分项工程、分部（子分部）工程、单位工程进行评价。
（　　）

6. 监理单位监督检查施工档案资料并协助建设单位监督检查勘察、设计文件档案资料的形成、收集、组卷和归档。（　　）

7. 勘察、设计单位应当在任务完成时，将形成的有关工程档案资料移交建设单位。（　　）

6.2　施工文件资料管理计划

一、单项选择题

1. 它既为这个过程提出了管理目标，又为实现目标作出计划，反映了施工文件档案资料管理计划的（　　）特征。

   A. 是资料管理的依据　　　　　　B. 内容具有实施性
   C. 追求的是管理效率　　　　　　D. 追求的是良好效果

2. 它可以作为施工阶段工程文件档案资料管理实际操作依据和工作目标，反映了施工文件档案资料管理计划的（　　）特征。

   A. 是资料管理的依据　　　　　　B. 内容具有实施性
   C. 追求的是管理效率　　　　　　D. 追求的是良好效果

3. 管理过程中，事先有计划，过程中有办法及制度，目标明确，安排得当，措施得力，必然会产生效率，取得理想效果，反映了施工文件档案资料管理计划的（　　）特征。

   A. 是资料管理的依据　　　　　　B. 内容具有实施性
   C. 编写的计划性　　　　　　　　D. 追求的是管理效率和良好效果

二、多项选择题

1. 施工文件档案资料管理计划的特征有（　　）。

   A. 是资料管理的依据　　　　　　B. 根据项目管理规划编写
   C. 内容具有实施性　　　　　　　D. 包括施工文件档案资料管理流程
   E. 追求的是管理效率和良好效果

2. 施工文件资料管理计划编制依据有（　　）。

   A. 施工合同　　　　　　　　　　B. 监理规划
   C. 项目管理规划　　　　　　　　D. 质量监督方案
   E. 项目条件和环境分析资料

3. 施工文件资料管理计划的内容包括（　　）。

   A. 管理目标　　　B. 管理绩效　　　C. 管理流程
   D. 管理职责　　　E. 环境分析

三、判断题（正确的写 A，错误的写 B）

1. 资料员负责制定施工资料管理计划。（　　）

2. 资料员负责建立施工资料台账，进行施工资料交底。（　　）

3. 施工员负责编写施工日志、施工记录等相关施工资料。负责汇总、整理移交施工资料。（　　）

6.3　施工文件资料交底

一、多项选择题

施工文件资料交底通内容通常有（　　）。

A. 施工技术要求　　B. 归档要求　　　　C. 审核和审批人员的权限
D. 收集目录　　　　E. 管理职责

6.4　施工文件资料形成、收集

一、单项选择题

1. 工程资料不得随意修改，当需修改时应实行（　　）。
A. 橡皮擦去　　　　B. 涂改液涂改　　　C. 划改　　　　　　D. 重新制作
2. 工程文件资料的填写、签字应采用（　　）。
A. 铅笔　　　　　　B. 红色圆珠笔　　　C. 黑色圆珠笔　　　D. 耐久性强的笔
3. 工程资料（　　）应对资料内容的真实性、完整性、有效性负责。
A. 审核单位　　　　B. 形成单位　　　　C. 收集单位　　　　D. 归档单位
4. 工程文件资料报验、报审当无时限约定时，施工文件资料的申报、审批不得（　　）。
A. 超过24小时　　　B. 超过48小时　　　C. 影响施工　　　　D. 影响正常施工
5. 各工程参建单位应针对项目特点和实际情况有针对性收集工程文件资料，并在工程开工前预先计划收集的工程文件资料的种类、名称和要求，这样就能做到收集时有（　　）。
A. 真实性　　　　　B. 针对性　　　　　C. 内容完整　　　　D. 有效性
6. 建设工程文件资料是建设工程档案资料的重要组成部分，为处理工程质量、安全事故和评定工程质量提供重要技术依据，因此收集的建设工程文件资料应具备（　　）。
A. 真实性　　　　　B. 针对性　　　　　C. 内容完整　　　　D. 有效性
7. 建设工程文件档案资料与工程建设（　　）是保证工程文件档案资料真实性的必要手段。
A. 及时　　　　　　B. 一致　　　　　　C. 同步　　　　　　D. 有效
8. 收集的工程文件资料应检查各项内容填写规范性和记录真实完整性，签字认可人员应为符合相关规定的（　　）。
A. 总监理工程师　　　　　　　　　　　B. 项目技术负责人
C. 资料员　　　　　　　　　　　　　　D. 责任人员
9. 发文应留有底稿，并附一份文件传阅纸，根据文件（　　）指示确定文件责任人和相关传阅人。
A. 总监理工程师　　　　　　　　　　　B. 项目技术负责人
C. 资料员　　　　　　　　　　　　　　D. 签发人
10. 文件传阅过程中，每位（　　）阅后应签名并注明日期。
A. 签发人　　　　　B. 传阅人　　　　　C. 资料员　　　　　D. 发文人
11. 工程文件档案资料办理有关借阅手续后，应在文件夹的（　　）上作特殊标记，避免其他人员查阅该文件时，因找不到文件引起工作混乱。
A. 封面　　　　　　B. 封底　　　　　　C. 内附目录　　　　D. 备考表
12. 工程文件档案资料更改后，（　　）填写文件档案更改通知单，并负责发放新版本文件。

  A. 施工员   B. 质量员   C. 资料员   D. 档案员

二、多项选择题

1. 工程资料形成单位应对资料内容的（　　）负责。

  A. 正确性   B. 完整性   C. 通用性

  D. 真实性   E. 有效性

2. 工程文件档案资料的填写、编制、审核、审批、签认等其内容应符合国家规范和技术标准的相关规定，并（　　）。

  A. 及时有效   B. 内容完整

  C. 结论明确   D. 签认手续齐全

  E. 易于归档

3. 某些检验报告中的"试验结果"或验收记录中的"验收意见"，应当按照相关设计或标准的要求给出明确结论，不应填写成（　　）等不确切词语。

  A. 合格   B. 基本合格   C. 已验收

  D. 未发现异常   E. 齐全

4. "签认手续齐全"是指应该在资料上签字、审核、批准、盖章等的相关人员和单位应当及时签认，不应出现（　　）。

  A. 空缺   B. 代签   C. 补签

  D. 代章   E. 手签

5. 工程文件资料为复印件时，提供单位应在复印件上（　　）。

  A. 加盖单位印章   B. 有经办人签字

  C. 有收件人签字   D. 保管人签字

  E. 经办人签署日期

6. 收集的工程文件资料应按类别在收文登记表上进行登记。登记时应记录（　　），必要时应注明接收文件的具体时间，最后由负责收文人员签字。

  A. 工程文件资料名称   B. 摘要信息

  C. 提供单位（部门）   D. 编号

  E. 发文日期

7. 发文登记表上登记内容包括：工程文件资料的（　　）。

  A. 分类编码   B. 文件名称

  C. 摘要信息   D. 发文单位（部门）名称

  E. 强调时效性的文件应注明发文的具体时间

三、判断题（正确的写 A，错误的写 B）

1. 由多方形成的资料，应由监理单位负责内容的真实性、完整性、有效性。（　　）

2. "工程文件资料与工程建设同步"的含义并不是非常严格的"同时"，而是要求工程资料与工程进度应基本保持对应、及时形成。（　　）

3. 工程施工过程中，原件数量往往难以满足对资料份数的需求，因此在工程资料中，允许采用复印件，提供单位应在复印件上加盖单位印章，并应有经办人签字及日

期。( )

4. 不同类型的工程文件资料之间存在相互对照或追溯关系时，在分类存放的情况下，应在文件和记录上注明相关工程文件资料的编号和存放处。( )

5. 文件和记录传阅期限不应超过 2 周。传阅完毕后，文件原件应归档。( )

6. 资料夹装满或工程项目某一部分或单位结束时，资料应转存到档案袋，袋面应以相同编号标识。( )

6.5 施工文件档案资料的安全管理

一、多项选择题

资料、档案室的温度应控制在（　　），相对湿度应控制在（　　）范围内。
A. 28±2℃　　B. 14～24±2℃　　C. 14～24±5℃
D. 60%±2%　　E. 45%～60±5%

二、判断题

1. 施工文件档案资料管理检查内容通常包括：数量的检查、损坏情况的检查和归库的检查。( )

2. 资料、档案室内的照明应选择无紫外线光源，如日光灯。如使用白炽灯或其他含紫外线的光源灯，应采取相应过滤措施。( )

6.6 施工文件档案资料组卷

一、单项选择题

1. 将建设工程文件资料按照一定的原则和方法，将有保存价值的建设工程文件资料分类整理成案卷的过程称为（　　）。
A. 分类　　B. 组卷　　C. 归档　　D. 装订

2. 案卷不宜过厚，一般不超过（　　）mm。
A. 30　　B. 40　　C. 50　　D. 60

3. 下列案卷内文字材料排列顺序错误的是（　　）。
A. 批复在前、请示在后　　B. 定稿在前、印本在后
C. 主体在前、附件在后　　D. 按事项、专业顺序排列

4. 下列案卷内文字材料排列顺序正确的是（　　）。
A. 请示在前、批复在后　　B. 定稿在前、印本在后
C. 附件在前、主体在后　　D. 按事项、专业顺序排列

5. 案卷内图纸按（　　）排列。
A. 专业　　B. 类别　　C. 图号　　D. 图幅

6. 案卷封面的内容不包涵（　　）。
A. 档号　　B. 案卷题名　　C. 参与单位　　D. 密级

7. 案卷封面档号由（　　）填写。
A. 建设单位　　B. 监理单位　　C. 施工单位　　D. 档案保管单位

8. 长期是指工程档案的保存期限为（　　）。

A. 100 年　　　　B. 70 年　　　　C. 50 年　　　　D. 该工程的使用寿命

9. 短期是指工程档案保存（　　）年以下。

A. 100　　　　B. 70　　　　C. 50　　　　D. 20

10. 装订应采用线绳（　　）装订法，要整齐、牢固，便于保管和利用。

A. 三孔左侧　　B. 二孔左侧　　C. 三孔右侧　　D. 二孔右侧

11. 既有文字材料，又有图纸的案卷（　　）。

A. 应装订
B. 不装订
C. 文字装订、图纸不装订
D. 图纸装订、文字不装订

12. 卷内目录中的序号以（　　）为单位，用阿拉伯数字从 1 依次标注。

A. 一份文件　　B. 一类文件　　C. 一页文件　　D. A4 文件纸

二、多项选择题

1. 工程文件档案组卷的原则有（　　）。

A. 文件资料的收集应有针对性
B. 工程文件资料应有真实性
C. 遵循工程文件资料的自然形成规律
D. 保持卷内文件的有机联系
E. 便于档案的保管和利用

2. 案卷的组卷要求有（　　）。

A. 遵循工程文件资料的自然形成规律
B. 工程文件资料应有真实性
C. 案卷不宜过厚，一般不超过 40mm
D. 案卷内不应有重份文件
E. 不同载体的文件一般应分别组卷

3. 案卷内文字资料排列顺序正确的有（　　）。

A. 文字材料按事项、专业顺序排列
B. 请示在前、批复在后
C. 定稿在前、印本在后
D. 图纸按专业排列
E. 同专业图纸按图号顺序排列

4. 案卷题名应包括（　　）。

A. 分类号　　B. 项目号　　C. 案卷号
D. 工程名称　　E. 专业名称

5. 案卷保管期限分为（　　）。

A. 绝密年　　B. 永久　　C. 长期
D. 短期　　E. 秘密

6. 案卷密级有（　　）。

A. 绝密年　　B. 永久　　C. 机密
D. 短期　　E. 秘密

7. 卷内目录内容包括（　　）等。

A. 序号　　B. 保管者　　C. 文件编号
D. 文件题名　　E. 日期、页次

8. 编制卷内页号编写位置的方法有（　　）。

A. 单面书写的文件在右下角
B. 双面书写的文件，正面在右下角
C. 双面书写的文件，背面在左下角
D. 折叠后的图纸一律在上角
E. 折叠后的图纸一律在下角

9. 案卷不编写页号有（　　）。
A. 案卷封面　　　　B. 卷内目录　　　　C. 卷内文件
D. 卷内图纸　　　　E. 卷内备考表

三、判断题（正确的写 A，错误的写 B）
1. 案卷指的是由互有联系的若干文件组成的档案保管单位。（　　）
2. 既有文字材料又有图纸的案卷，图纸排前，文字材料排后。（　　）
3. 案卷封面印刷在卷盒、卷夹的正表面，也可采用内封面形式。（　　）
4. 同一案卷内有不同保管期限的文件，该案卷保管期限应从短。（　　）
5. 同一案卷内有不同密级的文件，应以低密级为本卷密级。（　　）
6. 案卷内图纸必须装订。（　　）
7. 一份文件为单位的概念，工程档案认同的做法是同一文件题名的若干文件或同一文件题名内容性质相同的若干文件为一份工程文件。（　　）
8. 卷内目录页次填写，如为最后一份文件为 1 页时，也要填写起止页号。（　　）
9. 卷内备考表排列在卷内文件的尾页之后。（　　）

6.7 工程档案资料的归档、验收与移交

一、单项选择题
建设单位在工程竣工验收后（　　）个月内，必须向城建档案馆（室）移交一套符合规定的工程档案。
A. 1　　　　B. 2　　　　C. 3　　　　D. 4

二、判断题（正确的写 A，错误的写 B）
根据建设程序和工程特点，归档可以分阶段进行，也可以在单位或分部工程通过竣工验收后进行。（　　）

6.8 建筑业统计的基本知识

一、单项选择题
下列不属于基层定期报表（季报）的是（　　）。
A. 产业活动单位基本情况　　　　B. 从业人员及工资总额
C. 财务状况　　　　　　　　　　D. 建筑业企业生产经营情况

二、多项选择题
建筑业统计工作的基本内容包括（　　）等。
A. 统计研究　　　B. 统计调查　　　C. 统计整理
D. 统计分析　　　E. 统计年报

三、判断题（正确的写 A，错误的写 B）
1. 房屋建筑施工面积　指在报告期内施过工的全部房屋建筑面积，包括本期新开工的房屋面积、上期跨入本期继续施工的房屋面积、上期停缓建在本期恢复施工的房屋面积、本期竣工的房屋面积及本期施工后又停缓建的房屋面积。（　　）
2. 工程结算利润＝工程结算收入－工程结算成本－工程结算税金及附加－经营费用。（　　）

第7章 计算机与资料管理软件

7.1 计算机系统

一、单项选择题

1. 运算器的主要功能是（　　）。
   A. 实现算术运算和逻辑运算　　B. 保存各种指令信息供系统其他部件使用
   C. 分析指令并进行译码　　　　D. 按主频指标规定发出时钟脉冲

2. 内存（主存储器）比外存（辅助存储器）（　　）。
   A. 读写速度快　　　　　　　　B. 存储容量大
   C. 可靠性高　　　　　　　　　D. 价格便宜

3. 计算机的存储系统通常包括（　　）。
   A. 内存储器和外存储器　　　　B. 软盘和硬盘
   C. ROM 和 RAM　　　　　　　　D. 内存和硬盘

4. CPU、存储器、I/O 设备是通过（　　）连接起来的。
   A. 接口　　　　　　　　　　　B. 总线
   C. 系统文件　　　　　　　　　D. 控制线

5. 下列叙述中，正确的说法是（　　）。
   A. 编译程序、解释程序和汇编程序不是系统软件
   B. 故障诊断程序、排错程序、人事管理系统属于应用软件
   C. 操作系统、财务管理程序、系统服务程序都不是应用软件
   D. 操作系统和各种程序设计语言的处理程序都是系统软件

6. 下列四种软件中，属于应用软件的是（　　）。
   A. BASIC 解释程序　　　　　　B. UCDOS 系统
   C. 财务管理系统　　　　　　　D. Pascal 编译程序

二、多项选择题

1. 以下属于计算机硬件系统的是（　　）。
   A. 运算器　　　　　　　　　　B. 控制器
   C. 存储器　　　　　　　　　　D. 操作系统
   E. 输入/输出设备

2. 以下属于计算机系统软件的是（　　）。
   A. Internet 工具软件　　　　　B. 办公软件套件
   C. 操作系统　　　　　　　　　D. 多媒体处理软件
   E. 语言处理程序

三、判断题（正确的写 A，错误的写 B）

1. 内部存储器可以被 CPU 直接访问，容量大、速度快，掉电后 RAM 信息全部消失。　　　　　　　　　　　　　　　　　　　　　　　　　　　　　　　（　　）

2. 操作系统的重要功能是负责管理计算机中的各种硬软件资源，并控制各类软件

运行。( )

3. 计算机系统安全主要包含两部分内容：一是保证系统正常运行，避免各种非故意的错误与损坏；二是防止系统及数据被非法利用或破坏。( )

7.2 计算机文字处理软件

一、单项选择题

1. 在 Microsoft Word 的编辑状态，为文档设置页码，可以使用（ ）。
   A. "工具"菜单中的命令
   B. "编辑"菜单中的命令
   C. "格式"菜单中的命令
   D. "插入"菜单中的命令

2. 在 Microsoft Word 的编辑状态，当前编辑的文档是 C 盘中的"土木工程.docx"文档，要将该文档拷贝到优盘，应当使用（ ）。
   A. "文件"菜单中的"另存为"命令 B. "文件"菜单中的"保存"命令
   C. "文件"菜单中的"新建"命令   D. "插入"菜单中的命令

3. 下列操作中，不能在 Microsoft Excel 工作表的选定单元格中输入公式的是（ ）。
   A. 单击工具栏中的"粘贴函数"按钮
   B. 单击"插入"菜单中的"函数"命令
   C. 单击"编辑"菜单中的"对象…"命令
   D. 单击"编辑公式"按钮，在从左端的函数列表中选择所需函数

4. 在 Microsoft Excel 中，选取整个工作表的方法是（ ）。
   A. 单击"编辑"菜单的"全选"命令
   B. 单击工作表的"全选"按钮
   C. 单击 A1 单元格，然后按住 SHIFT 键单击当前屏幕的右下角单元格
   D. 单击 A1 单元格，然后按住 CTRL 键单击工作表的右下角单元格

二、多项选择题

1. 在 Microsoft Word 文档中选定文本后，移动该文本的方法可以是（ ）。
   A. 使用鼠标右键拖放   B. 使用剪贴板
   C. 使用"查找"与"替换"功能 D. 使用键盘控制键
   E. 使用鼠标左键拖放

2. Microsoft Word 文档的段落对齐方式包括（ ）。
   A. 整体对齐   B. 居中对齐
   C. 两端对齐   D. 右边对齐
   E. 左边对齐

3. 下列关于 Microsoft Excel 选择单元格的说法中，正确的有（ ）。
   A. 可以使用拖动鼠标的方法来选中多列
   B. 可以使用拖动鼠标的方法来选中多行
   C. 单击行号即可选定整行单元格

D. 若要选定几个相邻的行或列，可选定第一行或第一列，然后按住 Ctrl 键再选中最后一行或列

E. Excel 不能同时选定几个不连续的单元格

三、判断题（正确的写 A，错误的写 B）

1. 在 Microsoft Word 中要删除所选中的文本，快捷的方法是按 Ctrl＋V。（   ）
2. Microsoft Excel 工作表的顺序可以人为改变。（   ）

四、计算题或案例分析题

背景材料：下图为一份《监理工程师通知单（安全文明类）》，采用 Microsoft Office 软件制作。

监理工程师通知单（安全文明类）　　　　　B2

工程名称：南京市燕子矶新城嵩山路二期工程　　　　　　　　　　　　　　编号：B2 4 －03

事由	关于0号台基坑开挖的提醒	签收人姓名及时间	

致：南京润盛建设集团有限公司嵩山路二期工程项目部

你单位施工的嵩山路二期工程"中支桥 0♯ 承台"将于年后进行基坑开挖施工，由于 0♯ 台紧临原新燕街，（经测量路面标高为 11.269m）此道路为码头货物运输的主要通道，车辆载重量大，且路还有不同程度的破损。路边侧紧临承台还有 2.5～3m 高的围墙一道，而你单位施工的中支桥 0♯ 台底标高为 4.678m，高差 6.591m（属危险性较大的工程），存在着严重的安全隐患。为此要求你单位在基坑开挖和边坡维护方案报监理审核批准后方可实施。

附件共 0 页，请于 2013 年 2 月 6 日前填报回复单(A5)。
抄报：燕子矶片区整治开发有限责任公司
　　　　　　　　　　　　　　项目监理机构（章）：＿＿＿＿＿＿
专业监理工程师：＿＿＿＿＿＿　　总监理工程师：＿＿＿＿＿＿　　　　日期：2013-2-6

注：本通知单分为进度控制类（B2 1）、质量控制类（B2 2）、造价控制类（B2 3）、安全文明类（B2 4）、工程变更类（B2 5）。

江苏省住建厅监制

（1）以上《监理工程师通知单（安全文明类）》是采用 Microsoft Office 软件中的（　　）完成的。（单选题）

A. Microsoft Word　　　　　　　　B. Microsoft Excel
C. Microsoft PowerPoint　　　　　　D. Microsoft Access

（2）以上文档中，页面的格式设置不包括（　　）。（单选题）

A. 设置行间距 B. 设置页边距
C. 打印纸张大小 D. 文件排列方向

（3）以上文档编辑时，如果要在文档中选定的位置加入一幅图片，可使用（　　）菜单项中的"图片…"命令。(单选题)

A. 编辑 B. 初图
C. 插入 D. 格式

（4）以上文档编辑时，创建表格的第一步是（　　）。(单选题)

A. 将文本光标定位在要放置表格的位置
B. 单击常用表格工具栏上的"插入表格"按钮
C. 打开"文件"菜单，然后选择其中的"新建"命令选项
D. 用鼠标单击"表格"菜单中的"公式"命令选项

（5）以上文档编辑时，其中部分文字是加粗的，可通过选中拟加粗文字后点击（　　）来实现。(单选题)

A. 按钮 B B. 按钮 I
C. 按钮 U D. 按钮 A

7.3　江苏省工程档案资料管理系统

一、单项选择题

1.《江苏省工程档案资料管理系统》满足主管部门对建设工程的电子文件及电子档案的管理要求，施工过程中建立的电子档案受各地（　　）的监督，工程竣工后电子档案由各地（　　）审查，审查合格后将（　　）电子档案。

A. 工程质量监督站，城建档案馆，长期保存
B. 工程质量监督站，城建档案馆，永久保存
C. 城建档案馆，工程质量监督站，长期保存
D. 城建档案馆，工程质量监督站，永久保存

2. 登陆"江苏省工程档案资料管理系统"网站（　　），可以下载《江苏省工程档案资料管理系统》。

A. http://www.jsgcda.com
B. http://www.jszljd.com
C. http://www.jschr.gov.cn
D. http://www.jscin.gov.cn

3. 在《江苏省工程档案资料管理系统》客户端申报工程进度时，"施工进度"默认（　　），点击日期下拉框可以重新选择日期。

A. 立项日期 B. 开工日期
C. 当前日期 D. 竣工日期

4. 使用《江苏省工程档案资料管理系统》客户端前，用户须下载网站的工程信息文件（　　）。

A. 工程名称.bak B. 工程名称.dwg

C. 工程名称.exe   D. 工程名称.xml

二、多项选择题

1.《江苏省工程档案资料管理系统》满足了（   ）施工企业、监理单位、在生产过程中编制资料的要求。

　　A. 建设单位　　　　　　　　B. 设计单位
　　C. 监理单位　　　　　　　　D. 施工企业
　　E. 供应商

2.《江苏省工程档案资料管理系统》在"工程登记"时，填写的内容包括（   ）。

　　A. 工程名称　　　　　　　　B. 工程地址
　　C. 项目经理　　　　　　　　D. 项目总工
　　E. 项目总监

3.《江苏省工程档案资料管理系统》客户端的"汇总评价（统表）"，必须是项目经理登录工程，选择（   ）验收文件目录。

　　A. 检验批　　　　　　　　　B. 分项工程
　　C.（子）分部工程　　　　　　D. 单位工程
　　E. 建设项目

4. 关于《江苏省工程档案资料管理系统》的下列说法中，正确的是（   ）。

　　A. 为避免浪费网络资源，工程参建单位的相关人员宜使用他人邮箱注册、登录
　　B. 使用客户端前须下载网站的工程信息文件"工程名称.xml"
　　C. 直接使用模板文件时也必须有客户端程序
　　D. 一个工程只要缴一次费用即可
　　E. 登记工程后直接在网上付费，通过支付宝，付费成功后系统自动分配"工程编号"

三、判断题（正确的写 A，错误的写 B）

1.《江苏省工程档案资料管理系统》软件依据《建设工程文件归档整理规范》及国家、行业等相关规范、标准的要求编制，并通过江苏省建设工程质量监督总站组织评审。（   ）

2. 在注册《江苏省工程档案资料管理系统》时，为了解决姓名重复问题，系统采用手机号注册方式，注册成功后，登录系统的密码将自动发送到注册手机上。（   ）

3. 通过《江苏省工程档案资料管理系统》客户端程序编辑文件时可以不上网，但是需要监理签字时，须通过网络上传到"江苏省工程档案资料管理系统"网站上。（   ）

4. 使用《江苏省工程档案资料管理系统》时，为避免浪费网络资源，工程参建单位的相关人员宜使用他人邮箱注册、登录。（   ）

四、计算题或案例分析题

背景材料：某施工单位欲使用"江苏省工程档案资料管理系统"，但由于是初次使用，遇到了以下问题：①不知道在何网站下载该系统；②后经人指点，打开了如下图所示的网站，但不知道在哪项栏目中下载系统"使用手册"和"客户端程序"；③不知

道在使用系统客户端之前,还必须下载网站的哪种文件;④点击网站的"系统登录"栏目后,出现了"登录界面",其中有"邮箱"填写框;⑤点击"登录界面"下方的"注册"按钮后,出现了"注册界面"。

(1) 下载《江苏省工程档案资料管理系统》网站的网址是(　　)。(单选题)

A. http：//www.jsgcda.com　　　　B. http：//www.jszljd.com

C. http：//www.jschr.gov.cn　　　　D. http：//www.jscin.gov.cn

(2) 打开《江苏省工程档案资料管理系统》的下载网站后,下载"使用手册"和"客户端程序"应点击(　　)栏目。(单选题)

A. "监督站"　　　　　　　　　B. "档案馆"

C. "论坛"　　　　　　　　　　D. "下载园地"

(3) 使用《江苏省工程档案资料管理系统》客户端前,用户须下载网站的工程信息文件(　　)。(单选题)

A. 工程名称.bak　　　　　　　B. 工程名称.dwg

C. 工程名称.exe　　　　　　　D. 工程名称.xml

(4) 在"登录界面"中,为避免浪费网络资源,工程参建单位的相关人员宜使用他人邮箱注册、登录。(　　)(判断题)

(5) 在"注册界面"中,为了解决姓名重复问题,系统采用手机号注册方式,注册成功后,登录系统的密码将自动发送到注册手机上。(　　)(判断题)(正确的写A,错误的写B)

第8章　法律与法规

8.1　中华人民共和国建筑法

一、单项选择题

1. 某建设单位2012年2月1日领取了施工许可证。由于某种原因,工程不能按期开工,故向发证机关申请延期。根据《建筑法》的规定,申请延期应在(　　)前进行。

  A. 2012年3月1日   B. 2012年4月1日
  C. 2012年5月1日   D. 2012年6月1日

  2. 根据《建筑法》，领取施工许可证后因故不能按期开工的，应当向发证机关申请延期，关于申请延期的说法，正确的是（　　）。

  A. 延期每次不超过3个月

  B. 应当由施工企业提出申请

  C. 延期没有次数限制

  D. 超过延期时限但在宽限期内的施工许可证仍有效

  3. 根据施工许可制度的要求，建设项目因故停工，（　　）应当自中止之日起1个月内向发证机关报告。

  A. 项目部   B. 施工企业   C. 监理单位   D. 建设单位

  4. 某建设单位于2010年3月1日领取施工许可证，并于4月15日正式开工。同年12月1日因发生事故停工，2012年1月1日准备复工。下列说法正确的是（　　）。

  A. 施工单位应向发证机关报告

  B. 监理单位应向发证机关报告

  C. 施工单位应报发证机关核验施工许可证

  D. 建设单位应报发证机关核验施工许可证

  5. 按照国务院有关规定批准开工报告的建筑工程，因故不能开工超过六个月的，（　　）。

  A. 施工单位应当及时向批准机关报告

  B. 监理单位应当及时向批准机关报告

  C. 建设单位应当向批准机关申请延期

  D. 建设单位应当重新办理开工报告的批准手续

  6. 从事建筑活动的专业技术人员，应当依法取得相应的执业资格证书，并在（　　）范围内从事建筑活动。

  A. 注册机关认可的   B. 公司资质证书规定的
  C. 公司营业执照规定的   D. 执业资格证书许可的

  7. 下列各项，符合《建筑法》建设工程监理规定的是（　　）。

  A. 工程监理单位代理建设单位利益执行监理任务

  B. 工程监理人员发现工程施工不符合工程建设强制性标准的，有权要求施工单位整改

  C. 工程监理人员发现工程设计不符合工程建设强制性标准的，有权要求设计单位整改

  D. 经建设单位同意，工程监理单位可以转让工程监理业务

  8. 建设工程实施监理前，（　　）应当将委托的工程监理单位、监理权限等事项，书面通知被监理的建筑施工企业。

  A. 建设行政主管部门   B. 行业协会

C. 监理单位　　　　　　　　　　　　D. 建设单位

9. 根据《建筑法》，关于建设工程监理的说法正确的是（　　）。

A. 工程监理单位代表建设行政主管部门对承包单位进行监督

B. 工程监理人员发现工程设计不符合建筑工程质量标准时，都应该以书面形式通知承包商予以改正

C. 尽管建筑承包合同的当事人中没有工程监理单位，但也是工程监理单位实施监理的一个主要依据

D. 监理工作范围和监理权限都是由法律法规直接规定

10. 某工程建设单位为其工程选择乙级以上资质的监理单位，现有4家监理公司供选。建设单位应选择（　　）才符合要求。

A. 甲监理公司（资质甲级；报送的工程总监职称为高级工程师、国家注册监理工程师；该公司为本工程承包方所属的监理公司）

B. 乙监理公司（乙级资质；报送的工程总监职称为工程师、国家注册监理工程师；为该工程设计单位所属的监理公司）

C. 丙监理公司（资质甲级；报送的工程总监职称为工程师、国家注册监理工程师；与建设及施工单位均无关系）

D. 丁监理公司（资质甲级；报送的工程总监职称为工程师、国家注册监理工程师；为该工程预制构件供货商所属）

11. 根据全国人大常委会关于修改《中华人民共和国建筑法》的决定，为保证施工企业的职工在发生工伤时及时得到医治，建筑施工企业应当（　　）。

A. 在投标时为职工办理意外伤害保险

B. 为职工参加工伤保险缴纳工伤保险费

C. 在中标后为职工办理意外伤害保险

D. 为从事危险作业的职工办理意外伤害保险

12. 关于施工总承包单位与分包单位的叙述中（　　）是正确的。

A. 由总承包对施工现场的安全生产负总责

B. 分包单位对分包工程的安全承担独立责任

C. 在分包单位具有合格资质情况下，总包单位可以将建设工程主体结构的施工交与分包单位完成

D. 分包单位应当接受总承包单位的安全生产管理，分包单位不服从管理导致生产安全事故的，由分包单位承担全部责任

13. 某施工合同中约定设备由施工企业自行采购。施工期间，建设单位要求施工企业购买某品牌设备，理由是该品牌设备的生产商与建设单位有长期合作关系，关于本案中施工企业的行为，正确的是（　　）。

A. 施工企业应同意建设单位自行采购

B. 设计单位提出此要求，施工企业就必须接受

C. 建设单位以书面形式提出要求，施工企业就必须接受

D. 施工企业可拒绝建设单位的要求

14. 根据《建筑法》，建筑工程分包企业应当接受（　　）的质量管理。
A. 咨询单位　　B. 总承包单位　　C. 监理单位　　D. 建设单位

二、多项选择题

工程监理单位应当依照（　　），代表建设单位对施工质量实施监理，并对施工质量承担监理责任。
A. 法律、法规　　　　　　　　　B. 有关技术标准
C. 有关设计文件　　　　　　　　D. 建设工程承包合同
E. 建设工程监理合同

三、判断题（正确的写 A，错误的写 B）

1. 需要拆迁的，已完成拆迁工作是申请领取施工许可证的必备条件之一。（　　）
2. 根据《建筑法》，所有工程均应先进行消防设计审查，再领取施工许可证。（　　）
3. 建设资金已经完全到位是申请领取施工许可证的必备条件之一。（　　）
4. 根据《建筑法》，凡是领取开工报告的工程，就不必再申领施工许可证。（　　）

四、计算题或案例分析题

背景材料：2011 年，某房地产公司与出租汽车公司（以下合并简称建设方）合作，在某市市区共同开发房地产项目。该项目包括两部分，一部分是 6.3 万 m^2 的住宅工程，另一部分是与住宅相配套的 3.4 万 m^2 的综合楼。该项目的住宅工程各项手续和证件齐备，自 2008 年开工建设到 2011 年 4 月已经竣工验收。综合楼工程由于合作双方对于该工程是作为基建计划还是开发计划申报问题没能统一意见，从而使综合楼建设的各项审批手续未能办理。由于住宅工程已竣工验收，配套工程急需跟上，在综合楼施工许可证未经审核批准的情况下开始施工。该行为被市监督执法大队发现后及时制止，并责令停工。

（1）本案例中，建设方被市监督执法大队责令停工的主要原因是（　　）。（单选题）
A. 不应将住宅工程和综合楼工程分期建设
B. 不应在没有取得综合楼施工许可证的情况下，开建住宅工程
C. 不应在没有取得综合楼施工许可证的情况下，开建综合楼
D. 不应在没有取得综合楼施工许可证的情况下，验收住宅工程

（2）本案例中，建设方应当按照国家有关规定向（　　）申请领取综合楼的施工许可证。（单选题）
A. 发改委
B. 工程所在地县级以上人民政府建设行政主管部门
C. 工程所在地市级以上人民政府建设行政主管部门
D. 工程所在地省级以上人民政府建设行政主管部门

（3）除本案例中所述情况外，（　　）亦会导致该综合楼工程无法获得施工许可证。（单选题）

A. 综合楼工程所涉及的拆迁尚未全部完成

B. 综合楼工程的建设资金尚缺 10％未到位

C. 综合楼工程的施工企业尚未确定

D. 综合楼工程的设备供应商尚未确定

(4) 本案例中，在综合楼取得施工许可证之后，还必须申领开工报告。（　　）（判断题）

(5) 本案例中，对于建设方在没有取得综合楼施工许可证的情况下就擅自开始施工的行为，相应的处罚不包括（　　）。（单选题）

A. 责令停工　　　B. 限期改正　　　C. 处以返款　　　D. 降低资质

8.2 中华人民共和国安全生产法

一、单项选择题

1. 《安全生产许可证条例》的直接上位法立法依据是（　　）。

A. 安全生产法　　　　　　　B. 宪法

C. 建筑法　　　　　　　　　D. 建设工程安全生产管理条例

2. 根据《安全生产法》，对全国建设工程安全生产实施综合监督管理的机构是（　　）。

A. 国务院负责安全生产监督管理的部门

B. 国务院铁路、交通、水利等有关部门

C. 国务院

D. 国务院建设行政主管部门

二、多项选择题

根据《安全生产法》的规定，下列关于施工单位从业人员应承担的安全生产义务的说法中，正确的是（　　）。

A. 遵守安全操作规程　　　　B. 支付安全培训费用

C. 提高安全生产技能　　　　D. 购买劳保用品

E. 报告事故隐患

三、判断题（正确的写 A，错误的写 B）

安全生产管理，坚持安全第一、预防为主、综合治理的方针。（　　）

8.3 建设工程质量管理条例

一、单项选择题

1. 关于建设单位质量责任和义务的说法，错误的是（　　）。

A. 不得明示或暗示设计单位或者施工企业违反工程建设强制性标准，降低建设工程质量

B. 应当依法报审施工图设计文件

C. 不得将建设工程肢解发包

D. 在领取施工许可证或开工报告后，按照国家有关规定的办理工程质量监督手续

2. 下列关于建设单位的质量责任和义务的表述中，错误的是（　　）。

A. 建设单位不得暗示施工单位违反工程建设强制性标准，降低建设工程质量

B. 建设单位不得任意压缩合同工期

C. 建设单位进行装修时不得变动建筑主体和承重结构

D. 建设工程发包单位不得迫使承包方以低于成本价格竞标

3. 某施工单位为避免破坏施工现场区域内原有地下管线，欲查明相关情况，应由（　　）负责向其提供施工现场区域内地下管线资料。

A. 城建档案管理部门　　　　　　B. 相关管线产权部门

C. 市政管理部门　　　　　　　　D. 建设单位

4. 根据《建设工程质量管理条例》，建设单位最迟应当在（　　）之前办理工程质量监督手续。

A. 竣工验收　　　　　　　　　　B. 签订施工合同

C. 进场开工　　　　　　　　　　D. 领取施工许可证

5. 涉及建筑主体和承重结构变动的装修工程，应当在施工前委托原设计单位或者（　　）提出设计方案。

A. 其他设计单位　　　　　　　　B. 具有相应资质等级的设计单位

C. 监理单位　　　　　　　　　　D. 装修施工单位

6. 根据《建设工程质量管理条例》，建设工程竣工验收应具备条件不包括（　　）。

A. 完成建设工程设计和合同约定的各项内容

B. 有完整的技术档案和施工管理资料

C. 建设单位和施工企业已签署工程结算文件

D. 勘察、设计、施工、工程监理等单位已分别签署质量合格文件

7. 在工程建设过程中，建设单位的下列行为符合相关法律、法规规定的是（　　）。

A. 将施工图 2 套送审，其余 4 套交付施工

B. 会同设计单位进行基础工程验收

C. 组织相关各方进行竣工验收

D. 工程竣工验收合格后的 30d，去办理竣工备案手续

8. 某商场在竣工验收合格后，未办理竣工备案即投入使用，营业中因消防设施不符合要求造成火灾，该损失由（　　）承担赔偿责任。

A. 建设单位　　　　　　　　　　B. 总承包单位

C. 消防分包单位　　　　　　　　D. 验收单位

9. 关于设计单位的权利的说法，正确的是（　　）。

A. 为节约投资成本，设计单位可不依据勘察成果文件进行设计

B. 有特殊要求的专用设备，设计单位可以指定生产厂商或供应商

C. 设计单位有权将所承揽的工程交由资质等级更高的设计单位完成

D. 设计深度由设计单位酌定

10. 根据《建设工程质量管理条例》的规定，设计单位应当参与建设工程（　　）分析，并提出相应的技术处理方案。

A. 工期延误　　　B. 投资失控　　　C. 质量事故　　　D. 施工组织

11. 根据《建设工程质量管理条例》的规定，下列行为不属于违法分包的是（　　）。

A. 承包单位将其承包工程肢解以后以分包的名义分别转给其他单位承包

B. 总承包单位将建设工程主体结构中的混凝土浇筑任务分包给某公司

C. 分包单位将部分工程分包给某公司

D. 分包商不具备相应资质条件而以他人名义承接分包工程

12. 某人挂靠某建筑施工企业并以该企业的名义承揽工程，因工程质量不合格给建设单位造成较大损失，关于责任承担的说法，正确的是（　　）。

A. 建筑施工企业与挂靠个人承担连带赔偿责任

B. 挂靠的个人承担全部责任

C. 建筑施工企业承担全部责任

D. 建筑施工企业与挂靠个人按比例承担责任

13. 按照《建设工程质量管理条例》规定，网架施工分包单位必须按照（　　）施工，不得擅自修改工程设计，不得偷工减料。

A. 网架设计图纸和工程施工技术标准

B. 网架设计图纸、工程师指令和工程施工技术标准

C. 网架设计图纸、现场设计代表要求和工程施工技术标准

D. 网架设计图纸、业主要求和工程施工技术标准

14. 某施工单位于 2012 年 5 月 20 日签订施工合同，承办工程为六层砖混结构，七度抗震设防，施工图纸通过审批。工程于 2012 年 10 月 10 日开工建设。施工中技术人员发现图纸中有一处抗震设计差错，此时施工企业应（　　）。

A. 按原图纸继续施工

B. 及时提出意见和建议

C. 自行修改正确后施工，向建设单位提出增加费用

D. 和监理工程师协商一致后，继续施工

15. 施工人员对涉及结构安全的试块、试件以及有关材料，应当在（　　）的监督下现场取样，并送具有相应资质等级的质量检测单位进行检测。

A. 建设单位或工程监理单位　　　　B. 施工项目技术负责人

C. 施工企业质量管理人员　　　　　D. 质量监督部门

16. 关于建设工程见证取样，说法正确的是（　　）。

A. 施工人员对涉及结构安全的试块、试件、材料，应当在建设或监理单位监督下现场取样

B. 涉及结构安全的试块、试件、材料见证取样和送检的比例不得低于有关技术标准中规定应取样数量的 50%

C. 墙体保温材料必须见证取样和送检

D. 见证人员由施工企业中具备施工试验知识的专业技术人员担任

17. 某分包工程在施工中由于分包商的原因发生了质量问题，则下面说法正确的是（　　）。

A. 建设单位可以直接要求分包商予以赔偿

B. 由于建设单位与分包商之间没有合同关系，建设单位不可以直接要求分包商予以赔偿

C. 建设单位是否可以直接要求分包商予以赔偿，要根据总承包商与分包商在分包合同中的约定来作出判断

D. 建设单位只能要求总承包商对此予以赔偿，然后总承包商再要求分包商予以赔偿

18. 根据《建设工程质量管理条例》，下列文件中，不属于工程监理单位对施工质量实施监理依据的是（   ）。

A. 监理合同 B. 法律、法规
C. 施工合同中约定采用的推荐性标准 D. 工程施工图纸

19. 依据《建设工程质量管理条例》的规定，以下工作中，应由总监理工程师签字认可的是（   ）。

A. 建设单位拨付工程款 B. 施工单位实施隐蔽工程
C. 商品混凝土应于基础工程 D. 大型非标构件进行吊装

20. 施工过程中，监理工程师以施工质量不符合合同约定为由要求施工单位返工，但是施工单位认为施工合同是建设单位与施工单位签订的，监理单位不是合同当事人，不属于监理单位监理的依据，对此，正确的说法是（   ）。

A. 施工单位的观点是正确的

B. 监理工程师应该根据国家或者部颁标准监理，而不能以合同约定为准

C. 施工合同是监理工程师的法定监理依据

D. 施工合同是否是监理依据，要根据建设单位的授权

21. 根据相关法律规定，建设工程总承包单位完工后向建设单位出具质量保修书的时间为（   ）。

A. 竣工验收合格后 B. 提交竣工验收报告时
C. 竣工验收时 D. 交付使用时

22. 在正常使用条件下，工程的地基基础、主体结构的最低保修期限为（   ）。

A. 设计文件规定的该工程的合理使用年限

B. 不需要进行大修即可继续使用的年限

C. 安全使用不低于 50 年

D. 工程竣工验收合格之日起 5 年

23. 某工程已具备竣工条件，2013 年 3 月 2 日施工单位向建设单位提交竣工验收报告，3 月 7 日经验收不合格，施工单位返修后于 3 月 20 日再次验收合格，3 月 31 日，建设单位将有关材料报送建设行政主管部门备案，则该工程质量保修期自（   ）开始。

A. 2013 年 3 月 2 日 B. 2013 年 3 月 7 日
C. 2013 年 3 月 20 日 D. 2013 年 3 月 31 日

24. 《建设工程质量管理条例》规定，装修工程和主体结构工程的最低保修期限为

（　　）。

　　A. 2年和3年　　　　　　　　　　B. 5年和合理使用年限
　　C. 2年和5年　　　　　　　　　　D. 2年和合理使用年限
　25. 建设工程质量监督机构的主要任务是（　　）。
　　A. 根据政府主管部门委托，受理建设工程项目质量监督
　　B. 组织工程竣工验收
　　C. 代表建设单位进行项目管理
　　D. 针对工程建设项目中的违法行为作出行政处罚
　26. 某二级施工企业因建设单位拖欠尾款而拒不履行保修义务，造成严重后果。则其（　　）年后方可以提出资质升级或增项申请。
　　A. 1年　　　　　B. 2年　　　　　C. 3年　　　　　D. 5年

二、多项选择题

　1. 为了向国庆"献礼"，建设单位要求施工单位调整进度计划，必须在9月28日之前竣工。施工单位表示如不采取赶工措施，将无法在9月28日之前竣工。但是，建设单位强调这个竣工日期是不可更改的。为了给施工单位提供方便，建设单位单方面提出了以下几点计划，在建设单位提出的计划中违法的有（　　）。

　　A. 如果施工单位能在9月28日之前竣工并保证工程质量，建设单位给予施工单位一次性奖励100万元
　　B. 施工单位可以免去对材料进行试验的过程，只需要查验厂家提供的出厂检验证明，证明属于合格产品就可以直接用于工程
　　C. 监理单位要及时对已完工程进行质量的确认，不因此影响施工单位的施工
　　D. 如果施工单位的技术力量不足，允许其将主体结构施工分包出去，以保证施工进度
　　E. 如果施工单位不能在9月28日前竣工，则建设单位将不支付给施工单位已完工程的进度款

　2. 根据《建设工程质量管理条例》，属于违法分包的情形有（　　）。
　　A. 总承包单位将建设工程分包给不具备相应资质条件的单位的
　　B. 主体结构的劳务作业分包给具有相应资质的劳务分包企业的
　　C. 未经建设单位认可，承包单位将其承包的部分工程交由其他单位完成
　　D. 施工总承包单位将建设工程的主体结构的施工分包给其他单位的
　　E. 施工总承包单位将建设工程的土方工程分包给其他单位的

　3. 施工企业对建筑材料、建筑构配件和设备进行检验，通常应当按照（　　）进行，不合格的不得使用。
　　A. 工程设计要求　　　　　B. 企业标准
　　C. 施工技术标准　　　　　D. 通行惯例
　　E. 合同约定

　4. 根据《建设工程质量管理条例》，工程监理单位与被监理工程的（　　）有隶属关系或者其他利害关系，不得承担该工程的监理业务。

A. 建筑材料供应商 B. 勘察设计单位
C. 施工企业 D. 建设单位
E. 设备供应商

5. 下列情形中属于保修范围的是（　　）。
A. 使用人将屋顶改为菜地导致房顶漏水
B. 因预埋件松动造成设备损坏
C. 因地震导致主体结构损坏
D. 因日晒外墙装饰脱落
E. 因他人纵火导致损坏

6. （　　）的最低保修期限是设计文件规定的该工程合理使用年限。
A. 基础设施 B. 地基基础 C. 主体结构
D. 屋面防水 E. 幕墙工程

三、判断题（正确的写 A，错误的写 B)

1. 根据《建设工程质量管理条例》，国家重点建设工程、大中型公用事业工程、成片开发建设的住宅小区工程、利用外国资金的工程都必须实行监理。（　　）
2. 根据《建设工程质量管理条例》，所有学校建设工程无论面积和规模大小都必须实行监理。（　　）
3. 根据《建设工程质量管理条例》，所有影剧院工程无论面积和规模大小都必须实行监理。（　　）
4. 根据《建设工程质量管理条例》，所有体育场工程无论面积和规模大小都必须实行监理。（　　）
5. 有勘察、设计、施工、工程监理等单位共同签署的质量合格文件，是建设工程竣工验收的必备条件之一。（　　）
6. 未经监理工程师签字，建筑材料、建筑构配件和设备不得在工程上使用或者安装，施工单位不得进行下一道工序的施工，建设单位不拨付工程款，不进行竣工验收。（　　）

四、计算题或案例分析题

背景材料：某综合商务大厦为框架—剪力墙结构，是一座现代化的智能型建筑，设计使用年限为 50 年。该建筑地下 3 层、地上 28 层，建筑面积 5.8 万 m²。该工程于 2011 年 8 月 10 日主体结构验收合格。施工单位于 2012 年 3 月 20 日向建设单位提交了竣工验收报告，并于 2012 年 4 月 2 日组织建设单位、设计单位、监理单位进行了竣工验收。当日竣工验收合格后，施工单位向建设单位出具了工程质量保修书，并打算 3 日后请公安消防部门前来进行消防验收。

（1）本案例中，2012 年 4 月 2 日的竣工验收应由（　　）组织。（单选题）
A. 建设单位 B. 监理单位 C. 施工单位 D. 质量监督站

（2）本案例中，施工单位向建设单位出具工程质量保修书的时间应是（　　）。（单选题）
A. 2011 年 8 月 10 日 B. 2012 年 3 月 20 日
C. 2012 年 4 月 2 日 D. 2012 年 7 月 2 日

（3）关于本案例中的消防验收，以下说法正确的是（　　）。（单选题）

A. 应在竣工验收后由公安消防机关进行消防验收

B. 应先由建设单位进行消防验收，竣工验收后再向公安消防机关进行消防验收备案

C. 应在竣工验收前先由公安消防机关进行消防验收，消防验收合格后方可进行竣工验收

D. 应在竣工验收前先由公安消防机关进行消防预验收，消防验收合格后方可进行竣工验收，竣工验收合格后再向公安消防机关进行消防验收备案

（4）本案例中，该商务大厦楼板工程的保修期将到（　　）。（单选题）

A. 2016 年 8 月 10 日　　　　B. 2017 年 4 月 2 日

C. 2061 年 8 月 10 日　　　　D. 2062 年 4 月 2 日

（5）本案例中，该商务大厦装修工程的保修期将到（　　）。（单选题）

A. 2014 年 3 月 20 日　　　　B. 2014 年 4 月 2 日

C. 2017 年 3 月 20 日　　　　D. 2017 年 4 月 2 日

8.4　建设工程安全生产管理条例

一、单项选择题

1. 《建设工程安全生产管理条例》规定，（　　）不属于建设单位安全责任范围。

A. 向建设行政主管部门提供安全施工措施资料

B. 向施工单位提供准确的地下管线资料

C. 对拆除工程进行备案

D. 为施工现场从事特种作业的施工人员提供安全保障

2. 根据《建设工程安全生产管理条例》，建设单位不得压缩（　　）工期。

A. 定额　　　B. 标准　　　C. 法定　　　D. 合同

3. 依法批准开工报告的建设工程，建设单位应当自开工报告批准之日起（　　）日内，将保证安全施工的措施报送建设工程所在地的县级以上人民政府建设行政主管部门或者其他有关部门备案。

A. 20　　　B. 30　　　C. 60　　　D. 15

4. 某施工现场开挖时，因地下管线资料不全，施工单位不慎挖断一根军用光缆，依据《建设工程安全生产管理条例》及有关法律法规，表述错误的是（　　）。

A. 建设单位应保证现场资料的真实、准确、完整

B. 建设单位负责向有关部门查询取得资料

C. 该事件属于不可抗力，由军方承担全部损失

D. 施工单位作出赔偿后，有权向建设单位追偿

5. 工程监理单位在实施监理过程中，发现存在安全事故隐患，情况严重的，应当要求施工单位（　　）。

A. 暂时停止施工，并及时报告建设单位

B. 整改，并及时报告建设单位

C. 暂时停止施工，并及时报告有关主管部门

D. 整改，并及时报告有关主管部门

6. 以下各项中，属于监理单位主要安全责任的是（　　）。

A. 组织专家论证、审查深基坑专项施工方案
B. 施工单位拒不整改安全隐患时，及时向有关主管部门报告
C. 申领施工许可证时，提供建设工程有关安全施工措施的资料
D. 提出保证施工作业人员安全和预防生产安全事故的措施建议

7. 施工起重机械现场安装完毕后，以下不属于安装单位的工作的是（ ）。
   A. 出具自检合格证明　　　　　　B. 向施工单位进行安全使用说明
   C. 办理验收手续并签字　　　　　D. 定期进行检验检测

8. 《建设工程安全生产管理条例》规定：（ ）应当审查施工组织设计中的安全技术措施或者专项施工方案是否符合工程建设强制性标准。
   A. 建设单位　　　　　　　　　　B. 施工企业项目经理
   C. 监理单位　　　　　　　　　　D. 施工企业技术负责人

9. 施工单位依法对本企业的安全生产工作负全面责任的是（ ）。
   A. 技术负责人　　　　　　　　　B. 主要负责人
   C. 安全管理部门负责人　　　　　D. 项目负责人

10. 施工单位对列入建设工程概算的安全作业环境及安全施工措施所需费用，不能用于（ ）。
    A. 安全防护用具的采购　　　　　B. 安全生产条件的改善
    C. 安全施工措施的落实　　　　　D. 安全管理人员的加班补贴

11. 根据《建设工程安全生产管理条例》，建设工程施工前，应当对有关安全施工的技术要求向施工作业班组、作业人员作出详细说明的是施工企业的（ ）。
    A. 负责项目管理的技术人员　　　B. 项目负责人
    C. 技术负责人　　　　　　　　　D. 安全员

12. 施工单位与建设单位订立施工合同后，将其中的部分工程分包给分包单位，则施工现场的安全生产由（ ）负总责。
    A. 建设单位　　B. 施工单位　　C. 分包单位　　D. 工程监理单位

13. 甲建筑公司是某施工项目的施工总承包单位，乙建筑公司是其分包单位。2013年5月5日，乙建筑公司的施工项目发生了生产安全事故，应由（ ）向负有安全生产监督管理职责的部门报告。
    A. 甲建筑公司或乙建筑公司　　　B. 甲建筑公司
    C. 乙建筑公司　　　　　　　　　D. 甲建筑公司和乙建筑公司

14. 下列施工单位人员中不必经建设主管部门考核合格即可任职的是（ ）。
    A. 项目安全生产管理人员　　　　B. 项目技术员
    C. 企业主要负责人　　　　　　　D. 项目经理

15. 建筑施工企业的特种作业人员不包括（ ）。
    A. 架子工　　B. 钢筋工　　C. 起重信号工　　D. 起重机械司机

16. 对于土方开挖工程，施工企业编制专项施工方案后，经（ ）签字后实施。
    A. 施工企业项目经理、现场监理工程师
    B. 施工企业技术负责人、建设单位负责人
    C. 施工企业技术负责人、总监理工程师

D. 建设单位负责人、总监理工程师

17. 对于达到一定规模的危险性较大的分部分项工程的专项施工方案，应由（   ）组织专家论证、审查。
    A. 安全监督管理机构　　　　　　B. 建设单位
    C. 监理单位　　　　　　　　　　D. 施工企业

18. 由于监理工程师指令有误导致现场停工，若合同中没有相应条款，则正确说法是（   ）。
    A. 由建设单位做好现场维护，所需费用由建设单位承担
    B. 由施工单位做好现场维护，所需费用由监理单位承担
    C. 由施工单位做好现场维护，所需费用由施工单位承担
    D. 由施工单位做好现场维护，所需费用由建设单位承担

19. 建设安全监督机构在检查施工现场时，发现某施工单位在没有竣工的建筑物内设置员工集体宿舍。该施工单位员工集体宿舍（   ）。
    A. 经工程所在地建设安全监督机构同意，可以继续使用
    B. 经工程所在地建设行政主管部门的同意，可以继续使用
    C. 所住员工必须无条件迁出
    D. 经工程所在地质量监督机构同意，可以继续使用

20. 根据《建设工程安全生产管理条例》，分包单位从事危险作业人员的意外伤害保险费应由（   ）支付。
    A. 总承包单位和分包单位按一定比例共同
    B. 分包单位
    C. 总承包单位
    D. 建设单位

21. 场从事危险作业的工人办理了意害伤害保险。该保险合同于 2013 年 6 月 10 日生效，被保险工人于 2013 年 7 月 20 日进场施工。该意外保险期限自（   ）起至该工程竣工验收合格日止。
    A. 2013 年 6 月 5 日　　　　　　B. 2013 年 6 月 10 日
    C. 2013 年 6 月 15 日　　　　　 D. 2013 年 7 月 20 日

22. 根据《建设工程安全生产管理条例》规定，属于施工单位安全责任的是（   ）。
    A. 提供相邻构筑物的有关资料
    B. 编制安全技术措施及专项施工方案
    C. 办理施工许可证时报送安全施工措施
    D. 提供安全施工措施费用

23. 某承包商在中标后召开了一次会议，在会议上形成了下面的决议：
    (1) 征得建设单位的同意，将主体结构分包给某公司
    (2) 不能将分包工程分包给不符合资质要求的分包商
    (3) 分包单位在施工过程中如果发生安全生产事故，由分包单位自行承担责任
    (4) 在任何情况下必须无条件服从建设单位的指令
    在上面的决议中，不正确的决议有（   ）项。

A. 1　　　　B. 2　　　　C. 3　　　　D. 4

24. 某施工单位由于现场空间狭小，将雇佣来的工人的集体宿舍安排在了一栋还没有竣工的楼房里，这种行为（　　）。

A. 违反了《建设工程安全生产管理条例》

B. 如果这栋楼房主体工程已经结束，并且有证据证明其质量可靠，就没有违反《建设工程安全生产管理条例》

C. 只要工人同意，就成为一种合同行为，没有违反《建设工程安全生产管理条例》

D. 如果施工单位同时采用了安全防护措施，就没有违反《建设工程安全生产管理条例》

25. 《建设工程安全生产管理条例》规定，施工单位采购的施工机具及配件，应当具有（　　），并在进入施工现场前进行查验。

A. 使用许可证和产品合格证　　　　B. 产品许可证
C. 生产许可证　　　　D. 生产许可证和产品合格证

26. 生产经营单位制定的应急预案应当至少每（　　）年修订一次。

A. 1　　　　B. 2　　　　C. 4　　　　D. 3

二、多项选择题

1. 申领施工许可证时，建设单位应提供的有关安全施工措施的资料包括（　　）。

A. 安全防护设施搭设计划　　　　B. 专项安全施工组织设计方案
C. 书面委托监理合同　　　　D. 安全施工组织计划
E. 安全措施费用计划

2. 某工程设备安装阶段，需要使用起吊能力为10t的吊车进行大型永久设备的吊装。承包商与设备租赁公司签订施工机械租赁合同时，应依据《安全生产管理条例》，要求该设备租赁公司提供（　　）。

A. 生产厂家的吊车制造许可证　　　　B. 吊车出厂的产品合格证明
C. 机械燃油消耗定额证明　　　　D. 租赁公司自行测试的安全性能检测记录
E. 具有资质检测机构出具的安全性能检测合格证明

3. 某机械设备租赁公司拟在施工现场安装施工起重机械。根据《建设工程安全生产管理条例》，该公司应（　　）。

A. 编制安装方案

B. 出具自检合格证明

C. 具有起重设备安装工程专业承包资质

D. 派出本单位专业技术人员现场监督

E. 自行验收

4. 根据《建设工程安全生产管理规定》，施工企业对作业人员进行安全生产教育培训，应在（　　）之前。

A. 作业人员进入新的岗位　　　　B. 作业人员进入新的施工现场
C. 企业采用新技术　　　　D. 企业采用新工艺
E. 企业申请办理资质延续手续

5. 建设工程使用承租的机械设备和施工机具及配件的，由（　　）共同进行验收。

A. 建设单位　　　B. 施工总承包　　　C. 分包单位
D. 安装单位　　　E. 出租单位

三、判断题（正确的写 A，错误的写 B）

1. 施工单位应当在拆除工程施工 15 日前，将相关资料报送建设工程所在地的县级以上地方人民政府建设行政主管部门或者其他有关部门备案。（　　）

2. 工程监理单位在实施监理过程中，发现存在严重安全事故隐患的，应当要求施工单位整改。（　　）

3. 工程监理单位在实施监理过程中，发现存在安全事故隐患的，应当要求施工单位整改；情况严重的，应当要求施工单位暂时停止施工，并及时报告建设单位。施工单位拒不整改或者不停止施工的，工程监理单位应当及时向安监站报告。（　　）

四、计算题或案例分析题

背景材料：某建筑公司承建的某市电视台演播中心裙楼工地发生一起施工安全事故。大演播厅舞台在浇筑顶部混凝土施工中，因模板支撑系统失稳导致屋盖坍塌，造成在现场施工的民工和电视台工作人员 6 人死亡，35 人受伤（其中重伤 11 人）。直接经济损失 70 余万元。事故发生后，该建筑公司项目经理部向有关部门紧急报告事故情况。闻讯赶到的有关领导，指挥公安民警、武警战士和现场工人实施了紧急抢险工作，将伤者立即送往医院治疗。

（1）本案例中的施工安全事故应定为哪种等级的事故？（　　）（单选题）
A. 特大事故　　　B. 重大事故　　　C. 较大事故　　　D. 一般事故

（2）事故发生后，施工单位应采取的措施不包括（　　）。（单选题）
A. 编制应急救援预案
B. 报告事故
C. 启动事故应急预案，组织抢救
D. 事故现场保护

（3）关于事故报告的说法中，不正确的是（　　）。（单选题）
A. 事故发生后，事故现场有关人员应当立即向本单位负责人或现场安全生产管理人员报告
B. 单位负责人接到报告后，应当 1h 内向事故发生地县级以上人民政府安全生产监督管理部门和负有安全生产监督管理职责的有关部门报告
C. 情况紧急时，事故现场有关人员可以直接向事故发生地县级以上人民政府安全生产监督管理部门报告
D. 情况紧急时，事故现场有关人员可以直接向事故发生地负有安全生产监督管理职责的有关部门报告

（4）关于实行施工总承包的应急救援预案，以下说法中不正确的是（　　）。（单选题）
A. 工程总承包单位和分包单位应各自编制应急救援预案，但分包单位的应急救援预案须经总承包单位审查
B. 工程总承包单位和分包单位应各自建立应急救援组织或者配备应急救援人员
C. 工程总承包单位和分包单位应各自配备救援器材、设备

D. 工程总承包单位和分包单位应各自定期组织应急救援预案的演练

（5）关于本案例中所涉及的模板工程，以下4项说法中正确的有（　　）项。（单选题）

① 本案例中的模板工程属于达到一定规模的危险性较大的分部分项工程，应编制专项施工方案

② 模板工程的专项施工方案，须附具安全验算结果，经项目技术负责人、总监理工程师签字后实施，由专职安全生产管理人员进行现场监督

③ 模板支撑工程，若达到搭设高度10m及以上或搭设跨度18m及以上，不仅要编制专项施工方案、还应进行专项施工方案的专家论证

④ 实际施工中，若要对已制订好的模板工程专项施工方案进行调整，应由总监理工程师签字后方可实施

A. 1　　　　B. 2　　　　C. 3　　　　D. 4

第9章　标准与规范

9.1　建设工程文件归档整理规范

一、单项选择题

1. 根据《建设工程文件归档整理规范》，具有独立的设计文件、竣工后可以独立发挥生产能力或工程效益的工程是（　　）。

A. 建设项目　　B. 单位工程　　C. 分部工程　　D. 分项工程

2. 根据《建设工程文件归档整理规范》，城建档案管理机构在（　　），应对工程档案进行预验收。

A. 工程竣工验收前　　　　B. 工程移交前
C. 工程竣工验收后　　　　D. 工程移交后

3. 根据《建设工程文件归档整理规范》，列入城建档案馆（室）接收范围的工程，（　　）在工程竣工验收后3个月内，必须向城建档案馆（室）移交一套符合规定的工程档案。

A. 建设单位　　B. 施工单位　　C. 监理单位　　D. 质量监督机构

4. 不属于城建档案馆（室）接收范围的工程，建设单位应当在竣工验收后将工程档案（　　）。

A. 自行保管　　　　　　　B. 委托具有资质的机构保管
C. 移交质量监督机构　　　D. 移交建设行政主管部门

二、多项选择题

1. 根据《建设工程文件归档整理规范》，建设工程项目的定义包括（　　）。

A. 按照一个总体设计进行施工　　B. 经济上实行统一核算
C. 行政上具有独立组织形式　　　D. 行政上实行统一管理
E. 由一个或若干个没有内在联系的工程所组成

2. 某工程施工图的变更部分达到了图面的（　　），根据《建设工程文件归档整理规

范》的规定，该工程不得利用施工图改绘竣工图，而必须重新绘制竣工图。
A. 20%　　　B. 30%　　　C. 40%
D. 50%　　　E. 60%

三、判断题（正确的写 A，错误的写 B）

1. 根据《建设工程文件归档整理规范》，工程准备阶段文件是工程项目立项以前，在项目建议书和可行性研究阶段形成的文件。（　）
2. 根据《建设工程文件归档整理规范》，建设工程项目实行总承包的，总包单位、各分包单位应将各自形成的工程文件整理、立卷后及时移交城建档案馆。（　）
3. 根据《建设工程文件归档整理规范》，建设工程项目实行总承包的，总包单位负责收集、汇总各分包单位形成的工程档案，并应及时向建设单位移交；各分包单位应将本单位形成的工程文件整理、立卷后及时移交总包单位。（　）
4. 根据《建设工程文件归档整理规范》，对与工程建设有关的重要活动、记载工程建设主要过程和现状、具有保存价值的各种载体的文件，均应收集齐全，整理立卷后归档。（　）
5. 根据《建设工程文件归档整理规范》，立卷时工程文件可按建设程序划分为工程准备阶段的文件、监理文件、施工文件、竣工图、竣工验收文件 5 部分。（　）
6. 根据《建设工程文件归档整理规范》，文件的保管期限"长期"是指工程档案保存 20 年以下。（　）
7. 根据《建设工程文件归档整理规范》，文件的保管期限"短期"是指工程档案保存 15 年以下。（　）
8. 根据《建设工程文件归档整理规范》，案卷的密级分为绝密、机密、保密三种；同一案卷内有不同密级的文件，应以高密级为本卷密级。（　）
9. 根据《建设工程文件归档整理规范》，勘察、设计、施工、监理单位均应在工程竣工验收前，将各自形成的有关工程档案向建设单位归档。（　）
10. 对改建、扩建和维修工程，建设单位应当组织设计、施工单位据实修改、补充和完善原工程档案。对改变的部位，应当重新编制工程档案，并在工程验收后 3 个月内向城建档案馆（室）移交。（　）

四、计算题或案例分析题

1. 背景材料：A 公司中标某城市旧区市政道路改扩建工程，改建后道路升级至城市主干道，并将原来处于快车道下的雨水管、给水管、燃气管这三条管线拆移至新建道路的辅路或人行道下。在建设单位与 A 公司所签的总承包合同中，约定将以上三条管线的施工分别直接分包给三家专业公司承担，A 公司作为工程总承包单位亦要负责管道的土建工程配合。

工程竣工验收前，A 公司请市城建档案馆的工作人员来对施工技术资料等工程档案进行预验收，发现缺少给水管道和燃气管道的功能性试验记录。A 公司施工项目部负责人解释说除管道土建部分资料外，其他资料不归他们负责，理由是管道工程是专业承包公司实际施工的，资料应由专业承包公司直接交给建设单位。城建档案馆拒绝向 A 公司出具工程档案预验收认可文件。

（1）本案例中，建设单位属违法发包工程。（　）（判断题）（正确的写 A，错误的

写 B)

(2) 本案例中，总包 A 公司是否需要将三家专业承包公司经建设单位认可？（　　）（单选题）

A. 需要

B. 如果这三家专业承包公司的没有类似工程的施工经验，则需要

C. 如果这三家专业承包公司的资质等级不及 A 公司，则需要

D. 不需要

(3) 本案例中，管道功能性试验记录资料（　　）。（单选题）

A. 应由专业承包公司直接交给建设单位

B. 应由专业承包公司直接交给建设单位

C. 应由 A 公司先向专业承包公司收集，再汇总交给建设单位

D. 应由 A 公司先向专业承包公司收集，再汇总交给城建档案馆

(4) 本案例中，城建档案馆拒绝向 A 公司出具工程档案预验收认可文件的最主要原因是（　　）。（单选题）

A. A 公司管理混乱

B. 不应由 A 公司申请档案预验收

C. A 公司应在竣工验收合格后再申请档案验收

D. 缺少给水管道和燃气管道的功能性试验记录

(5) 本案例中，没有取得城建档案管出具的工程档案预验收认可文件，就不能组织工程竣工验收。（　　）（判断题）（正确的写 A，错误的写 B）

2. 背景材料：A 学校拟建六层砖混结构办公楼，该市 B 建筑公司通过招标方式承接该项施工任务，C 监理公司负责监理。该办公楼建筑平面形状为 L 形，设计采用混凝土小型砌块砌筑，墙体加设构造柱。该工程于 2011 年 10 月 10 日开工建设，2012 年 6 月 15 日通过了竣工验收。

(1) 本案例中，在 2011 年 10 月 10 日之前所形成的相关资料文件属于（　　）。（单选题）

A. 立项文件　　　　　　　　　　B. 基建文件

C. 工程准备阶段文件　　　　　　D. 建设单位文件

(2) 本案例中，办公楼达到什么条件方可竣工验收？（　　）（多选题）

A. 完成建设工程设计和合同规定的内容

B. 有完整的技术档案和施工管理资料

C. 有工程使用的主要建筑材料、建筑构配件和设备的进场试验报告

D. 有勘察、设计、施工、工程监理等单位分别签署的质量合格文件

E. 有施工单位签署的工程质量保修书

(3) 本案例中，（　　）是在 2012 年 6 月 15 日之前完成的。（多选题）

A. A 学校向城建档案馆申请工程档案预验收

B. A 学校向城建档案馆申请工程档案正式验收

C. B 建筑公司向 A 学校出具教学楼工程质量保修书

D. B 建筑公司将相关资料交给 A 学校

E. C监理公司将相关资料交给A学校

（4）本案例中，2012年6月15日参加竣工验收的单位包括（　　）。（多选题）

A. A学校
B. B建筑公司
C. C监理公司
D. 该办公楼的设计院
E. 质量监督站

（5）本案例中，A学校最迟应在（　　）之前向城建档案馆移交工程档案。（单选题）

A. 2012年7月15日
B. 2012年8月15日
C. 2012年9月15日
D. 2012年10月15日

9.2 建设电子文件与电子档案管理规范

一、单项选择题

1. 根据《建设电子文件与电子档案管理规范》，（　　）是在工程建设过程中通过数字设备及环境生成，以数码形式存储于磁带、磁盘或光盘等载体，依赖计算机等数字设备阅读、处理，并可在通信网络上传送的文件。

A. 建设电子文件
B. 建设系统业务管理电子文件
C. 建设工程电子文件
D. 建设电子档案

2. 根据《建设电子文件与电子档案管理规范》，电子文件的内容、结构和背景信息等与形成时的原始状况一致，体现了（　　）。

A. 真实性　　B. 实用性　　C. 完整性　　D. 有效性

二、多项选择题（正确的写A，错误的写B）

根据《建设电子文件与电子档案管理规范》，（　　）不宜作为电子档案长期保存的载体。

A. 一次写光盘　　B. 可擦写光盘　　C. 优盘
D. 软磁盘　　E. 移动硬盘

三、判断题

1. 根据《建设电子文件与电子档案管理规范》，电子文件的代码应包括项目代码、稿本代码和类别代码。（　　）

2. 根据《建设电子文件与电子档案管理规范》，建设电子文件与相应的纸质文件应建立关联，在内容、相关说明及描述上应保持一致。（　　）

3. 根据《建设电子文件与电子档案管理规范》，建设电子文件的整理应遵循建设系统业务管理电子文件或建设工程电子文件的自然形成规律，保持案件或项目内建设电子文件间的有机联系，便于建设电子档案的保管和利用。（　　）

4. 根据《建设电子文件与电子档案管理规范》，建设电子文件的归档方式包括在线式归档和离线式归档，可根据实际情况选择其中的一种或两种方式进行电子文件的归档。（　　）

5. 根据《建设电子文件与电子档案管理规范》，勘察、设计、施工、监理、测量等单位形成的工程电子档案应由城建档案馆进行检验，检验审查合格后进行移交。（　　）

6. 根据《建设电子文件与电子档案管理规范》，凡已向城建档案馆（室）移交建设系统业务管理电子档案的单位，如工作中确实需要继续保存纸质档案的，可适当延缓向城建档案馆（室）移交纸质档案的时间。（　　）

7. 根据《建设电子文件与电子档案管理规范》，建设单位在组织工程竣工验收前，应当先提请当地建设（城建）档案管理机构对工程纸质档案进行预验收；竣工验收合格后，再提请对工程电子档案进行验收。（   ）

8. 根据《建设电子文件与电子档案管理规范》，建设单位向城建档案馆（室）移交建设工程电子档案光盘时可只移交一套。（   ）

9. 根据《建设电子文件与电子档案管理规范》，脱机建设电子档案（载体）应在符合保管条件的环境中存放，一式2套，一套封存保管、一套提供利用。（   ）

9.3 建筑工程资料管理规程

一、单项选择题

1. 根据《建筑工程资料管理规程》，将工程资料整理组卷并按规定移交相关档案管理部门的工作称为（   ）。
   A. 组卷 B. 立卷 C. 归档 D. 移交

2. 根据《建筑工程资料管理规程》，监理资料不包括（   ）。
   A. 进度控制资料 B. 质量控制资料
   C. 安全控制资料 D. 造价控制资料

3. 根据《建筑工程资料管理规程》，施工试验记录及检测报告（C6类）中不是由检测单位提供的是（   ）。
   A. 锚杆试验报告 B. 土工击实试验报告
   C. 钢筋焊接连接试验报告 D. 混凝土试块强度统计、评定记录

二、多项选择题

1. 根据《建筑工程资料管理规程》，工程资料应为原件；当为复印件时，（   ）。
   A. 提供单位应在复印件上加盖单位印章
   B. 提供单位和接收单位均应在复印件上加盖单位印章
   C. 复印件上应有经办人签字及日期
   D. 提供单位应对资料的真实性负责
   E. 提供单位和接收单位应对资料的真实性负连带责任

2. 根据《建筑工程资料管理规程》，关于工程准备阶段文件和工程竣工文件的说法中，不正确的是（   ）。
   A. 工程准备阶段文件和工程竣工文件均应由建设单位负责收集、整理与组卷
   B. 工程准备阶段文件和工程竣工文件均应由施工单位负责收集、整理与组卷
   C. 工程准备阶段文件应由建设单位负责收集、整理与组卷；工程竣工文件应由施工单位负责收集、整理与组卷
   D. 工程准备阶段文件应由施工单位负责收集、整理与组卷；工程竣工文件应由建设单位负责收集、整理与组卷
   E. 工程准备阶段文件应由施工单位负责收集、整理与组卷；工程竣工文件应由监理单位负责收集、整理与组卷

三、判断题（正确的写 A，错误的写 B）

1. 根据《建筑工程资料管理规程》，工程资料不得随意修改；当需修改时，应实行划

改,并由见证人签署。 （　　）

2. 根据《建筑工程资料管理规程》,当施工图没有变更时,可直接在施工图上加盖竣工图章形成竣工图。 （　　）

3. 根据《建筑工程资料管理规程》,施工资料应按建设项目或单位工程进行组卷。
（　　）

9.4　建筑工程施工质量验收统一标准

一、单项选择题

1. 根据《建筑工程施工质量验收统一标准》（GB 50300—2013）,涉及结构安全的试块、试件以及有关材料,应按规定进行（　　）。

A. 验收

B. 进场验收

C. 见证取样检测

D. 交接检验

2. 根据《建筑工程施工质量验收统一标准》（GB 50300—2013）,具备独立施工条件并能形成独立使用功能的建筑物及构筑物为一个（　　）。

A. 建设项目

B. 单位工程

C. 分部工程

D. 分项工程

二、多项选择题

1. 根据《建筑工程施工质量验收统一标准》（GB 50300—2013）,建筑工程中的主控项目是对（　　）起决定性作用的检验项目。

A. 质量

B. 安全

C. 卫生

D. 环境保护

E. 公众利益

2. 根据《建筑工程施工质量验收统一标准》（GB 50300—2013）,单位（子单位）工程质量验收合格应符合的规定包括（　　）。

A. 分部（子分部）工程所含分项工程的质量均应验收合格

B. 质量控制资料应完整

C. 单位（子单位）工程所含分部工程有关安全和功能的检测资料应完整

D. 主要功能项目的抽查结果应符合相关专业质量验收规范的规定

E. 观感质量验收应符合要求

三、判断题（正确的写 A,错误的写 B）

1. 根据《建筑工程施工质量验收统一标准》（GB 50300—2013）,返修是对不合格的工程部位采取的重新制作、重新施工等措施。 （　　）

2. 根据《建筑工程施工质量验收统一标准》（GB 50300—2013）,返工对工程不符合

标准规定的部位采取整修等措施。 （ ）

3. 根据《建筑工程施工质量验收统一标准》（GB 50300—2013），相关各专业工种之间应进行交接检验，并形成记录。未经总监理工程师检查认可，不得进行下道工序施工。
 （ ）

4. 根据《建筑工程施工质量验收统一标准》（GB 50300—2013），分项工程的质量应按主控项目和一般项目验收。 （ ）

5. 根据《建筑工程施工质量验收统一标准》（GB 50300—2013），建筑工程质量验收应划分为单项工程、单位工程、分部工程、分项工程和检验批。 （ ）

9.5 建设工程监理规范

一、单项选择题

1. 现行标准《建设工程监理规范》（GB/T 50319—2013）是（ ）。
 A. 国家标准
 B. 行业标准
 C. 地方标准
 D. 企业标准

2. 根据《建设工程监理规范》（GB/T 50319—2013），项目监理机构应审查施工单位报审的施工组织设计、专项施工方案，符合要求的，由（ ）签认后报建设单位。
 A. 监理员
 B. 监理工程师
 C. 总监理工程师
 D. 项目经理

3. 根据《建设工程监理规范》（GB/T 50319—2013），总监理工程师（ ）。
 A. 不可同时担任其他建设工程的总监理工程师
 B. 可同时担任其他建设工程的总监理工程师，但最多不得超过两项
 C. 可同时担任其他建设工程的总监理工程师，但最多不得超过三项
 D. 可同时担任其他建设工程的总监理工程师，但最多不得超过四项

4. 根据《建设工程监理规范》（GB/T 50319—2013），监理工作总结的主要内容不包括（ ）。
 A. 工程概况
 B. 天气和施工环境情况
 C. 建设工程监理合同履行情况
 D. 监理工作成效

二、多项选择题

1. 根据《建设工程监理规范》（GB/T 50319—2013），实施建设工程监理的主要依据包括（ ）。
 A. 法律法规
 B. 建设工程相关标准
 C. 建设工程勘察设计文件

D. 建设工程监理合同及其他合同文件

E. 监理实施细则

2. 根据《建设工程监理规范》（GB/T 50319—2013），项目监理机构应结合工程特点，遵循（　　）实施工程监理，并及时准确记录监理工作实施情况。

A. 事前控制原理

B. 事中控制原理

C. 事后控制原理

D. 主动控制原则

E. 被动控制原则

3. 根据《建设工程监理规范》（GB/T 50319—2013），总监理工程师的职责包括（　　）。

A. 组织编制监理规划，审批监理实施细则

B. 组织审查施工组织设计、（专项）施工方案、应急救援预案

C. 审查开复工报审表，签发开工令、工程暂停令和复工令

D. 审查施工单位的竣工申请，组织工程竣工预验收，组织编写工程质量评估报告，参与工程竣工验收

E. 验收检验批、隐蔽工程、分项工程

4. 根据《建设工程监理规范》（GB/T 50319—2013），监理日志的主要内容包括（　　）。

A. 工程概况

B. 天气和施工环境情况

C. 施工进展情况

D. 监理工作情况

E. 存在的问题及协调解决情况

三、判断题（正确的写 A，错误的写 B）

1. 根据《建设工程监理规范》（GB/T 50319—2013），建设工程监理实行监理工程师负责制。（　　）

2. 根据《建设工程监理规范》（GB/T 50319—2013），项目监理机构应审查施工单位报审的施工组织设计、专项施工方案，符合要求的，由监理工程师签认后报建设单位。（　　）

3. 根据《建设工程监理规范》（GB/T 50319—2013），项目监理机构的监理人员由总监理工程师和监理员组成，且专业配套、数量满足监理工作需要，必要时可设总监理工程师代表和专业监理工程师。（　　）

四、计算题或案例分析题

背景材料：监理工程师鲍某在对某工程施工的监理过程中，发现该工程设计图纸存在一处明显的设计错误。两个月后，施工单位在对大底板基础施工缝作处理后打算浇筑混凝土，监理工程师鲍某又发现施工单位在原设计的止水片上增加了一道橡胶条，施工单位项目经理曹某表示这样更能保证将来防水的质量，并且增加的成本将由施工单位自行承担。

（1）根据《建设工程监理规范》（GB/T 50319—2013），监理单位实施建设工程监理的主要依据包括（　　）。（多选题）

A. 法律法规

B. 建设工程相关标准

C. 建设工程勘察设计文件

D. 建设工程监理合同及其他合同文件

E. 监理实施细则

(2) 根据《建设工程监理规范》(GB/T 50319—2013)，工程监理单位应（   ）的开展建设工程监理与相关服务活动。(多选题)

A. 公平

B. 公开

C. 独立

D. 诚信

E. 科学

(3) 以上案例中，鲍某担任专业监理工程师的条件中，（   ）不是必须的。(单选题)

A. 由总监理工程师授权

B. 具有工程类注册执业资格或具有中级及以上专业技术职称

C. 具有 2 年及以上工程实践经验

D. 通过全国注册监理工程师统一考试

(4) 以上案例中，鲍某对于发现的图纸设计错误，（   ）。(单选题)

A. 应当要求施工单位直接更正

B. 应当报告建设单位要求施工单位修改设计

C. 应当报告建设单位要求设计单位修改设计

D. 应当要求设计单位修改设计

(5) 以上案例中，鲍某对于施工单位增加橡胶条，应当（   ）。(单选题)

A. 作好旁站记录后允许施工单位继续施工

B. 要求设计单位修改设计

C. 报告建设单位通知设计单位修改设计

D. 直接要求施工单位改正

三、参 考 答 案

第1章 施工文件档案资料相关概念

1.1 建设工程项目与建设程序

一、单项选择题
1. A；2. B；3. C；4. A；5. C；6. A；7. B

二、多项选择题
1. B、C、D；2. B、C、D、E；3. B、D、E；4. B、C、D；
5. C、D；6. B、C、D、E；7. A、C

三、判断题
1. B；2. B；3. B

1.2 建设工程施工质量验收

一、单项选择题
1. B；2. D；3. B；4. D；5. B；6. B；7. A；8. D；
9. D；10. C；11. B；12. A；13. B；14. A；15. B；16. B；
17. B

二、多项选择题
1. A、D；2. A、C、D、E；3. A、C、D；4. A、C、E；5. A、B、C；6. B、C、E；7. B、C、D

三、判断题
1. A；2. A；3. B；4. B；5. A

1.3 工程文件档案资料

一、单项选择题
1. C；2. A；3. C；4. C

二、多项选择题
1. A、D、E；2. D、E；3. B、D、E；4. A、B、E；5. B、C、D

三、判断题
1. A；2. A；3. A；4. A

四、计算题或案例分析题

1. (1) C、E；(2) D；(3) B、C、D、E；(4) A；(5) C、D；2. (1) B；(2) B、C、D、E；(3) A、D、E；(4) D；(5) A、C、D、E；3. (1) A、C、D；(2) B、C、D、E；(3) C；(4) C、D、E；(5) A、B、D、E

第2章　建设单位工程文件档案资料

2.1　建设单位工程文件资料形成

一、单项选择题
1. C；2. D；

二、多项选择题
1. C、D、E；2. A、D、E；

三、判断题
1. A；2. B

2.2　建设单位工程文件资料组卷与归档

一、单项选择题
1. B；2. A；3. B；4. D；5. C

二、多项选择题
1. A、C、E；2. B、C、E；3. A、B、C、D；4. B、D、E；5. C、E

三、判断题
1. B；2. B

2.3　建设单位工程文件资料管理

一、单项选择题
1. A；2. A；3. C；4. C；5. B；6. A；7. C；8. D

二、多项选择题
1. A、B、D、E；2. A、B、C、E

三、判断题
1. A；2. B；3. A；4. A；5. A

四、计算题或案例分析题
1. (1) B；(2) A；(3) A、B、E；(4) A、B、C、E；(5) C、D、E

第3章　监理工程文件档案资料

3.1　监理工程文件资料形成

一、单项选择题
1. B；2. B；3. A；4. D；5. A；6. B

二、多项选择题

1. C、D、E；2. A、C、D；3. A、B、C、E

三、判断题

1. B；2. A

3.2　监理工程文件档案资料组卷与归档

一、单项选择题

1. D；2. B；3. B；4. C；5. B；6. A；7. D

二、多项选择题

1. C、D；2. A、D、E；3. A、B、C

三、判断题

1. A；2. B

3.3　监理工程文件资料管理

一、单项选择题

1. D；2. D；3. A；4. A；5. B；6. D；7. A；8. D；
9. D；10. C；11. B；12. B；13. C；14. C；15. B；16. D；
17. B；18. B；19. A

二、多项选择题

1. C、D、E；2. A、C、D、E；3. A、B、C；4. A、D、E；
5. A、C、D；6. B、C、D、E；7. A、C、D；8. A、C、E；
9. C、D；10. A、B

三、判断题

1. A；2. B；3. A；4. B；5. A；6. A

四、计算题或案例分析题

1. （1）C、E；（2）A、C、E；（3）C、D、E；（4）B、E；（5）B、C、D；2.（1）A、B、C、E；（2）C；（3）C；（4）B、D、E；（5）B、C、D

第4章　房屋建筑工程施工文件档案资料

4.1　房屋建筑工程施工文件资料的形成

一、单项选择题

1. C；2. B

二、多项选择题

1. C、E；2. D、E

三、判断题

1. B

4.2 土建施工文件档案资料

一、单项选择题

1. A；2. D；3. B；4. C；5. C；6. A；7. B；8. C；
9. C；10. A；11. D；12. C；13. B；14. A；15. D；16. B；
17. C；18. D；19. B；20. C；21. C；22. A；23. B；24. B；
25. D；26. B；27. C；28. A；29. B；30. C；31. C；32. D；
33. C；34. D；35. C；36. C；37. D；38. C；39. C；40. C；
41. C；42. C；43. A；44. D；45. C

二、多项选择题

1. B、C；2. B、E；3. C、D、E；4. B、D、E；5. B、C、D；
6. C、D、E；7. A、B、C；8. A、B、E；9. A、C、D；
10. D、E；11. A、C；12. B、E；13. A、D；14. B、D、E；
15. A、C、D、E；16. B、C、D；17. C、E；
18. A、B；19. B、D；20. C、E；21. A、B、E；22. B、C、E

三、判断题

1. A；2. B；3. B；4. B；5. A；6. B；7. A；8. A；
9. A；10. B；11. A；12. A；13. A；14. B

4.3 桩基部分施工文件档案资料

一、单项选择题

1. B；2. A；3. C；4. A

二、多项；选择题

1. A、C、D、E；2. A、D

三、判断题

1. B；2. A

4.4 钢结构部分施工文件档案资料

一、单项选择题

1. C；2. C；3. C；4. A；5. C

二、多项选择题

1. A、B、C；2. A、B、C、E；3. A、B、C、D

三、判断题

1. B；2. A

4.5 幕墙部分施工文件档案资料

一、单项选择题

1. D；2. C；3. D；4. A

二、多项选择题
1. A、B、C、D；2. A、D、E
三、判断题
1. B；2. A

4.6　建筑给水排水及采暖部分施工文件档案资料

一、单项选择题
1. B；2. C；3. B；4. C
二、多项选择题
1. A、B、C、D；2. B、C、D、E
三、判断题
1. A；2. A

4.7　建筑电气部分施工文件档案资料

一、单项选择题
1. B；2. A；3. A；4. C
二、多项选择题
1. B、C、D；2. A、C、E；3. A、B、C、D
三、判断题
1. A；2. B

4.8　智能建筑工程文件档案资料

一、单项选择题
1. C；2. C；3. A
二、多项选择题
1. A、B、C、D；
2. C、D
三、判断题
1. B

4.9　通风与空调工程文件档案资料

一、单项选择题
1. B；2. A；3. B
二、多项选择题
1. A、B、C、D；2. C、D
三、判断题
1. A

4.10 建筑节能分部工程施工文件档案资料

一、单项选择题
1. A；2. C；3. C；4. C；5. A；6. C；7. D

二、多项选择题
1. B、C、D、E；2. A、B、C

三、判断题
1. A

4.11 电梯分部工程施工文件档案资料

一、单项选择题
1. A；2. C；3. B；4. D；5. B

二、多项选择题
1. A、B、C、E；2. B、E

三、判断题
1. A

4.12 竣工验收资料、竣工图管理

一、单项选择题
1. B；2. C；3. D；4. B；5. B；6. D

二、多项选择题
1. A、B、C、E；2. B、C、D

三、判断题
1. B；2. B

四、计算题或案例分析题
1. (1) A、C、E；(2) C、D、E；(3) A、B、C；(4) A、B、D；(5) A、B、C、D
2. (1) A、C；(2) B、E；(3) A、C、D；(4) E、B；(5) A、D、E
3. (1) A、B；(2) C；(3) B；(4) B、C、E；(5) C
4. (1) A、B、C、D、E；(2) A、B、C；(3) B、C、D、E；(4) B、C；(5) C、E
5. (1) A、B、C；(2) D、E；(3) A、B、C；(4) B、D、E；(5) A、D、E
6. (1) B、D、E；(2) B、D；(3) A、B、C、D；(4) A、B、D；(5) A、C
7. (1) B、C；(2) A、B、C、E；(3) A、C、B；(4) A、B、C、D；(5) A、B、C、E
8. (1) B、C、D、E；(2) B、E；(3) A、B；(4) D、E；(5) A、B、C
9. (1) B、C、D；(2) A、B、C；(3) D、E；(4) D、E；(5) A、B、C、D

第5章 市政基础设施施工文件档案资料

5.1 市政基础设施工程施工质量控制与验收

一、单项选择题
1. D；2. C

二、多项选择题
1. A、B、C；2. A、B、C、E
三、判断题
1. A；2. A

5.2 市政基础设施工程施工文件资料管理

一、单项选择题
1. B；2. C；3. D；4. B；5. C；6. A；
7. A；8. B；9. C；10. C；11. B
二、多项选择题
1. B、C、D；2. A、C、E；3. B、C；4. C、E；5. A、B、D；6. B、C、D、E；7. A、C、D、E
三、判断题
1. A；2. B；3. B；4. A；5. A；6. B
四、计算题或案例分析题
1. (1) A、B、C、E；(2) A、D、E；(3) A、B；(4) A、B、C、E；(5) A、B、D、E

5.3 市政基础设施工程文件档案来源、组卷和归档目录

一、单项选择题
1. A；2. D；3. A；4. B；5. B；6. C；7. D；8. B；
9. D；10. D；11. C；12. C；13. B；14. C；15. B；16. C；17. A；
18. C；19. B；20. A；21. A；22. C；23. A；24. C；25. A
二、多项选择题
1. A、B、C；2. A、B、C、E；3. A、B、C；4. A、C、D；
5. B、D、E；6. B、D、E；7. A、D、E；8. A、C、E；
9. B、C
三、判断题
1. B；2. B；3. A；4. B；5. B；6. A；7. B；8. B

第6章 施工文件档案资料管理

6.1 施工文件档案资料管理职责

一、单项选择题
1. C；2. D；3. C；4. A；5. A；6. D；7. C；
8. D；9. B；10. D；11. D；12. B；13. C；14. D；
15. B；16. B；17. C；18. D；19. B
二、多项选择题
1. A、C、D；2. C、D；3. A、D、E；4. B、C、D；

5. C、E；6. B、C、D

三、判断题

1. B；2. B；3. A；4. B；5. A；6. A；7. A

6.2 施工文件资料管理计划

一、单项选择题

1. A；2. B；3. D

二、多项选择题

1. A、C、E；2. A、C、E；3. A、C、D

三、判断题

1. B；2. A；3. A

6.3 施工文件资料交底

一、多项选择题

1. B、C、D、E

6.4 施工文件资料形成、收集

一、单项选择题

1. C；2. D；3. B；4. D；5. B；6. A；7. C；8. D；9. D；10. B；
11. C；12. C

二、多项选择题

1. B、D、E；2. B、C、D；3. B、C、D；4. A、B、C、D；
5. A、B、E；6. A、B、C、D；7. A、B、C、E

三、判断题

1. B；2. A；3. A；4. A；5. B；6. A

6.5 施工文件档案资料的安全管理

一、多项选择题

1. B、E

二、判断题

1. A；2. B

6.6 施工文件档案资料组卷

一、单项选择题

1. B；2. B；3. B；4. D；5. A；6. C；7. D；8. D；9. D；10. A；11. A；
12. A

二、多项选择题

1. C、D、E；2. C、D、E；3. A、D、E；4. D、E；5. B、C、D；

6. A、C、E；7. A、C、D、E；8. A、B、C、E；9. A、B、E

三、判断题

1. A；2. B；3. A；4. B；5. B；6. B；7. A；8. A；9. A

6.7 工程档案资料的归档、验收与移交

一、单项选择题

1. C

二、判断题

1. A

6.8 建筑业统计的基本知识

一、单项选择题

1. A

二、多项选择题

1. B、C、D、E

三、判断题

1. A；2. A

第7章 计算机与资料管理软件

7.1 计算机系统

一、单项选择题

1. A；2. A；3. A；4. A；5. D；6. C

二、多项选择题

1. A、B、C、E；2. C、E

三、判断题

1. B；2. A；3. A

7.2 计算机文字处理软件

一、单项选择题

1. D；2. A；3. C；4. B

二、多项选择题

1. A、B、E；2. B、C、D、E；3. A、B、C

三、判断题

1. B；2. A

四、计算题或案例分析题

1. (1) A；(2) A；(3) C；(4) A；(5) A

7.3 江苏省工程档案资料管理系统

一、单项选择题
1. B；2. A；3. C；4. D

二、多项选择题
1. A、C、D；2. A、B、C、E；3. C、D；4. B、D、E

三、判断题
1. B；2. B；3. A；4. B

四、计算题或案例分析题
1.（1）A；（2）D；（3）D；（4）B；（5）B

第8章 法律与法规

8.1 中华人民共和国建筑法

一、单项选择题
1. C；2. A；3. D；4. D；5. D；6. D；7. B；8. D；
9. C；10. C；11. B；12. A；13. D；14. B

二、多项选择题
1. A、B、C、D

三、判断题
1. B；2. B；3. B；4. A

四、计算题或案例分析题
(1) C；(2) B；(3) C；(4) B；(5) D

8.2 中华人民共和国安全生产法

一、单项选择题
1. A；2. D；

二、多项选择题
1. A、C、E；

三、判断题
1. A

8.3 建设工程质量管理条例

一、单项选择题
1. D；2. C；3. D；4. D；5. B；6. C；7. C；8. A；9. B；
10. C；11. B；12. A；13. A；14. B；15. A；16. A；17. A；18. A；
19. A；20. C；21. B；22. A；23. C；24. D；25. A；26. A

二、多项选择题
1. B、D、E；2. A、C、D；3. A、C、E；4. A、C、E；

5. B、D；6. B、C

三、判断题

1. B；2. A；3. A；4. A；5. B；6. B

四、计算题或案例分析题

(1) A；(2) B；(3) C；(4) D；(5) B

8.4 建设工程安全生产管理条例

一、单项选择题

1. D；2. D；3. D；4. C；5. A；6. B；7. D；8. C；9. B；10. D；11. A；12. B；
13. B；14. B；15. B；16. C；17. D；18. D；19. C；20. C；21. C；22. B；23. C；
24. A；25. D；26. D

二、多项选择题

1. A、B、E；2. A、B、D、E；3. A、B、C、D；4. A、B、C、D；
5. B、C、D、E

三、判断题

1. B；2. B；3. B

四、计算题或案例分析题

(1) C；(2) A；(3) A；(4) A；(5) A

第9章 标准与规范

9.1 建设工程文件归档整理规范

一、单项选择题

1. B；2. A；3. A；4. D

二、多项选择题

1. A、B、C、D；2. C、D、E

三、判断题

1. B；2. B；3. A；4. A；5. A；6. B；7. B；8. B；9. B；10. A

四、计算题或案例分析题

1. (1) B；(2) D；(3) C；(4) B；(5) A；2. (1) C；(2) A、B、C、D、E；
(3) A、C、D、E；(4) A、B、C、D；(5) C

9.2 建设电子文件与电子档案管理规范

一、单项选择题

1. C；2. A

二、多项选择题

1. C、D、E

三、判断题

1. B；2. A；3. A；4. A；5. B；6. A；7. B；8. A；9. B

9.3 建筑工程资料管理规程

一、单项选择题

1. C；2. C；3. D

二、多项选择题

1. A、C、D；2. B、C、D、E

三、判断题

1. B；2. A；3. B

9.4 建筑工程施工质量验收统一标准

一、单项选择题

1. C；2. B

二、多项选择题

1. B、C、D、E；2. B、C、D、E

三、判断题

1. B；2. B；3. B；4. B；5. B

9.5 建设工程监理规范

一、单项选择题

1. A；2. C；3. C；4. B

二、多项选择题

1. A、B、C、D；2. A、D；3. A、B、D、E；4. B、C、D、E

三、判断题

1. B；2. B；3. B

四、计算题或案例分析题

(1) A、B、C、D；(2) A、C、D、E；(3) D；(4) C；(5) D

第三部分

模拟试卷

江苏省建设专业管理人员统一考试
资料员模拟试卷

注意： 1. 本试卷岗位代码为"04"，专业代码为"0"，请考生务必将此代码填涂在答题卡"岗位代码"、"专业代码"相应的栏目内，否则，无法评分。

2. 指定用笔：答题卡涂黑用2B铅笔。

3. 必须使用指定用笔作答。使用非指定用笔的答题无效。答题卡填涂如有改动，必须用橡皮擦净痕迹，以免电脑阅卷时误读。

4. 本卷均为客观题，分《专业基础知识》和《专业管理实务》两个部分，总分150分，考试时间3小时。

5. 本试卷全卷连续编号。请按题型指导语选择正确答案，并按题号在答题卡上将所选选项对应的字母用2B铅笔涂黑。

6. 在试卷上作答无效。

7. 草稿纸不再另发，可以用试卷作草稿纸。

第一部分　专业基础知识（共60分）

一、单项选择题（以下各题的备选答案中只有一个最符合题意，请将其选出，并在答题卡上将对应题号后的相应字母涂黑。每题0.5分，共20分。）

1. 下列等式正确的是（　　）。
   A. 1张A2幅面图纸＝2张A1幅面图纸
   B. 1张A4幅面图纸＝2张A3幅面图纸
   C. 2张A2幅面图纸＝1张A1幅面图纸
   D. 2张A1幅面图纸＝1张A2幅面图纸

2. 同一建筑图样中，若用 b 表示粗线的线宽，则粗、中、细线的线宽应分别表示为（　　）。
   A. b、$0.7b$、$0.25b$　　　　　　B. b、$0.7b$、$0.35b$
   C. b、$0.5b$、$0.35b$　　　　　　D. b、$0.5b$、$0.25b$

3. 图样中尺寸数字不可被任何图线所通过，当不可避免时，必须把（　　）断开。
   A. 尺寸线　　　　B. 尺寸界线　　　　C. 图线　　　　D. 数字

4. 平行投影法分为（　　）两种。
   A. 中心投影法和平行投影法　　　　B. 正投影法和斜投影法
   C. 主要投影法和辅助投影法　　　　D. 一次投影法和二次投影法

5. 房屋施工图按其用途的不同划分为（　　）。
   A. 基础施工图、建筑施工图、给水排水施工图、电气施工图

B. 建筑施工图、建筑详图、给水排水施工图、装饰施工图
C. 房屋总平面图、基础平面图、建筑立面图、建筑详图
D. 建筑施工图、结构施工图、设备施工图、装饰施工图

6. 点的正面投影与（　　）投影的连线垂直于 X 轴。
   A. 右面　　　　　B. 侧面　　　　　C. 左面　　　　　D. 水平

7. 投影面平行线平行于（　　）投影面。
   A. 二个　　　　　B. 一个　　　　　C. 三个　　　　　D. 四个

8. 同时倾斜于三个投影面的直线称为（　　）。
   A. 平行线　　　　B. 垂直线　　　　C. 一般位置直线　D. 斜线

9. （　　）是指光能的产生、传播、分配（反射、折射和透射）和消耗吸收的系统，由电源、控制器、室内空间、建筑内表面、建筑形状、工作面等组成。
   A. 电气系统　　　B. 照明系统　　　C. 配电系统　　　D. 输电系统

10. 以下图例在采暖施工图表示（　　）。
    A. 方形补偿器　　B. 集汽罐　　　　C. 角阀　　　　　D. 蝶阀

11. 水泥属于（　　）。
    A. 有机材料　　　　　　　　　　　B. 无机金属材料
    C. 复合材料　　　　　　　　　　　D. 无机非金属材料

12. 材料的耐水性用（　　）表示。
    A. 渗透系数　　　B. 软化系数　　　C. 含水率　　　　D. 吸水率

13. 混凝土的强度等级是按混凝土的（　　）确定的。
    A. 立方体抗压强度　　　　　　　　B. 轴心抗压强度
    C. 轴心抗拉强度　　　　　　　　　D. 抗弯强度

14. （　　）具有花纹自然真实、富有立体感的特点，主要用于高级建筑的室内墙、门及橱柜等的饰面。
    A. 护壁板　　　　B. 木花格　　　　C. 木丝板　　　　D. 旋切微薄木

15. 电气工程施工图中"$a-b\dfrac{c \times d}{e}f$"符号"$f$"表示（　　）
    A. 灯具数　　　　B. 灯具型号　　　C. 安装高度　　　D. 安装方式

16. 为了保证砌块墙的整体性，要求砌块组砌时要错缝搭砌，小型空心砌块上下皮搭接长度不小于（　　）mm。
    A. 60　　　　　　B. 90　　　　　　C. 150　　　　　　D. 180

17. 抗震设防区建筑不宜采用（　　）过梁。
    A. 钢筋砖　　　　B. 砖拱　　　　　C. 钢筋混凝土　　D. 钢

18. 铝合金窗是以窗框料的系列来区分的，窗框料的系列是以（　　）来表示的。
    A. 窗框的厚度　　　　　　　　　　B. 窗框料的壁厚
    C. 窗框的宽度　　　　　　　　　　D. 窗框的高度

19. 当圈梁被门窗洞口截断，致使圈梁不能封闭时，应在洞口上部增设附加圈梁，附加圈梁与圈梁的搭接长度不应小于其垂直间距的（　　）。
    A. 4倍　　　　B. 3倍　　　　C. 2倍　　　　D. 1倍

20. 平面交叉的形式取决于道路规划、相交道路的等级、交通量的大小和交通组织特点、交叉口地形与用地等。其中常见的平面交叉口的形式不包括（　　）。
    A. 十字形　　　B. 错位交叉　　C. Y字形　　　D. 匝道

21. S_1为精密水准仪，用于国家（　　）水准测量。
    A. 一、二等　　B. 三等　　　　C. 四等　　　　D. 一般工程

22. （　　）不适用于开挖停机面以下的土方。
    A. 正铲挖土机　B. 反铲挖土机　C. 拉铲挖土机　D. 抓铲挖土机

23. 水箱泄水管的管径应大于（　　）。
    A. 25mm　　　B. 50mm　　　C. 75mm　　　D. 100mm

24. （　　）的楼层净空高度较大，顶棚平整，采光通风好，适用于楼面荷载较大的商店、仓库、展览馆等建筑中。
    A. 板式楼板　　B. 梁板式楼板　C. 井式楼板　　D. 无梁楼板

25. 下面哪一项不属于天然花岗岩石材板楼地面的构造做法。（　　）
    A. 刷掺有107胶的素水泥浆结合层
    B. 抹30厚干硬性水泥砂浆找平层
    C. 聚氨酯胶粘剂结合层
    D. 素水泥浆填缝（缝隙也可镶嵌铜条）

26. 沥青透层施工时，当气温低于（　　）℃或大风、即将降雨时不得喷洒透层油。
    A. 0　　　　　B. 5　　　　　C. 10　　　　　D. 15

27. 按生产要素内容，建筑工程定额分为（　　）。
    A. 人工定额、材料消耗定额、施工机械台班使用定额
    B. 施工定额、预算定额、概算定额、概算定额、概算指标、估算指标
    C. 国家定额、行业定额、地区定额、企业定额
    D. 建筑工程定额、设备安装工程定额、建筑安装工程费用定额、工程建设其他费用定额及工具、器具定额

28. 二次搬运费属于（　　）。
    A. 直接工程费　B. 措施费　　　C. 间接费　　　D. 企业管理费

29. 工程量清单的编制依据不包括（　　）。
    A. 建设工程文件　　　　　　　　B. 地质勘察报告
    C. 《计价规范》　　　　　　　　D. 标准、规范、技术资料

30. 关于招标控制价，以下说法错误的是（　　）。
    A. 招标控制价应该在开标时公布
    B. 招标控制价不应上调或下浮
    C. 招标人应将招标控制价及有关资料报送工程所在地工程造价管理机构备查
    D. 投标人经复核认为招标人公布的招标控制价未按规范进行编制的，应向招投标监督机构或工程造价管理机构投诉

31. 实行工程量清单计价的工程，宜采用（　　）合同。
   A. 总价　　　　　B. 单价合同　　　　C. 可调价　　　　D. 成本加酬金

32. 下面不属于施工项目管理特征的是（　　）。
   A. 施工项目管理要求强化组织协调工作
   B. 施工项目管理的对象是项目
   C. 施工项目管理的内容是按阶段变化的
   D. 施工项目的管理者是建筑施工企业

33. 施工项目管理的组织，是指为进行施工项目管理，实现组织职能而进行组织系统的（　　）三个方面的总称。
   A. 设计与建立、组织运行和组织调整
   B. 设计与建立、组织优化和组织调整
   C. 建立与运行、组织优化和组织调整
   D. 建立与运行、组织重组和组织解体

34. 工程施工阶段建设监理工作的任务不包括（　　）。
   A. 质量控制　　　B. 成本控制　　　　C. 进度控制　　　　D. 合同管理

35. 下列（　　）不是施工项目质量控制的过程。
   A. 施工验收质量控制　　　　　　　B. 竣工备案质量控制
   C. 施工过程质量控制　　　　　　　D. 施工准备阶段质量控制

36. 工程项目质量的政府监督有监督工程建设各方主体的质量行为和监督检查（　　）两方面。
   A. 地基基础　　　B. 主体结构　　　　C. 工程实体　　　　D. 专业设备

37. 建设工程项目进度计划系统是由多个相互关联的进度计划组成的，它可以由（　　）等不同周期的计划构成进度计划系统。
   A. 总进度计划　　　　　　　　　　B. 实施性进度计划
   C. 年、季、月计划　　　　　　　　D. 施工和设备安装进度计划

38. 下列（　　）不是施工项目进度比较分析方法。
   A. 横道图记录比较法　　　　　　　B. 香蕉形曲线比较法
   C. 因果分析法　　　　　　　　　　D. 前锋线比较法

39. 向非同一组织系统的任何机关发送的文件属于（　　）。
   A. 上行文　　　　B. 平行文　　　　　C. 下行文　　　　　D. 越级行文

40. 下列（　　）不属于职业道德的基本特性。
   A. 职业性　　　　B. 强制性　　　　　C. 继承性　　　　　D. 纪律性

二、多项选择题（以下各题的备选答案中有两个或两个以上最符合题意，请将功它们选出，并在答题卡上将对应题号后的相应字母涂黑。多选、少选、错选均不得分。每题 1 分，共 20 分）

1. 采暖系统施工图一般由（　　）部分组成。
   A. 设计说明　　　　B. 平面图　　　　C. 采暖系统图
   D. 详图　　　　　　E. 主要设备材料表等

2. 线路敷设方法的有（　　）。

A. WC B. F C. FC
D. SC E. CT

3. 下列属于建筑施工图的有（　　）。
   A. 建筑平面图　B. 基础详图　C. 总平面图
   D. 基础平面图　E. 建筑立面图

4. 详图常用的比例有（　　）。
   A. 1∶5　B. 1∶10　C. 1∶25
   D. 1∶100　E. 1∶200

5. 侧平面垂直于（　　）。
   A. V 面　B. H 面　C. W 面
   D. X 轴　E. Y 轴

6. 下列（　　）是普通硅酸盐水泥的强度等级。
   A. 32.5　B. 42.5　C. 52.5R
   D. 32.5R　E. 62.5

7. 下列属于安全玻璃的有（　　）。
   A. 钢化玻璃　B. 泡沫玻璃　C. 夹层玻璃
   D. 中空玻璃　E. 夹丝玻璃

8. 成套配电箱（柜）外观检查（　　）

   A. 包装及密封应良好

   B. 开箱检查清点，型号、规格应符合设计要求，柜（盘）本体外观检查应无损伤及变形，油漆完整无损，有铭牌，柜内元器件无损坏丢失、无裂纹等缺陷

   C. 接线无脱落脱焊，充油、充气设备无泄漏，涂层完整，无明显碰撞凹陷，附件、备件齐全

   D. 装有电器的活动盘、柜门，应以裸铜软线与接地的金属构架可靠接地

   E. 绝缘良好

9. 民用建筑一般都是由基础、墙或柱、楼梯、（　　）六大基本部分组成。
   A. 楼地层　B. 散水　C. 屋顶
   D. 雨篷　E. 门窗

10. 涵洞是（　　）组成的排水构筑物。
    A. 引道　B. 洞口　C. 洞身
    D. 基础　E. 匝道

11. 施工测量的主要任务有（　　）。
    A. 建筑物、构筑物的定位和基础放线
    B. 土方的开挖及施工降排水
    C. 竣工图的绘制
    D. 沉降观测和变形观测
    E. 施工前建立施工控制网

12. 沥青混凝土路面施工的主要流程为（　　）。
    A. 沥青混合料的拌制与运输　B. 基层准备和放样

C. 洒布透层沥青与粘层沥青　　　　　D. 摊铺与碾压
E. 接缝施工

13. 下列项目属于措施费的有（　　）。
A. 为临时工程搭设脚手架发生的费用
B. 为工程建设交纳的工程排污费
C. 为加快施工进度发生的夜间施工费
D. 对已完工程进行设备保护而发生的费用
E. 施工现场管理人员的工资

14. 预算定额的作用主要有（　　）。
A. 是编制施工图预算、确定工程造价的依据
B. 是在建设项目可行性研究阶段编制投资估算的依据
C. 是编制招标标底、投标报价的基础
D. 是拨付工程价款和进行工程竣工结算的依据
E. 是对施工方案进行技术经济分析、比较的依据

15. 施工准备阶段安全技术措施的主要内容包括（　　）。
A. 技术准备　　　　　　　　　　　B. 现场准备
C. 一般工程安全技术措施　　　　　D. 特殊工程安全技术措施
E. 施工队伍准备

16. 施工项目经理部的作用有（　　）。
A. 负责施工项目从开工到竣工的全过程施工生产经营管理
B. 代表施工企业与建设单位签订施工承包合同
C. 完成施工企业赋予的项目管理任务
D. 为项目经理决策提供依据
E. 执行项目经理的决策意图，向项目经理全面负责

17. 根据形成和作用的公务活动领域，公文可分为（　　）。
A. 法定正式公文　　　　　　　　　B. 通用公文
C. 非法定正式公文　　　　　　　　D. 专用公文
E. 规范性公文

18. 下列说法错误的有（　　）。
A. 盖印应端正、清晰，做到上压正文，下压成文日期
B. 一件联合行文，可有数个发文字号
C. 联合行文的成文日期以最后签发机关的签发日期为准
D. 公文中的附注一般标注在主题词下方
E. 题注一般用圆括号标注于标题下方

19. 办毕公文的处置包括（　　）。
A. 立卷归档　　　B. 分装　　　C. 清退
D. 销毁　　　　　E. 暂存

20. 建设行业职业道德的核心内容有（　　）。
A. 爱岗敬业　　　B. 安全生产　　　C. 勤俭节约

D. 钻研技术　　　　　E. 服从指挥

三、判断题（判断下列各题对错，并在答题卡上将对应题号后的相应字母涂黑。正确的涂 A，错误的涂 B，每题 0.5 分，共 8 分）

1. 培养自己良好的行为习惯是职业道德修养的前提。（　）
2. 报告要注明签发人。（　）
3. 施工项目成本管理的首要任务是进行施工项目成本计划。（　）
4. 单位工程验收时，勘察单位可以不参加。（　）
5. 施工项目经理部是由项目经理在施工企业的支持下组建并领导进行项目管理的一次性固定的施工生产组织机构。（　）
6. 工程量清单封面应按规定的内容填写、签字、盖章，造价员编制的工程量清单应有负责审核的造价工程师的签字、盖章。（　）
7. 分部分项工程量清单应采用工料单价计价。（　）
8. 招标工程在投标截止日前 28 天为基准日，其后国家的法律法规、规章和政策发生变化影响工程造价的，应按省级或行业建设主管部门或其授权的工程造价管理机构发布的规定调整合同价款。（　）
9. 给水管道在试压压力下停压时间一般为 10min，压力降不超过 0.05MPa 为合格。（　）
10. 模板拆除时应有专人负责安全监督，或设立警戒标志，非拆模人员不准在拆模范围内通行。（　）
11. 钢结构安装施工自二层起，凡人员进出的通道口以及上方施工可能坠落物体或处于起重机回转半径范围内的通道、办公及生活设施，必须搭设顶部能防止穿透的双层防护棚。（　）
12. 静力压桩的施工程序包括：测量定位→压桩机就位→吊桩插桩→桩身对中调直→静压沉桩→接桩→再静压沉桩→截桩。（　）
13. 出水管可由水箱侧壁或底部接出，其出口应离水箱底 30mm 以上。（　）
14. 相同跨度的板式楼梯比梁式楼梯的自重小而美观。（　）
15. 石灰的干燥收缩大，因此除用作粉刷涂料外，不宜单独使用。（　）
16. 系统图又称流程图，也叫系统轴测图，与平面图配合，表明了整个采暖系统的全貌。系统图包括水平方向和垂直方向的布置情况。（　）

四、案例题（请将以下各题的正确答案选出，并在答题卡上将对应题号后的相应字母涂黑。每小题 1 分，共 12 分）。

1. 某综合楼工程，地下一层，地上十九层，为现浇钢筋混凝土剪力墙结构，混凝土设计强度等级为 C30。工程于 2005 年 2 月 1 日开工，同年 11 月 20 日在建设单位召开的协调会上，施工单位提出，为加快施工进度，建议改用硅酸盐水泥，得到建设单位、监理单位的认可。施工单位在 11 月 25 日未经监理工程师许可，即进场第一批水泥 100 吨，并使用在工程上，后经法定检测单位检验发现该批水泥安定性不合格，被质量监督站责令拆除重建，造成直接经济损失 80 万元。

（1）硅酸盐水泥的代号是（　　）。（单选题）

A. P.Ⅰ或 P.Ⅱ　　　B. P.C　　　　　C. P.O　　　　　D. P.S

(2) 影响水泥性质的主要指标有（　　）。（多选题）

A. 细度　　　　　　B. 强度　　　　　　C. 凝结时间

D. 体积安定性　　　E. 耐久性

(3) 硅酸盐水泥的强度等级有（　　）。（多选题）

A. 32.5　　　　　　B. 42.5　　　　　　C. 52.5

D. 62.5　　　　　　E. 62.5R

(4) 水泥的安定性是反映水泥在凝结硬化过程中（　　）的变化均匀性的物理指标。（单选题）

A. 强度　　　　　　B. 体积　　　　　　C. 矿物组成　　　D. 温度

(5) 水泥体积安定性不合格，应（　　）。（单选题）

A. 按废品处理　　　　　　　　　　　B. 用于配制水泥砂浆

C. 降级使用　　　　　　　　　　　　D. 用于基础垫层

(6) 该批水泥应抽取（　　）样品进行检测。（单选题）

A. 一组　　　　　　B. 二组　　　　　　C. 三组　　　　　　D. 四组

2. 某工程基槽土方的体积为1500m³，槽内基础及垫层体积为600 m³。根据施工组织的要求，槽内开挖的土方除留下基础及垫层施工完成后所需的回填土方外，余土全部在开挖后的3天内运走，已知运输使用的翻斗车的斗容量为2.5 m³，每辆翻斗车每天运土6次，$K_s=1.25$，$K_s'=1.05$。

(1) 基槽开挖完成后，验槽由（　　）组织，并按设计要求和有关规定进行。（多选题）

A. 施工项目经理　　　　　　　　　　B. 总监理工程师

C. 勘察单位项目负责人　　　　　　　D. 设计单位项目负责人

E. 建设单位项目负责人

(2) 为了防止基土受水浸泡或扰动，降低土体的承载力，基槽挖好后，应及时做垫层或浇筑基础；否则，应保留（　　）mm厚的土层，等基础施工前再行挖去。（单项选择题）

A. 50～100　　　　B. 150～300　　　　C. 300～450　　　　D. 450～600

(3) 土方回填时，应尽量采用同类土填筑。如采用不同土，必须按类分层填压，并将透水性大的土置于透水性小的土层之上，以防止填土内形成水囊。（　　）（判断题）

(4) 土方开挖后的预留量为（　　）m³。（单选题）

A. 900　　　　　　B. 1071　　　　　　C. 857　　　　　　D. 1125

(5) 土方回填后的弃土量是（　　）m³。（单选题）

A. 804　　　　　　B. 600　　　　　　　C. 750　　　　　　D. 714

(6) 余土外运，需要（　　）台翻斗车。（单选题）

A. 17　　　　　　　B. 14　　　　　　　C. 16　　　　　　　D. 18

第二部分　专业管理实务模拟试卷（共90分）

一、单项选择题（以下各题的备选答案中只有一个最符合题意，请将其选出，并在答题卡上将对应题号后的相应字母涂黑。每题1分，共30分。）

1. 网架与索膜结构属于（　　）。

A. 地基与基础分部 B. 主体结构分部
C. 装饰装修分部 D. 建筑屋面分部

2. 竣工验收由（　　）组织，相关单位参加。
A. 勘察、设计单位 B. 监理单位
C. 施工单位 D. 建设单位

3. 工程质量观感检查是（　　）进行的一项重要检查。
A. 工程竣工后 B. 工程竣工前
C. 交付使用前 D. 交付使用后

4. 工程文件档案资料一经生成，就必须及时达到有关部门，否则有关单位或部门不给予认可，将会产生严重的后果，反映了建设工程文件档案资料（　　）。
A. 复杂性 B. 随机性 C. 时效性 D. 继承性

5. 下列属于征占用地文件的是（　　）。
A. 验线合格文件 B. 建设规划许可证
C. 建设用地规划许可证 D. 建设施工许可证

6. 工程招投标文件及其他承包合同文件属于（　　）类。
A. A2 B. A3 C. A4 D. A5

7. 监理质量控制资料仅需监理归档，而不需城建档案馆归档的是（　　）。
A. 工程变更单
B. 单位（子单位）工程质量验收记录
C. 项目监理机构向有关主管部门质量安全通知单
D. 质量事故报告及处理意见

8. 监理实施规划由（　　）编写。
A. 施工单位项目经理 B. 施工单位项目技术负责人
C. 总监理工程师 D. 监理工程师

9. 图纸会审记录是在（　　）阶段形成。
A. 施工投标 B. 施工准备
C. 施工过程管理 D. 工程移交

10. 钢材质量证明文件汇总表由（　　）提供。
A. 建设单位 B. 监理单位 C. 施工单位 D. 供应单位

11. 下列文件档案资料中需施工单位归档保存，不需城建档案馆保存的是（　　）。
A. 水泥出厂质量证明文件 B. 水泥试验报告
C. 混凝土强度检测报告 D. 桩承载力检测报告

12. 钢材板厚等于或大于（　　）mm且设计有z向性能要求的厚板，应进行见证抽样复验，其复验结果应符合现行国家产品标准和设计要求。
A. 10 B. 20 C. 40 D. 60

13. 设备安装完成后，具备试运转条件时，由施工单位组织进行设备试运转，并在设备试运转前（　　）h以书面形式通知监理工程师，试运转合格后，由施工单位填写《设备单机试验运转记录》（SN2.7.1）。
A. 12 B. 24 C. 48 D. 72

14. 公用建筑照明系统通电连续试运行时间为 24h，民用住宅为（ ）h。
   A. 2   B. 8   C. 24   D. 48

15. 智能建筑中，进口产品应提供（ ）和商检证明及配套的质量合格证明、检测报告及安装、使用、维护说明书等文件的中文说明书等。
   A. 原产地证明   B. 进口许可证明
   C. 报关单   D. 缴税单

16. 采暖系统安装完成后，必须在采暖期内与热源进行联合试运转和调试。试运转和调试结果应符合设计要求，采暖房间温度相对于设计计算温度不得低于（ ），且不高于1℃。
   A. 1℃   B. 2℃   C. 3℃   D. 4℃

17. 土建交接检验质量验收记录属于（ ）资料。
   A. 管理资料   B. 工程质量控制资料
   C. 安全和功能项目   D. 电梯工程质量验收记录

18. 资料、档案室的温度应控制在（ ），相对湿度应控制在（ ）范围内。
   A. 28±2℃   B. 14~24±2℃
   C. 14~24±5℃   D. 60%±2%   E. 45%~60%±5%

19. 市政道路工程施工资料中下列管道主体工程分部工程质量检验记录中需城建档案馆归档保存的是（ ）。
   A. 盾构子分部工程质量验收记录
   B. 盾构管片制作分项工程质量验收记录
   C. 盾构管片制作工程检验批质量验收记录
   D. 盾构掘进和管片拼装分项工程质量验收记录

20. 下列叙述中，正确的说法是（ ）。
   A. 编译程序、解释程序和汇编程序不是系统软件
   B. 故障诊断程序、排错程序、人事管理系统属于应用软件
   C. 操作系统、财务管理程序、系统服务程序都不是应用软件
   D. 操作系统和各种程序设计语言的处理程序都是系统软件

21. 根据《建筑法》，领取施工许可证后因故不能按期开工的，应当向发证机关申请延期，关于申请延期的说法，正确的是（ ）。
   A. 延期每次不超过 3 个月   B. 应当由施工企业提出申请
   C. 延期没有次数限制   D. 超过延期时限但在宽限期内的施工许可证仍有效

22. 某施工单位于 2012 年 5 月 20 日签订施工合同，承办工程为六层砖混结构，七度抗震设防，施工图纸通过审批。工程于 2012 年 10 月 10 日开工建设。施工中技术人员发现图纸中有一处抗震设计差错，此时施工企业应（ ）。
   A. 按原图纸继续施工
   B. 及时提出意见和建议
   C. 自行修改正确后施工，向建设单位提出增加费用
   D. 和监理工程师协商一致后，继续施工

23. 王某发现吊装预制构件欲脱落，拒绝继续作业并迅速躲避。王某的行为是行使法律赋予的（　　）。
   A. 正当防卫权　　B. 紧急避险权　　C. 拒绝权　　D. 知情权

24. 在正常使用条件下，工程的地基基础、主体结构的最低保修期限为（　　）。
   A. 设计文件规定的该工程的合理使用年限
   B. 不需要进行大修即可继续使用的年限
   C. 安全使用不低于 50 年
   D. 工程竣工验收合格之日起 5 年

25. 施工单位对列入建设工程概算的安全作业环境及安全施工措施所需费用，不能用于（　　）。
   A. 安全防护用具的采购　　　　　　B. 安全生产条件的改善
   C. 安全施工措施的落实　　　　　　D. 安全管理人员的加班补贴

26. 根据《建设工程文件归档整理规范》，具有独立的设计文件、竣工后可以独立发挥生产能力或工程效益的工程是（　　）。
   A. 建设项目　　B. 单位工程　　C. 分部工程　　D. 分项工程

27. 根据《建设工程文件归档整理规范》，城建档案管理机构在（　　），应对工程档案进行预验收。
   A. 工程竣工验收前　　　　　　B. 工程移交前
   C. 工程竣工验收后　　　　　　D. 工程移交后

28. 根据《建设电子文件与电子档案管理规范》，（　　）是尊重和保持建设电子档案历史原貌的科学要求。
   A. 真实、准确、经济、适用　　　　B. 真实、准确、完整、适用
   C. 真实、准确、完整、高效　　　　D. 真实、准确、完整、有效

29. 根据《建筑工程资料管理规程》，施工资料编号 $\frac{\times\times}{①} - \frac{\times\times}{②} - \frac{\times\times}{③} - \frac{\times\times\times}{④}$ 中，①是（　　）。
   A. 分部工程代号　　　　　　B. 子分部工程代号
   C. 资料类别代号　　　　　　D. 顺序号

30. 根据《建筑工程施工质量验收统一标准》，检验批及分项工程应由（　　）组织施工单位等进行验收。
   A. 监理工程师或建设单位项目技术负责人，项目专业质量（技术）负责人
   B. 监理工程师或建设单位项目技术负责人，项目负责人
   C. 总监理工程师或建设单位项目技术负责人，项目专业质量（技术）负责人
   D. 总理工程师或建设单位项目技术负责人，项目负责人

二、多项选择题（以下各题的备选答案中有两个或两个以上最符合题意，请将功它们选出，并在答题卡上将对应题号后的相应字母涂黑。多选、少选、错选均不得分。每题 **1.5 分，共 30 分**）

1. 申请建设工程规划许可证需提交（　　）和相关部门对设计方案意见等。
   A. 项目建设书　　　　　　B. 可行性研究报告

C. 建设工程规划用地许可证申请　　　D. 选址意见书
E. 地形图

2. 下列关于分项工程质量合格条件中正确的是（　　）。

A. 主控项目和一般项目的质量经抽样检验合格
B. 分项工程所含的检验批均应符合合格质量的规定
C. 分项工程所含的检验批的质量验收记录应完整
D. 具有完整的施工操作依据、质量检查记录
E. 观感质量验收应符合要求

3. 下列属于决策立项文件的是（　　）。

A. 规范选址意见书　　　　　　　B. 项目建议书
C. 建设用地规划许可证　　　　　D. 可行性研究报告
E. 项目建议书批复文件

4. 竣工结算由竣工决算报表、竣工决算报告说明书和（　　）等组成，全面综合地反映工程项目的建设成果和财务情况。

A. 投标报价　　　　　　　　　　B. 工程量清单
C. 竣工工程平面示意图　　　　　D. 竣工工程财务决算总表
E. 移交使用的资产清册

5. 施工监理阶段进行工程造价控制形成的资料有（　　）。

A. 工程计量报审表　　　　　　　B. 图纸会审记录、设计交底记录
C. 工程款支付申请表　　　　　　D. 工程款支付证书
E. 监理工程师通知

6. 监理月报的内容包括（　　）等。

A. 工程进度　　　B. 工程成本　　　C. 工程质量
D. 工程计量　　　E. 工程款支付

7. 施工过程管理形成的工程文件资料有（　　）。

A. 技术交底记录　　　　　　　　B. 工程开工报审表
C. 施工质量验收资料　　　　　　D. 工程开工报审表
E. 施工物资资料

8. 下列工程文件档案资料中仅需施工单位归档保存，不需城建档案馆归档保存的是（　　）。

A. 工程定位测量、放线验收记录　B. 钢材质量证明文件汇总表
C. 水泥出厂合格证　　　　　　　D. 水泥、掺加剂、砂、石复验报告汇总表
E. 饰面板（砖）复验报告

9. 对于静压桩、先张法预应力管桩、混凝土预制桩和灌注桩采用高、低应变的方法检测桩身质量，检查数为总桩数的（　　）%且不少于10根，每个柱子承台下不得少于（　　）根。

A. 1　　　　　　B. 3　　　　　　C. 5
D. 10　　　　　E. 12

10. 幕墙工程中，应对材料及其性能指标进行复验的有（　　）。

A. 铝塑复合板的剥离强度 B. 石材的强度
C. 石材的耐冻融性 D. 室内用花岗岩的放射性
E. 石材用结构胶的粘结强度。

11. 建筑电气工程隐蔽验收内容主要有（   ）。
A. 埋于结构内的各种电线导管 B. 结构钢筋避雷引下线
C. 等电位及均压环暗敷设 D. 接地装置埋设
E. 门窗框架接地

12. 智能建筑工程中所用设备、材料包括（   ）等。
A. 硬件设备 B. 空调、通风设备
C. 软件产品 D. 安全防范系统
E. 工程中应用的各种系统接口

13. 下列电梯施工文件档案资料中属于安全和功能项目的是（   ）。
A. 设备进场验收记录 B. 电梯运行记录
C. 隐蔽工程验收记录 D. 负荷试验、安全装置检查记录
E. 电梯安全装置检验报告

14. 市政道路工程施工资料中下列竣工验收文件资料需城建档案馆归档保存的是（   ）。
A. 工程竣工报告
B. 单位工程质量竣工验收记录
C. 单位工程结构安全和使用功能资料核查记录
D. 数字化档案确认书
E. 工程质量保修书.

15. "签认手续齐全"是指应该在资料上签字、审核、批准、盖章等的相关人员和单位应当及时签认，不应出现（   ）。
A. 空缺 B. 代签 C. 补签
D. 代章 E. 手签

16. 甲施工单位将脚手架安装作业分包给乙单位，后因脚手架质量问题导致甲方工人丙跌落受伤，则下列关于本案中责任承担的说法中，正确的是（   ）。
A. 甲可要求乙承担违约责任 B. 甲可要求乙承担侵权责任
C. 丙可要求乙承担违约责任 D. 丙可要求脚手架生产厂家承担违约责任
E. 丙可要求甲承担赔偿责任

17. 施工企业保证工程质量的最基本要求包括（   ）。
A. 不得压缩合同工期
B. 按设计图纸施工
C. 与监理单位建立友好的沟通关系
D. 严格履行企业质量管理认证体系
E. 不擅。自修改设计文件

18. 根据《建设工程安全生产管理条例》，关于意外伤害保险说法正确的有（   ）。
A. 意外伤害保险为非强制保险 B. 被保险人为从事危险作业人员
C. 受益人可以不是被保险人 D. 保险费由分包单位支付

E. 保险期限由施工企业根据实际自行确定

19. 根据《建筑工程资料管理规程》，工程资料的（　　）应在合同中明确。
A. 套数　　　　　　B. 费用　　　　　　C. 质量
D. 移交时间　　　　E. 移交地点

20. 根据《建筑工程施工质量验收统一标准》，单位（子单位）工程质量验收合格应符合（　　）。
A. 单位（子单位）工程所含分部（子分部）工程的质量均应验收合格
B. 质量控制资料应完整
C. 单位（子单位）工程所含分部工程有关安全和功能的检测资料应完整
D. 主要功能项目的抽查结果应符合相关专业质量验收规范的规定
E. 观感质量验收应符合要求

三、判断题（判断下列各题对错，并在答题卡上将对应题号后的相应字母涂黑。正确的涂 A，错误的涂 B，共 20 题，每题 0.5 分，共 10 分）。

1. 饰面板（砖）子分部属于装饰装修分部。　　　　　　　　　　　　　　（　　）
2. 分部工程质量验收由总监理工程师组织施工单位项目技术负责人进行验收。
（　　）
3. 建设单位工程文件档案资料分为决策立项文件；建设用地文件；勘察、测绘、设计文件；工程招投标及其他承包合同文件；工程开工文件；商务文件；工程竣工验收及备案文件和其他文件。（　　）
4. 在 Microsoft Word 中要删除所选中的文本，快捷的方法是按 Ctrl＋V。（　　）
5. 建设单位的工程通知单均应直接发给项目监理机构，通知的内容涉及被监理单位的，由项目监理机构以监理工程师通知单发给被监理单位。（　　）
6. 水泥进场复验报告属于施工试验报告及见证检测报告汇总内容。（　　）
7. 对建筑结构安全等级为一级，跨度 40m 及以上的公共建筑钢网架结构，且设计有要求时，进行节点承载力试验，由检测单位提供《网架节点承载力试验报告》（GJ2.3.1.6）。（　　）
8. 照明灯具及附件应有出厂合格证，新型气体放电灯具随带技术文件和防爆标志和防爆合格证。（　　）
9. 市政道路工程施工资料中由施工单位提供，仅需施工单位归档保存，城建档案馆不需归档保存。（　　）
10. 工程施工过程中，原件数量往往难以满足对资料份数的需求，因此在工程资料中，允许采用复印件，提供单位应在复印件上加盖单位印章，并应有经办人签字及日期。
（　　）
11. 工程文件资料是为工程建设活动的，而工程档案资料是为工程项目运行、维护和改建服务的。（　　）
12. 施工图审查合格证书是由质量监督站对设计的施工图进行审查，合格后发给的合格证书。（　　）
13. 外加剂进场时应进行见证取样复验。复验检测项目包括减水率、泌水率、含气量、凝结时间、抗压强度比、坍落度增加值、坍落度保留值、收缩率等。（　　）

14. 硅酮结构密封胶、硅酮建筑密封胶相容性和剥离粘结性试验报告由施工单位提供。（   ）

15. 建设单位对分包单位的认可可以有两种途径：其一，建设单位与总承包单位的总承包合同中约定分包；其二，总承包单位拟将工程发包给的分包单位经建设单位认可。（   ）

16. 根据《建筑工程资料管理规程》，当施工图没有变更时，可直接在施工图上加盖竣工图章形成竣工图。（   ）

17. 有勘察、设计、施工、工程监理等单位共同签署的质量合格文件，是建设工程竣工验收的必备条件之一。（   ）

18. 根据《建设工程文件归档整理规范》，建设工程项目由几个单位承包的，由于无总包单位，各承包单位负责收集、整理立卷其承包项目的工程文件，并应及时向监理单位移交。（   ）

19. 工程监理单位在实施监理过程中，发现存在安全事故隐患的，应当要求施工单位整改；情况严重的，应当要求施工单位暂时停止施工，并及时报告建设单位。施工单位拒不整改或者不停止施工的，工程监理单位应当及时向安监站报告。（   ）

20. 根据《建设电子文件与电子档案管理规范》，对具有保密要求的建设电子档案采用联网的方式利用时，必须按照国家、地方及部门有关计算机和网络保密安全管理的规定，采取必要的安全保密措施，报经国家或地方建设行政主管部门审批，确保国家利益和国家安全。（   ）

四、案例题（请将以下各题的正确答案选出，并在答题卡上将对应题号后的相应字母涂黑。第1.（1）、1.（5）、2.（2）、2.（3）、3.（2）题，每题2分，其余每题1分，共20分）。

1. 某单位工程由建设单位组织设计、监理和施工等单位参加竣工验收。
（1）单位（子）单位工程质量竣工验收前需完成的工程有（   ）。（多选题）
A. 监理单位组织竣工预验收　　　　B. 列入城档案馆接收工程的工程档案验收
C. 提交质量评做报告　　　　　　　D. 提交工程竣报告
E. 工程竣工备案

（2）单位（子单位）工程质量竣工验收记录验收项目有（   ）。（单选题）
A. 分项工程　　　　　　　　　　　B. 分部工程
C. 质量控制资料核查　　　　　　　D. 安全和主要使用功能核查及抽查结果
E. 观感质量验收

（3）单位（子单位）工程质量竣工验收记录表中分部工程项的填写，首先由施工单位的项目经理组织有关人员逐个分部（子分部）进行检查，所含分部（子分部）工程检查符合要求后，由项目经理提交验收。经验收组成员验收后，由（   ）填写"验收记录"栏。（单选题）
A. 建设单位　　　B. 监理单位　　　C. 施工单位　　　D. 质量监督站

（4）观感质量验收以总监理工程师或建设单位项目负责人为主导，综合各方意见，得出观感质量的综合评价，结论为（   ）。（多选题）
A. 合格　　　　　　B. 不合格　　　　　　C. 好

D. 一般　　　　　　E. 差

(5) 单位（子单位）工程质量验收合格条件正确的是（　　）。（多选题）

A. 单位（子单位）工程所含分部（子分部）工程的质量均应验收合格

B. 质量控制资料应完整

C. 单位（子单位）工程所含分部工程有关安全和功能的检测资料基本完整

D. 主要功能项目的抽查结果应符合相关专业质量验收规范的规定

E. 观感质量验收应符合要求。

2. 某施工单位采购了一批建筑材料，水泥500t、钢筋400 t、砂1000m³ 和石子1000m³。

(1) 用于浇筑钢筋混凝土基础的水泥，进场时应批对其品种、级别、包装或散装仓号、出厂日期等进行检查，并应对其（　　）及其他必要的性能指标进行见证取样复验。（多选题）

　　A. 强度　　　　　　B. 延伸性　　　　　　C. 安定性

　　D. 级配　　　　　　E. 化学成分

(2) 检验按同一生产厂家、同一等级、同一品种、同一批号且连续进场的水泥，袋装不超过（　　）为一批，散装不超过（　　）为一批，每批抽样不少于一次。（多选题）

　　A. 100t　　　　　　B. 200t　　　　　　C. 300t

　　D. 400t　　　　　　E. 500t

(3) 产品合格证、出厂检验报告属于产品质量保证资料，有时产品合格和出厂检测报告可以合并，生产者应在水泥发出之日起（　　）内寄发除（　　）28d 强度以外的各项检验结果，（　　）32d 内补报 28d 强度的检验结果。（多选题）

　　A. 7d　　　　　　　B. 14d　　　　　　　C. 28d

　　D. 32d　　　　　　E. 56d

(4) 砂、石用大型工具（如火车、货船或汽车）运输的，以（　　）为一验收批，用小型工具（如马车等）运输的，以（　　）为一验收批，不足上述数量者也按一批计。（多选题）

　　A. 100m³ 或 200t　　　　　　　　B. 200m³ 或 300t

　　C. 300m³ 或 400t　　　　　　　　D. 400m³ 或 500t

　　E. 400m³ 或 600t

(5) 石进场验收需见证取样复验，碎石或卵石应进行（　　）项目检测。（多选题）

　　A. 颗粒级配　　　　B. 贝壳含量　　　　C. 石粉含量

　　D. 泥块含量　　　　E. 针、片状颗粒含量

3. A 学校拟建六层砖混结构办公楼，该市 B 建筑公司通过招标方式承接该项施工任务，C 监理公司负责监理。该办公楼建筑平面形状为 L 形，设计采用混凝土小型砌块砌筑，墙体加设构造柱。该工程于 2011 年 10 月 10 日开工建设，2012 年 6 月 15 日通过了竣工验收。

(1) 本案例中，在 2011 年 10 月 10 日之前所形成的相关资料文件属于（　　）。（单选题）

　　A. 立项文件　　　　　　　　　　　B. 基建文件

C. 工程准备阶段文件　　　　　　　　　D. 建设单位文件

（2）本案例中，办公楼达到什么条件方可竣工验收？（　　）（多选题）

A. 完成建设工程设计和合同规定的内容

B. 有完整的技术档案和施工管理资料

C. 有工程使用的主要建筑材料、建筑构配件和设备的进场试验报告

D. 有勘察、设计、施工、工程监理等单位分别签署的质量合格文件

E. 有施工单位签署的工程质量保修书

（3）本案例中，（　　）是在2012年6月15日之前完成的。（多选题）

A. A学校向城建档案馆申请工程档案预验收

B. A学校向城建档案馆申请工程档案正式验收

C. B建筑公司向A学校出具教学楼工程质量保修书

D. B建筑公司将相关资料交给A学校

E. C监理公司将相关资料交给A学校

（4）本案例中，2012年6月15日参加竣工验收的单位不包括（　　）。（单选题）

A. 质量监督站　　　　　　　　　　　B. B建筑公司

C. C监理公司　　　　　　　　　　　D. 该办公楼的设计院

（5）本案例中，A学校最迟应在（　　）之前向城建档案馆移交工程档案。（单选题）

A. 2012年7月15日　　　　　　　　　B. 2012年8月15日

C. 2012年9月15日　　　　　　　　　D. 2012年10月15日